学懂弄通
应急管理

谷　林　编著

广州新华出版发行集团
广州出版社

图书在版编目（CIP）数据

学懂弄通应急管理 / 谷林编著. —广州：广州出版社，2023.5
ISBN 978-7-5462-3600-1

Ⅰ. ①学… Ⅱ. ①谷… Ⅲ. ①突发事件—公共管理—研究—中国
Ⅳ. ①D630.8

中国国家版本馆CIP数据核字（2023）第047326号

书　　名 学懂弄通应急管理
Xuedong Nongtong Yingji Guanli
出版发行 广州出版社
（地址：广州市天河区天润路87号9、10楼　邮政编码：510635）
责任编辑 厉颖卿
责任校对 窦兵兵
印刷单位 佛山市浩文彩色印刷有限公司
（地址：佛山市南海区狮山科技工业园A区兴旺路6号　电话：0757-86631906）
规　　格 787 mm × 1092 mm　1/16
印　　张 15.5
字　　数 305千
版　　次 2023年5月第1版
印　　次 2023年5月第1次
书　　号 ISBN 978-7-5462-3600-1
定　　价 60.00元

Preface 自序

我从事安全生产和应急管理工作20年，深切感受到市场上安全生产和应急管理方面的书籍比较缺乏。一些书籍不错，但主要是以介绍国外的先进理论和理念为主，与中国的实际结合不足，对安全生产和应急管理实践的指导不够。

过去三年，我先后出版了三本个人专著，分别是《安“评”乐道》《见“危”知著》和《攻“急”防患》。但是这三本书是我发表在各种报刊和“谷林一言堂”微信公众号上的文章合集，不成系统。一直以来，我想把自己不成熟的想法系统地整理出来，于是借这次机会，提笔写下了这本《学懂弄通应急管理》。

我是一名一直在一线从事安全生产和应急管理的工作人员，这本书是从职业的视角去思考和研究安全生产和应急管理。这本书既有理论方面的思考，比如主动防御体系，应急管理体系现代化，安全责任“物化”“人化”，等等；也有具体的实践总结，比如宣传教育的“三个台”、上下级关系的“八爪鱼”理论应用、事故调查改进的“双环学习”等。无论是理论，抑或是总结，都是在工作中遇到了真实的困难，为了解决问题，学习、思考而得出的个人见解。学习、思考的过程很辛苦，也很享受。很多问题百思不得其解，多日困扰，但常常“得来全不费工夫”。晨跑是我获得灵感最多的时候，经常跑着跑着，突然会对某个问题蹦出一个想法，然后我会赶紧提醒自己记住，回头就把它写下来。

文章、书籍是给读者看的，看得懂是最低标准，也是最高标准。因此，本书没有佶屈聱牙的理论和眼花缭乱的公式推导，而是坚持简单、朴实的风格，用平实的语言把道理讲清楚，把问题说明白，方便大多数人阅读，了解应急管理。本书分享了我关于应急管理工作的体会、心得，希望公务员、应急管理部门工作人员、企业负责人、安全管理人员和普通员工能够在阅读本书时有所收益。本书穿插了不少案例，也可以作为应急管理教材或者教学辅导读本，帮助大学相关专业的本科生和研究生提高对应急管理工作的认识和理解。

需要说明的是，由于个人水平有限，书中难免有错漏之处，请广大读者批评指正。

谷　林

2023年1月20日

目录

CONTENTS

第一章 1

脆弱与反脆弱

本章概要

生命非常脆弱。我们身处于一个充满不确定性的世界，明天和意外，不知道哪一个先到。面对这些，我们要在不确定性中获益，就需要通过过度补偿、合理干预、杠铃策略和非线性作用等手段来提升反脆弱能力。

2017年6月24日5时45分，四川省阿坝州茂县叠溪镇新磨村新村组富贵山山体突发高位垮塌。一早，村民肖燕春被儿子的哭闹声吵醒，于是起床给儿子换尿布。换好后，却察觉到外面分外的异样。“屋外面有响声，很大，泥巴和石块往屋里猛灌。”肖燕春立即叫醒丈夫，迅速抱起儿子向屋外爬去，丈夫则紧随其后。当3人狼狈地离开房屋后不久，整个村子就被巨大的泥石流掩埋。

叠溪镇两河口村村民张连成也是茂县富贵山山体垮塌的受害者之一，他家与新磨村直线距离不到1公里，泥石流掩埋了他家的8位亲人。24日早上5时40分许，还在睡梦中的张连成被巨响吵醒，他讲述了当时可怕的一刻：“天下着雨，房子在发抖，雾很大，只看到新磨村那边（滑坡）像一把大火在往前推。”瞬间，昔日风景如画、鸟语花香、生机盎然的新磨村变成了一片废墟，让人无比痛心。

据测算，本次垮塌的土方量约为1000万立方米，堵塞河道约2公里，共有118人遇难。不少专家踏勘后分析认为，这起高位远程崩滑碎屑流灾害，诱发因素是前两日的降雨。但是，查阅滑坡周边三个气象台站记录发现，5月1日到6月24日，最大日降雨量为24小时27毫米，累积降雨量也只有215毫米。这种强度的降雨在该地区很常见，用来解释如此大型的岩质滑坡触发比较牵强。为了弄清新磨村滑坡的真正触发原因，中科院成都山地所对滑坡的滑源区、流通区和堆积区展开了详细的野外调查，对“6·24”滑坡提出了新的解释，该大型滑坡是由小型悬空岩体崩落撞击下方锁固段岩体所造成的。

一、脆弱

（一）生命如此脆弱

在自然灾害和事故灾难面前，生命非常脆弱。2021年6月22日，浙江省宁波市鄞州区发生了一起严重的车祸。当天，一位23岁的女留学生在上海完成了21天的酒店隔离，其父亲开车去酒店接她回宁波。返程途中，上午8时30分左右，轿车行驶在宁波东部新城的一处工地旁的道路上，为了避让前方的电动车和正在搬运货物的路人，开始减速，试图从道路右侧通过。不料，路边工地里重达90吨的打桩机突然间倒塌，恰好砸中了这辆黑色轿车。由于事发太过突然，车里的人根本来不及做出反应。在巨大的冲击力下，轿车车头瞬间被压扁，车内父女两人不幸当场死亡。

2021年9月14日上午7时22分左右，类似事件再次发生。现场监控视频显示，在江苏省昆山市黑龙江路站轨交施工工地上，一台重达60吨的高压旋喷桩机经几次摇晃后倒塌。当时正值上班高峰期，旋喷桩机倒地时正好砸中一辆行驶中的轿车，造成1名司机被困。经紧急救援，7时50分左右，驾驶员被送往医院，救治无效后死亡，年仅26岁。

（二）脆弱

现代社会资讯获取非常便捷，通过新闻媒体、网络、自媒体，我们几乎每天都会看到自然灾害和事故灾难，一条条鲜活的生命因此而消逝，让人无限唏嘘，感叹生命的脆弱。

“脆弱”一词最早出自《国语·晋语六》：“德刑不立，奸宄并至，臣脆弱，不能忍俟也。”意思就是“德教和刑罚都没有建立，内乱、外乱就会一起发生，小臣脆弱，不能再这样耽误下去了”。脆弱的本意是指东西易碎、易折，容易破损。日常生活中被广泛应用，比如快递公司在寄出陶瓷、玻璃制品时一定会在包装箱上贴上“易碎品”的标识，提醒不要野蛮装卸，防止物品破损。脆弱也引申为经受不起挫折，对事物敏感，患得患失，意志不坚强，感情或神经脆弱等。

英语单词“Vulnerability”翻译成汉语是“脆弱性”，但脆弱性却没有完全表达出英文的原意，它还有“易受伤害性、易受攻击性”的含义。不同的个体、不同的环境、不同的人群，对伤害的承受能力是不一样的。有人身体好，总是“牙好胃口就好，吃嘛嘛香”，而有的人则是身子弱、弱不禁风，经不起折腾。同样的环境，相对于年轻人，老年人的脆弱性更高，更容易受到严重伤害。

跌倒除了导致老年人残疾，严重影响老年人的身心健康外，还容易导致死亡。伤害流行病学调查显示，中国已进入老龄化社会，65岁及以上老年人已达1.5亿，跌倒在中国伤害死亡原因中排名第四位，而在65岁以上的老年人伤害死亡原因中则排在首位。2006年全国疾病监测系统死因监测数据显示：中国65岁以上老年人跌倒死亡率男性为49.56/10万，女性为52.80/10万。数据显示，老年人跌倒死亡率随年龄的增加而急剧上升。

案例

2020年11月底，90岁高龄的袁隆平院士来到海南省三亚市的科研基地，跟科研人员吃住、工作在一起，每天都乐呵呵地下地观察水稻生长情况。2021年3月10日，袁隆平院士因上卫生间时不小心摔了一跤，随后身体便一直不太好。在海南治疗身体一直不见好转，于4月7日被转送到长沙治疗。尽管医生全力救治，5月22日，“杂交水稻之父”“共和国勋章”获得者、中国工程院院士袁隆平还是因多器官功能衰竭在长沙逝世，举国悲痛。“国士无双，精神永存”。

（三）系统也脆弱

除个体脆弱以外，系统也很脆弱。从纬度的角度来看，欧洲整体属于温带气候，而西欧则是非常典型的温带海洋性气候，是一种无严冬、无酷暑，全年降水都非常均匀的气候。但是，2021年7月13日，西欧却遭遇暴雨，德国、比利时、荷兰、卢森堡和瑞士等国遭受洪水侵袭。其中，最严重的是德国，24小时的降水量为100～150毫米。灾区的不少居民称，往常平静的河流突然之间就掀起了滔天巨浪，所到之处，汽车、房屋、桥梁等东西瞬间被卷走。“一切都太快了，当你反应过来准备做点什么的时候，已经太晚了。”德国西部舒尔德村的一位村民在接受当地媒体采访时仍惊魂未定。截至当地时间2021年7月23日，袭击德国西部的洪水造成的死亡人数达到180人，另有约150人失踪。

2021年7月18日，6号台风“烟花”在西北太平洋洋面上生成，虽然距离中国大约1000公里的距离，但是却远程控制了河南省的暴雨。当时的河南省处于副热带高气压带边缘，对流不稳定，能量充足，受台风外围和副热带高气压带南侧的偏东气流引导，大量水汽向中国内陆地区输送，给河南省的强降雨提供了充沛的水汽来源，降水效率超高。

案例

2021年7月18日18时至21日0时，河南省郑州市出现了罕见的持续强降水过程，全市普降大暴雨、特大暴雨，累积平均降水量449毫米，相当于当地一年约三分之二的降水量，等于下了约235个杭州西湖的水。7月20日，郑州市气象台的“郑州气象”微博分别在6时2分、9时8分、11时50分、13时25分、16时1分、21时32分、7月21日0时25分，连续发布了7个暴雨红色预警信号，提示关注城市内涝，注意防范灾害。7月20日16时至17时，郑州1个小时的降水量达201.9毫米。面对超强降水，城市排水系统无能为力，整个郑州市大面积内涝，城市几近瘫痪。7月20日18时许，路面积水冲垮地铁5号线五龙口停车场入场线挡水墙后进入地铁正线区间，造成郑州地铁5号线列车在海滩寺街站和沙口路站区间的隧道停运，大量乘客浸泡在水中。截至8月1日18时，暴雨已导致郑州302人遇难，其中郑州地铁中就有12人不幸遇难。

一个系统是由各个子系统组成的，要完成一件事情，需要各个子系统、各个环节都正常运作。新加坡南洋理工大学陈绍祥教授提出了“全要素原理”，他认为，一个产品的生产需要全部要素的投入，即使只是缺少一项，也会导致产品不能生产并出售，导致其他要素的浪费，实现不了价值。全要素理论认为金融、技术、人才、保险、土地、厂房、设备等因素同等重要，缺一不可。在此基础上，提出的协同理论认为，诸多生产要素只有协同才能让产品能够生产并实现价值。进一步引申开来，系统能否发挥协同效应是由系统内部各子系统或组成部分的协同作用来决定的，协同得好，系统的整体性功能就好。

系统的运行效率高低取决于内部子系统的有效程度或者可靠性，假设有10个子系统，如果每个子系统发挥95%，那么整个系统的有效性就为0.95^{10}，即约0.59。如果一个系统内部，人、组织、环境等各子系统发挥为100%，共同围绕目标齐心协力地运作，那么就能产生100%的效益。一个系统的好坏取决于全部要素是否能够协同。如果某个子系统发挥效益是0，失去作用，那么整个系统就将陷入瘫痪。

案例

一家钢铁厂的生产线所使用的联轴器传动部分因为维修非常频繁，用了3个月工人就把联轴器保护罩撤下，不再安装使用。一天，一名工人在更换塑胶棍的过程中衣服被联轴器勾住，人随着联轴器转了2圈，导致大臂骨折被紧急送医治疗。如果把钢铁厂转轴传动部分的安全比作系统的一部分，设备、人、管理等要素共同构成了这个系统。把保护罩撤下，就相当于设备的完整性、安全性大大降低，系统就变得非常脆弱，最终导致事故的发生。

社会分工是人类社会商品经济发展的基础。对人类来说，没有社会分工，就没有交换，市场经济也就无从谈起。如果没有社会分工，社会就难以正常运转。人类社会分工的优势，是让专业的人做自己擅长的事情，使平均社会劳动时间最大限度地缩短，生产效率才能显著地提高。能够提供优质、高效劳动产品的人，才能在市场竞争中获得高利润和高价值。人尽其才，物尽其用，这个最深刻的含义就是由社会分工得出的。

当今世界分工越来越细。基于细致分工的合作，形成了一个复杂精密的机制。每一个看似普通的“需要”背后，都隐藏着一个十分复杂且庞大的分工链条作为对应的支撑。看似没有多高大上的“外卖”，背后是生产、销售、金融、物流和客服等复杂行业的紧密整合。社会化分工也是一把双刃剑，分工越细，社会越脆弱。笔者小时候在农村生活，停电是常态，经常是点着煤油灯写作业。如果晚上有电，可以照明、吹风扇，简直就像过节一样。所以，停电习惯了，停电的时候也不觉得有多难受，大不了再点起煤油灯，摇起大蒲扇。如今完全不一样了，电力非常关键，一旦电力中断，家里几乎所有的电器设备都要罢工。社会也是一样，一旦停电，就会陷入停滞状态。

案例

2021年2月中旬，罕见的暴风雪席卷了温暖的美国得克萨斯州，气温下降至−22～−2 ℃。由于这次降温来得异常迅猛，加上得州一直没有类似美国北方、东北部等寒区的防寒措施和经验，风电、火力发电、光伏发电、核能发电统统因为风力涡轮机、太阳能电池板、输电线、水管的冻结而受到极大的影响。由于基础设施老化，当地电网对外的自我封闭，大部分得州居民不得不长时间地面临停电、停水的境遇；居民家中的水管纷纷结冰、爆裂，甚至天花板都漏水、垂下冰柱；而电价更是疯狂地飙升了近200倍，不少居民收到上万美元的天价电费账单。因为油气井、炼化设施不能正常运作，油气产量急剧下跌，液体能源（如汽油、柴油、液化气等）价格飙升，即使排队也很难买到。奥斯汀市最大的水处理厂由于停电不能正常过滤自来水，导致部分市民需要排队接自来水烧开水。由于没有电和煤气，一些市民不得不依靠烧木柴、烧书本来取暖煮水。据了解，在最严重时，得州约有四百万人无电可用，接近三分之一的人口面临供水中断的窘境。在这场灾难中，有几十人由于一氧化碳中毒（烧炭取暖）、低温症（冻死）、房屋火灾和溺水等原因丧生。

二、世界充满不确定性

（一）不确定性

远古时代，人类先祖“裸奔”于斗转星移、山呼海啸、天崩地裂和狂风暴雨之中，大自然的不确定性给他们带来了深深的恐惧。为了在恶劣的环境中生存，他们不断迁徙、斗争、繁衍。人类今天所有的文明，包括语言、文字、医学、宗教、经济学、政治学、国家制度等，根本上都是为了对抗自然的不确定性而创造的。

以语言为例。动物在求偶、呼唤同伴及遭遇威胁时会发出不同的叫声。人类的语言也是从最粗糙、最简单的表达中发展起来的。先从肢体语言发展为音节语言，从单音节再到多音节。农耕部落的音节通常要比草原部落更加丰富，比如粤语就有九声六调，听起来非常丰富。倘若表达不及时、不准确，就可能被狮子、老虎、豺狼生吃了。若声音不够洪亮，便难以寻得配偶交配。语言与声音，是对抗不确定性与淘汰的武器。①

① 摩尔根．古代社会[M]．杨东莼，马雍，马巨，译．北京：商务印书馆，1981．

千万年来，备受不确定性煎熬的人类最喜欢确定性，比如汇报工作都想确定领导是否满意；谈恋爱都想知道对方是不是百分之百地爱自己，是爱自己的人，还是爱自己的钱；汛期最关注的是天气预报，明天到底下不下雨，几点下、下多久；等等。但遗憾的是，世界是不确定的，一切都不确定。

我们处在一个充满不确定性的世界中，你永远不知道明天会发生什么。代表人类最高科技成就的火箭技术，也时不时有发射失败的情况发生，无法将卫星送入预定的轨道。

案例

2021年8月29日，美国在阿拉斯加科迪亚克岛发射了Astra 0006运载火箭。从美国国家航空航天局的直播画面中可以看到，火箭脱离发射架之后，向右出现偏移。最终，这枚火箭在距离地面33公里处发生高度解体。Astra 0006运载火箭入轨失败后的第4天，美国阿尔法火箭点火发射。由于火箭的实际发射时间与预计发射时间相差了1分钟，最终导致阿尔法火箭在发射之后2分半钟，在空中发生爆炸解体，整个发射任务失败。10月21日，韩国自主研发的“世界”号运载火箭在罗老宇宙中心发射。火箭升空后1小时发生爆炸，而其搭载的1.3吨重的卫星也不翼而飞。

危害巨大的地震、海啸和火山喷发，依然无法准确预测。1960年的智利大地震引发了3.1米高的海啸，是近几十年来较大的海啸了。东京电力株式会社（以下简称东电）在设计福岛第一核电站（以下简称为福岛核电站）时，就借鉴了智利大地震的教训，将海堤能预防海啸的高度设定为5米，高出了近2米。但2008年，日本地震调查研究促进会总部经过研究，提出了一个分析模型，这个分析模型显示，如果日本岩手县附近发生如1896年明治三陆冲那样强度的地震（里氏8.3级），那么福岛核电站附近海域的海啸将达到惊人的15米，这么高的海浪足以淹没整个福岛核电站！东电认为，研究人员是吃饱了撑的没事干，整天想些事情来折磨东电。如果真的接受这个假设，那建造新海堤的资金将是一大笔钱，但这个海堤可能在一百年内都不会发挥任何作用。东电公司表面上还是做得很谦虚，他们发了感谢信，信上说：“尊敬的各位研究人员，感谢你们对福岛核电站的关心，但是我们经过评估和考虑，觉得你们的假设过于空洞，我们决定保持现状。”

拒绝日本地震调查研究促进会不久，另一个机构又给东电发了个研究报告。2009年，日本土木工程学会通过研究，认为应该至少将福岛海堤防海啸的标准提高6.1米。可是当土木工程学会将研究报告发送给东电时，东电的领导想都没想就拒绝了：“没事没事，就算有这么高的海水漫过来，我们直接用海水泵向海里排水，也能保证核电站不被淹没。”

2011年3月11日，日本东北太平洋地区发生里氏9.0级地震。地震发生后1个小时，海啸来了。根据日本气象和海事部门的测算，当时袭击日本的海啸最高达到39.8米，而正面袭击福岛核电站的海啸达到15米。减去那可怜的5米海啸防御能力，福岛核电站在海啸来临后，几乎都泡在了深深的海水中。最终，福岛核电站爆炸导致核泄漏发生，大量核污水被排放到大海里。

（二）明天和意外，哪一个先到

2019年10月10日18时10分许，江苏省无锡市312国道K135处，锡港路上跨桥，桥上桥下车辆川流不息，一切都显得那么正常，又一个和谐温馨的夜晚即将来临，家家户户在准备着丰盛的晚餐。突然，灾难从天而降，桥面发生侧翻，两台正在穿越桥底的车辆被压。两辆车上共有3人，其中1名是年仅5岁的小女孩，从幼儿园下课的她和年轻的妈妈再也回不去温馨的家了。事故发生时正值交通晚高峰时间段，塌桥瞬间被不少车辆的行车记录仪录制下来，现场视频在网上广泛传播。高架桥倒塌时巨大的冲击力，隔着屏幕都让人感到震撼和心有余悸，每个人都在问“明天和意外，哪一个先到”？

案例

1975年8月4日，“7503号”台风，穿越台湾，登陆福建晋江。台风在沿海地区登陆成灾，是非常常见的事，沿海居民习以为常。然而，“7503号”台风，在晋江登陆后，并没有像一般的台风那样衰减消散，而是以强劲之势，穿越江西，到达湖南，进而在湖南常德附近突然转向，然后跃过长江，深入中原腹地。8月5日，“7503号”台风在中央气象台的气象雷达屏上突然失踪。在雷达屏上诡谲失踪的“7503号”台风，当时已经进入伏牛山脉与桐柏山脉之间的大弧形地带“停滞少动”，这个地区就是板桥水库所在的驻马店地区。挟带巨大水汽云团的“7503号”台风停滞在驻马店上空，结果就导致特大暴雨倾盆而下。

久旱逢雨，当地的人却没有丝毫的喜悦，因为这是一场极其恐怖的特大暴雨。暴雨来袭，白昼如夜，从屋里端出脸盆来接水，伸手与缩手的一瞬之间，水即可满盆。暴雨如箭矢，林间遍地死雀。从8月4日至8月8日，暴雨中心最大过程雨量达1631毫米。暴雨中心是板桥水库所在的林庄，最大6小时雨量为830毫米，最大24小时雨量为1060毫米。

本次暴雨是一个什么量级？驻马店的年平均降水量一般为832.9～971.3毫米之间，但年际降水量波动较大，1982年降水量1791.6毫米，1966年仅400.9毫米，相差4.47倍。然而，1975年“7503号”台风给驻马店地区带来的这场暴雨，基本上是5天时间把一年的降雨全部倾注在这片土地上了。5天把一年的雨全部集中下了，结果就只有一个——暴雨成灾！

特大暴雨形成了特大洪水，量大、峰高、势猛，滚滚洪流冲进水库，造成大量水库溃坝。8月8日0时30分，石漫滩水库溃决。8月8日1时，板桥水库溃决。同期，竹沟水库垮坝，薄山水库漫溢，58座小型水库在短短数小时内相继垮坝溃决。暴雨、洪水、溃坝，水灾三连发让驻马店顿时变成一片泽国，纵横中国南北的京广铁路线被冲毁102公里，可见溃坝洪水的水势之猛。洪水席卷而来，此时的生命是如此脆弱，甚至还不如一片树叶。据统计，河南省共有1100万亩农田遭到毁灭性的灾害，1100万人受灾，超过2.6万人死亡，经济损失近百亿元。

但是，谁都没有想到，46年后，一场意料之外的特大暴雨会再次降临河南省。2021年7月20日8时至7月21日6时，河南省中北部出现大暴雨，郑州市、新乡市、开封市、周口市、焦作市等地部分地区出现特大暴雨（250～350毫米），郑州市城区局地降雨量达500～657毫米；上述部分地区最大小时降雨量达50～100毫米，郑州市城区局地最大小时降雨量达120～201.9毫米（20日16～17时）；河南省郑州市、新乡市、开封市、周口市、洛阳市等地共有10个国家级气象观测站日降雨量突破有气象记录以来的历史极值。暴雨造成了302人死亡，令人扼腕痛惜。

三、反脆弱

面对脆弱和不确定性，美国风险管理理论学者纳西姆·尼古拉斯·塔勒布提出反脆弱，强调要在不确定性中获益。塔勒布把事物分为三类，分别为脆弱类、强韧类和反脆弱类。脆弱的对立面不是强韧。强韧是指足够坚韧，能够经受住一定程度的冲击、波动和混乱。脆弱的对立面是反脆弱，意味着事物受益于冲击、波动和混乱，能力得到加强。比如说，人类的免疫系统是反脆弱的，经受住病魔攻击后，人体变得更加强大。反脆弱就是在波动、混乱、压力、风险和不确定下，没有被击倒，反而能更加茁壮地成长。

塔勒布用神话来类比事物的三种特性：脆弱性就像用一根马鬃吊着的达摩克利斯之剑，看似一切平静，但难以抵抗任何风险，随时都有可能掉下来，杀死达摩克利斯；强韧性似凤凰，每一次烈火中重生都以同样的姿态出现，堪称打不死的小强；反脆弱性则是九头蛇，每砍掉一个头，会新长出两个头，比原来的更加强大。脆弱的事物喜欢平静的环境，强韧的事物并不太在意环境，反脆弱的事物则在混乱中成长。因此，变化或不确定性会摧毁脆弱类事物，不会对强韧类产生影响，但会使反脆弱类获益。

如何提高反脆弱能力？塔勒布在《反脆弱》一书中提出了以下四个办法。

（一）过度补偿（过度反应）

过度补偿和过度反应，顾名思义对事物的补偿或反应超过了正常情况。过度补偿机制往往隐藏在最不可能的地方。长途飞行后去健身而不是坐下来休息，就是对长途飞行劳累的过度补偿，这样做反而有利于消除疲劳。我们天生具备过度反应的能力，有时还需要一些噪声，对抗噪声的行为可以帮助集中注意力。有时候，在咖啡馆写作，注意力反而更加集中。确实如此，好几次我送小孩参加考试，在等待的时候到咖啡馆里写作，尽管周边有音乐声、交谈声，可是我进入写作状态很快，感觉文思如泉涌，效率极高。

因此，应对不确定和危机，可以用过度补偿的方式避开风险，增强自己的能力。人在受伤后，有的人会出现创伤后压力综合征；相对应地，也存在创伤后成长的现象，即人们在受到伤害后重新振作并超越自己。注射疫苗就是一个典型的例子，它的原理很简单，就是让身体先少量地感染病毒，以此来增强免疫力，抵御严重的疾病威胁。

（二）合理干预

对系统的干预是有必要的，也是增强反脆弱能力的必经之路，关键在于干预的方法和力度。干预要适度，可是在实践中，人们往往会过度干预。在家庭、个人层面，不少家长对孩子的学习、生活干涉太多，阻碍了孩子反脆弱能力的培养。一些中学禁止学生在学校使用手机，学生经过三年高中苦行僧一样的拼搏，考上了大学，便立即沉迷于手机，产生手机依赖症。同样地，不少孩子在中学阶段依靠父母日常管理的点点滴滴，一旦脱离了家长上了大学，便立即放飞自己，沉迷游戏不能自拔，甚至被退学。

案例

2021年11月9日，曾经的“东方神童”魏永康不幸逝世，年仅38岁，再次唤起大家对当时“东方神童”的回忆。1983年6月，魏永康出生于湖南省华容县的一个普通家庭。魏永康刚出生两三个月时，母亲曾学梅就教儿子识字，还经常读唐诗给儿子听。尽管魏永康还不会说话，但这种早期教育还是取得了不少效果。在母亲的倾心教育下，魏永康从2岁开始，便创造了一个又一个“东方神童”的神话。1985年，还只有2岁的魏永康，就掌握了1000多个汉字。4岁时，他基本学完了初中阶段的课程，小学也只读了二年级和六年级。1991年10月，年仅8岁的魏永康连跳几级进入县属重点中学读书。13岁时，魏永康以高分考入湘潭大学物理系。2000年，17岁的魏永康大学毕业后考入了中科院高能物理研究所攻读硕博连读研究生。

曾学梅认为，孩子只有专心读书，将来才会有出息。于是，曾学梅将家中所有的家务活都包揽下来，包括给儿子洗衣服、端饭、洗脸、洗澡。为了让儿子在吃饭的时候不耽误看书，魏永康读高中的时候，曾学梅还亲自给他喂饭。在湘潭大学上学期间，曾学梅也一直跟在儿子的身边“陪读”，照顾儿子的饮食起居。要去北京读书，魏永康认为自己已经长大了，便执意不要母亲“陪读”，孤身一人北上求学。

身边突然没了母亲的照料，魏永康感到很不适应，竟无法安排自己的学习和生活。由于长期生活不会自理，知识结构也不适应中科院高能物理研究所的研究模式，2003年8月，已经读了3年研究生的魏永康，被中科院劝退回家。

过度干预带来的严重后果就是“医源性损伤”，历史上的医学就曾经犯过这样的错，对病人的病情不加以分辨，盲目施以重手，最后导致严重的后果。

1799年12月12日，大雪纷飞，美国国父乔治·华盛顿在自己的农场待了五个小时，第二天便出现了感冒的症状。随后，华盛顿的嗓子开始变得沙哑，但是华盛顿并没有很在意，以为只是很普通的感冒。直到华盛顿开始发高烧，这才引起了家人的注意。医生来之前，华盛顿就让管家给他进行放血治疗，在医生到来后又进行了三次放血治疗。然而，华盛顿的病情不但没有好转反而加重了，呼吸也更加困难，最终在12月14日离开了人世。在国家、社会层面，塔勒布曾提出，美联储前主席格林斯潘这样的脆弱推手，横加干涉经济运行，套上了太多枷锁，阻碍了经济体系的自我革新。因此，塔勒布提倡的干预方法是“限速，但不要替他开车”。也就是说，要保持干预的存在，但是不要盲目上场、亲自上手。

（三）杠铃策略

杠铃策略其实就是鸡蛋不要放在同一个篮子里。要学会做多手准备，合理分配自己的时间、精力、资源，在杠铃的两头都有储备，避免陷入满盘皆输的局面。

杠铃策略的秘诀不是对未来的预测。古希腊哲学家泰勒斯投资榨油机的故事，往往被解读为他可以准确地预测未来，其实泰勒斯的秘诀正是杠铃策略，他准备好了橄榄丰收与不丰收的两种可能，分别做了准备。2021年《脱口秀大会》第四季中，季军何广智调侃道：“我可以在脱口秀比赛和恋爱之间做个风险对冲。恋爱成功的话，比赛被淘汰也不难过；恋爱失败了，恋爱的苦会盖过淘汰的苦。”

当然，这只是调侃。在实际操作中，利用好杠铃策略，要求我们有全局思考的能力，不盲目自信，也不贸然行事。诸如“卖房创业”这样的举动是极其冒险的，也降低了自身的反脆弱能力。

（四）非线性作用

“对于一个尚未受到损害的事物（或存活的生物）而言，一块巨石产生的伤害要远大于1000块小石子，即一个罕见的严重事件的影响将远超过较小冲击的累积影响。”塔勒布用“非线性效应”来描述这种现象，n个1累加的影响，要远远小于n的影响。每增加一个单位的石头重量，其造成的危害会增加为一个单位以上。小时候，老师告诉我们，一根筷子能够折断，一把筷子折不断，“团结力量大”，讲的其实就是这个道理。

很多人不理解这个，经常犯低级错误，简单地认为降雨越多危害就越大。珠三角在汛期降雨偏多，24小时内分散降雨250毫米影响不大，影响还没有累加就已经消失了。但是，如果1个小时降雨250毫米就不同了，可能会发生严重的内涝。非线性产生了很多不确定性的随机事件，投入（成本）和产出（收益）不是完全对应的。投入产出关系呈现的“凸性曲线”（微笑曲线）值得我们去关注和把握，当变量在两个方向产生同等幅度的偏差时，凸性效应带来的收益会大于损失，具有反脆弱性。当变量在两个方向产生同等幅度的偏差时，相反的“凹性曲线”（噘嘴曲线）带来的收益则会小于损失，不具有反脆弱性（见图1–1）。[①]

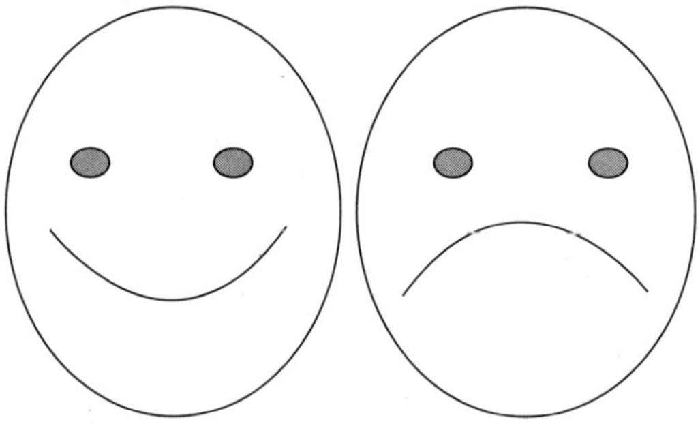

图1–1　“凸性曲线”（左）和“凹性曲线”（右）

应急管理的工作对象是包括自然灾害和事故灾难在内的各种灾难。灾难孕育自一定的环境，称之为孕灾环境。孕灾环境产生各种致灾因子，包括自然异动（暴雨、雷电、台风、地震等）、人为异动（操作管理失误、人为破坏等）和技术异动（机械故障、技术失误等）等。受灾体是指直接受到灾害影响和损害的人类社会主体。致灾因子作用于受灾体，就产生了事故和灾害。应急管理工作就是要反脆弱，工作的目标不只是保持自身受灾体强韧，还要通过干预、控制致灾因子和受灾体，免于伤害，更要不断成长，持续提升对事故和灾害的风险识别、预防和处置能力，能够应对未来更大的风险和更多的不确定性。

---

① 塔勒布．反脆弱[M]．雨珂，译．北京：中信出版社，2014.

第二章 2

应急管理的前世今生

本章概要

地球的运动带来大自然的变化，也带来各种灾害。人类的文明史是一部灾难史，也是一部灾难斗争史。较成体系的应急管理工作直到第二次世界大战以后才逐步在西方国家开始实施，美国最具代表性，形成了一套系统的应急管理理论。新中国成立后，中国应急管理工作也得到了快速发展。

在46亿年的生命历程中，地球没有哪一刻不在运动。地球除了公转、自转外，还有月球和地球绕转、进动、极移、章动和地壳变动等11种运动。正是因为地球的运动，才缔造了今天生生不息、丰富多彩的大自然。同时，地球运动也造成了各种自然灾害，已知的五次生物大灭绝，大都是自然灾害的结果。最近的一次发生在大约6500万年前的白垩纪晚期，之后能以后肢支撑身体直立行走的脊椎动物——恐龙灭绝了。造成恐龙灭绝的因素众说纷纭，其中，“陨石撞击说”最有说服力。不少科学家认为，希克苏鲁伯陨石撞击事件是造成白垩纪恐龙大灭绝的原因。撞击事件引发了大规模的海啸、地震与火山的爆发，撞击产生的碎片和灰尘造成了全球性的风暴，长时期遮蔽阳光，妨碍植物的光合作用，造成生态系统的瓦解，一系列的灾难最终导致约17%的科、50%的属、75%的物种灭绝。

一、人类文明史上的灾难

李白诗云“黄河之水天上来，奔流到海不复回”。黄河被称为华夏文明的母亲河，但在华夏文明的发展过程中，黄河不仅展示了母亲般的温柔，也时不时有狂躁不安的情况。据统计，从公元前602年至公元1938年的2540年间，黄河下游决口1590次、改道26次、重大改道7次，给生活在黄河周边区域的人们带来了重大危害。历史上多次发生“黄河夺淮”事件。淮河本来属于外流河，有自己的入海水道，独流入海，但由于淮河流域水系地貌的原因，历史上黄河中下游河道多次出现改道，淤塞了下游入海通道（即今废黄河），洪水排泄不畅，四处泛滥，进而侵占了淮河的入海河道，使得原本成形的淮河水系出现紊乱，从而导致自然灾害频繁发生，或涝或旱。

地震也是常见的灾害。早在公元前19世纪，中国古人就开始了对地震的记载。《竹书纪年》写道：“夏帝发七年（公元前1831年）泰山震。”这是世界上最早的地震记载，距今已有3800多年了。在周幽王二年（公元前780年），中国已开始详细地描述地震。当年的一次大地震，《诗经·十月之交》记载如下：“烨烨震电，不宁不令。百川沸腾，山冢崒崩。高岸为谷，深谷为陵。”其大意是：闪闪的电光，轰轰的雷鸣，这种不祥的景象，叫人多么不能安宁。千百条河流在沸腾，巍峨的山顶在塌崩，高岸变成了低谷，深谷变成了丘陵。《春秋》《国语》和《左传》等先秦古籍中都有关于地震的记述，保存了古代不少地震的记录。从汉代开始，地震就作为灾异记入各断代史的“五行志”中了。据统计，从汉代至清代，中国有记载的地震有8000余次，其中破坏性地震有600多次。

案例

清康熙十八年（1679年）的北京大地震，是北京自有文字记载以来最大的一次地震。地震为8级，震中烈度为11度，震中在今北京平谷、河北三河一带，“东至辽宁之沈阳，西至河南之安阳，凡数千里，而三河、平谷最惨”。地震波及范围至河北、山西、陕西、辽宁、山东等省，共计200多个县市。这场爆发力极强的地震给京师及周围的州县带来了深重劫难。蓟州地区，据史料记载“地内声响如奔车，如急雷，天昏地暗，房屋倒塌无数，压死人畜甚多，地裂深沟，缝涌黑水甚臭，日夜之间频震，人不敢家居”。震中之一的三河的惨状更是无法描述，“四远有声，俨如数十万军马飒沓而至”“扶伤出抚循，茫然不得街巷故道，但见土砾成丘，尸骸枕藉……号哭呻吟，耳不忍闻，目不忍睹”。

突如其来的灾难使得北京陷入严重的生存危机中。地震强大的破坏力使地表建筑遭到极大的损毁，“城垣坍毁无数，自宫殿以及官廨、民居，十倒七八”。据统计，仅仅京城就倒房12792间，坏房18022间，死亡485人。京城的各宫殿、城楼、寺院、庙宇、会馆等遭到不同程度的破坏。

有史以来，人类面临的灾害数不胜数，总是在与灾难作斗争，可以说，人类文明史就是一部灾难史。

（一）远古传说

世界上历史比较悠久的民族，都有自己的神话传说。传说虽然各具民族特色，但也有一些相似性，比如在题材上，各民族几乎都有大洪水的传说。《圣经》《古兰经》中也都有“诺亚方舟”的传说。《圣经》中记载，“诺亚方舟”

正是为了抗击一场旷世的大洪水而建造的，它使地球上很多物种得以保存并繁衍。

而中国的“大禹治水”则更加接地气，更真实。三皇五帝时期，黄河泛滥，鲧、禹父子二人受命于尧、舜二帝，任崇伯和夏伯，负责治水。面对滔滔洪水，大禹从鲧治水的失败中吸取教训，改变了“堵”的办法，对洪水进行疏导。

大禹根据山川地理情况，将中国分为九个州，即冀州、青州、徐州、兖州、扬州、梁州、豫州、雍州、荆州。他的治水方法是把整个中国的山山水水当作一个整体来治理。他先治理九州的土地，该疏通的疏通，该平整的平整，使得不少地方变成肥沃的土地。接着治理山川，先后治理了岐山、荆山、雷首山、太岳山、太行山、王拙山、常山、砥柱山、碣石山、太华山、大别山等。疏通水道，使得水流能够顺利地往下流去，不至于堵塞水路。山路治理好了以后，他就开始理通水脉，长江以北的大多数河流都留下了他治理的痕迹。

大禹治水讲究的是智慧，如治理黄河上游的龙门山就是如此。龙门山在梁山的北面，他将黄河水从甘肃的积石山引出，水被疏导到梁山时，不料被龙门山挡住了，过不去。察看了地形后，大禹觉得这地方非得凿开不可，但是偌大一个龙门山在哪里凿开？他选择了一个最省工省力的地方，只开了一个80步宽的口子，就将水引了过去。因为龙门太高了，许多逆水而上的鱼到了这里，就游不过去了。许多鱼拼命地往上跳，但是只有极少数的鱼能够跳过去，这就是后人所说的“鲤鱼跳龙门”，据说只要能越过龙门，鱼马上就会变成一条在空中飞舞的龙。

大禹为了治理洪水，在外与民众一起并肩奋战13年，置个人利益于不顾，“三过家门而不入”，耗尽心血与体力，终于完成了治水大业。

（二）天灾人祸

维苏威火山是一座活火山，位于意大利那不勒斯市东南约20公里的那不勒斯湾东海岸，是世界著名的火山之一，海拔为1281米，被称为“欧洲最危险的火山”。

案例

公元79年8月24日，维苏威火山喷发。瞬息之间，火山喷出的灼热岩浆遮天蔽日，四处飞溅，浓浓的黑烟，裹挟着滚烫的火山灰，铺天盖地地降落到庞贝城。空气中弥漫着令人窒息的硫磺味，熏得人头昏脑胀。很快，厚约5.6米的熔岩浆和火山灰就毫不留情地将庞贝城从地球上抹掉了。历史的记载也从此中断。

这次大灾难的目击者盖尤斯·普林尼·采西利尤斯·塞孔都斯，也被称为小普林尼，当时17岁。在悲剧发生后的第6年，应罗马著名历史学家塔西佗之约，给塔西佗回了两封信，生动地描述了维苏威火山爆发时的状况。小普林尼追述道："一片硕大的乌云，呈伞形出现在地平线上，大火熊熊，反衬在阴暗的天空中，显得格外明亮。地震频频，令屋子东摇西晃。但是我们不敢到外边去，因为燃烧着的熔岩颗粒像大雨一样纷纷下落。时间过去了很久，黑云终于渐渐消散，太阳终于露出了光辉。一切都发生了巨变，因为大地覆盖了厚厚的尘土，仿佛刚刚下了一场罕见的大雪一样。"

从前一天中午1时到第二天早上7时，18个小时的时间，火山爆发形成了4次熔岩流和3次灰尘暴，直接导致意大利古城庞贝和赫库兰尼姆约1.6万人死亡。小普林尼住在与庞贝城相隔20公里外的米思尼姆城，感受尚且如此恐怖，不难想象，没有逃离庞贝城的人经历了何其悲惨的遭遇。

2011年3月11日，日本东北太平洋地区发生里氏9.0级地震。此次地震引发的巨大海啸对日本东北部岩手县、宫城县、福岛县等地造成了毁灭性破坏，死亡15897人，失踪2533人。地震发生时，位于福岛县太平洋海滨的东京电力株式会社福岛第一核电站共有3座核反应堆（1号、2号和3号反应堆）正在发电运转；4号反应堆在进行分解检查，5号和6号反应堆在进行定期检查，后三座反应堆处于停机状态。

地震发生的瞬间，1号、2号和3号反应堆自动插入控制棒，进入停机程序。但同时，从电站外公共电网向福岛核电站输电的输电线因地震的摇晃而发生相互接触，引起短路并断线；核电站的变电所及断路器等设备发生故障；输电线路铁塔倾倒。这些状况使福岛核电站失去了外部电源的支持。此时此刻，福岛核电站实际上已成为陆地上的孤岛。在这种情况下，福岛核电站内部系统欲完成整个停机程序，平稳过渡并保持在安定的停机状态，只能靠自身的设备能力了。

运行中的核电站在即将停止运行时，并不是仅仅插入控制棒，停止反应堆芯的连锁裂变反应就可以。即使裂变反应已经停止，但堆芯大量的反应热以及由于裂变反应所产生的放射性同位素在进行衰变时所产生的衰变热，聚集在刚刚完成停止裂变反应的反应堆中，仍然需要及时排出。正常情况下，从停止裂变反应，过渡到安定的停机状态需要20个小时左右。而即使是处于安定停机状态或核燃料保存状态的反应堆，也需要随时排出放射性同位素的衰变热。

在失去外部供电的情况下，福岛核电站紧急启动了柴油发电机来维持冷却用电。可是，在地震发生50分钟以后，福岛核电站遭遇了15米高的海啸袭击，柴油发电机因为设置在地下室，被海水浸泡而停机。由于海啸的袭击，核电站的电气设备、水泵、燃料罐以及紧急用蓄电池等设备被损坏或被冲走，福岛核电站处于“全站断电”的状态。在这种状态下，循环水泵停止运转，无法向反应堆内部和核燃料储存池供水带走热量，其中的核燃料就无法冷却。为解决福岛核电站的断电状况，日本政府用直升机紧急从全国各地的核电站空运卡车式发电机。但运至福岛核电站才发现，电源插口不匹配，无法使用。在这个过程中，核反应堆堆芯的冷却用水因被核燃料加热沸腾，水位不断下降。最后，核燃料露出水面，导致核燃料融化。核燃料产生的高温，促使其的包覆材料——锆合金开始与水发生反应，生成氢气。这时，由于冷却水沸腾所产生的水蒸气和锆水反应所产生的氢气与氧气剧增，导致反应堆内压力急剧升高。尽管接到首相菅直人的放气减压要求，但东电一直纠结于核物质泄漏问题而迟迟没有动手。等到事态恶化下定决心时，为时已晚。电动阀因停电失效，由于放射线辐射过高，操作人员无法接近手动的放气阀门实施关阀。

灾难最终还是发生了，3月12日1号反应堆、14日3号反应堆、15日2号反应堆，泄漏到反应堆外壳之外的氢气发生爆炸，炸毁了反应堆厂房（其中，2号反应堆的爆炸没有造成厂房的明显损伤）。同时，反应堆内的核燃料发生融毁，大量的核物质通过大气和地下水泄漏到自然界中。从3号反应堆释放出的氢气，通过管道进入4号反应堆的厂房，并在那里引起新的氢气爆炸，对4号反应堆中存放废核燃料棒的废核燃料储存池形成了巨大的威胁。

2011年4月12日，日本原子能安全保安院根据国际核事件分级表将福岛核事故定为最高级——7级。历史上只有苏联的切尔诺贝利核电站发生过7级核事故。2021年4月13日，日本政府决定将福岛核电站中上百万吨核污水过滤并稀释后排入大海，排放约2年后实施。日本强推“核污水排海”计划，坑害的是世界人民的身体健康和全球生态环境，挑战的是人类正义和良知，遭到了全世界大多数国家的强烈反对。

二、人类与灾难斗争的历史

面对无数的灾难，人类并未坐以待毙，而是奋起抗争，并取得了不少胜利。

（一）都江堰

都江堰是人类抗击灾难的精品水利工程。号称“天府之国”的成都平原，在古代却是一个水旱灾害十分严重的地方。“人或成鱼鳖”的感叹和惨状，就是那个时代洪涝灾害的真实写照。这种状况是由岷江和成都平原“恶劣”的自然条件造成的。

岷江上游流经地势陡峻的万山丛中，一到成都平原，流速突然减慢，夹带的大量泥沙和岩石沉积下来，淤塞了河道。每年雨季到来时，岷江和其他支流水势骤涨，往往泛滥成灾；雨水不足时，又会造成干旱。

秦昭襄王五十一年（公元前256年），秦国蜀郡太守李冰和他的儿子，吸取前人的治水经验，率领当地人民主持修建了著名的都江堰水利工程。都江堰的整体规划是将岷江水流分成两条，其中一条水流引入成都平原，这样既可以分洪减灾，又可以引水灌田、变害为利。主体工程包括鱼嘴分水堤、飞沙堰溢洪道和宝瓶口进水口。

李冰父子邀集了许多有治水经验的农民，对地形和水情做了实地勘察，决心凿穿玉垒山引水。由于当时还未发明火药，李冰便以火烧石，再用冷水喷淋，使岩石爆裂，终于在玉垒山凿出了一个宽20米、高40米、长80米的山口。因其形状酷似瓶口，故取名“宝瓶口”，把开凿玉垒山分离的石堆叫“离堆”。

之所以要凿宝瓶口，是因为只有打通玉垒山，使岷江水能够畅通流向东边，才可以减少西边的江水流量，使西边的江水不再泛滥，同时也能解除东边地区的干旱，使滔滔江水流入旱区，灌溉那里的田地。这是治水患的关键环节，也是都江堰工程的第一步。

宝瓶口引水工程完成后，虽然起到了分流和灌溉的作用，但因江东地势较高，江水难以流入宝瓶口，为了使岷江水能够顺利东流且保持一定的流量，并充分发挥宝瓶口的分洪和灌溉作用，李冰在开凿完宝瓶口以后，又决定在岷江中修筑分水堰，将江水分为两支：一支顺江而下，另一支被迫流入宝瓶口。

由于分水堰前端的形状好像一条鱼的头部，所以被称为“鱼嘴”。鱼嘴的建成将上游奔流的江水一分为二：西边称为外江，它沿岷江顺流而下；东边称为内江，它流入宝瓶口。由于内江窄而深，外江宽而浅，这样枯水季节水位较低，则60%的江水流入河床低的内江，保证了成都平原的生产和生活用水；而当洪水来临，由于水位较高，于是大部分江水从江面较宽的外江排走，这种自动分配内外江水量的设计就是所谓的“四六分水”。

为了进一步控制流入宝瓶口的水量，起到分洪和减灾的作用，防止灌溉区的水量忽大忽小以及不能保持稳定的情况，李冰又在鱼嘴分水堤的尾部，靠着宝瓶口的地方，修建了分洪用的平水槽和飞沙堰溢洪道，以保证内江无灾害，溢洪道前修有弯道，江水形成环流，江水超过堰顶时洪水中夹带的泥石便流入外江，这样便不会淤塞内江和宝瓶口水道，故取名“飞沙堰”。飞沙堰采用竹笼装卵石的办法堆筑，堰顶做到比较合适的高度，起到调节水量的作用。当内江水位过高的时候，洪水就经由平水槽漫过飞沙堰流入外江，使得进入宝瓶口的水量不致太大，保护内江灌溉区免遭水灾；同时，漫过飞沙堰流入外江的水流会产生漩涡，由于离心作用，泥沙甚至是巨石都会被抛过飞沙堰，还可以有效地减少泥沙在宝瓶口周围的沉积（见图2–1）。

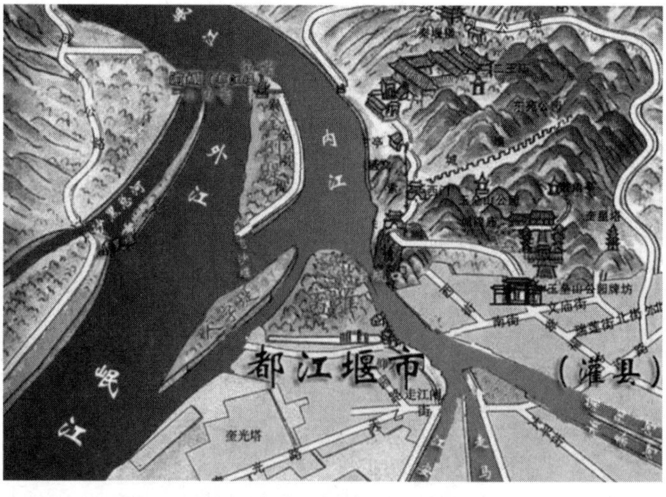

图2–1　都江堰工程示意图

为了观测和控制内江水量，李冰又雕刻了三个石桩人像，放于水中，以“枯水不淹足，洪水不过肩”来确定水位。还凿制石马置于江心，以此作为每年最小水量时淘滩的标准。

在李冰的组织带领下，人们克服重重困难，经过八年的努力，终于建成了这一具有历史意义的水利工程——都江堰。两千多年来，都江堰一直发挥着防洪灌溉的作用，使成都平原变成“水旱从人，不知饥馑，时无荒年，天下谓之天府也”的“天府之国”，至今灌区已达30余县市，面积近千万亩，是全世界迄今为止年代最久、唯一留存、仍一直在使用的以无坝引水为特征的宏大水利工程，凝聚着中国古代劳动人民的勤劳、勇敢和智慧。

（二）古代中国的防火

火灾是常见的灾害，中国自古就有火灾防范措施。《周礼·考工记》记载："匠人营国，方九里，旁三门。国中九经九纬，经涂九轨。左祖右社，面朝后市。市朝一夫。"这是西周王城采用分区的礼制，王城用经纬涂制建设道路网，道路把王城内的宫廷、市场、居住区等分离开来。从城市防火规划的角度分析，用宽阔的道路分隔了功能区，有效地划分了防火单元，控制了城市火灾蔓延的范围。在实际工作中，西周还推行了"火政"制度，对不同的区域实行不同的用火管理办法。

战国时代，除了因袭王城闾里形式和用道路墙垣分区外，城市内部功能分区也进一步明确。易发生火灾的手工业区如冶炼、炼铜及烧陶作坊多置于郭外，从而有力地控制了城内的火灾风险。

汉魏时代城市发展很快，突破了周代城市制度，加强了市的分量，城以宫为中心，郭以市为中心。在城市防火方面，城中宫廷北移，相对独立。利用自然河道，组织城中通达的水系，利于漕运、生活与防火。

具有划时代意义的曹魏邺城规划，则彻底实现了宫室与民居的分隔。宫殿独立于城西北，几条大道明确划分了宫室、戚里和闾里，并做了分区和间隔。邺城的中央，在宫室前面有鼓楼、钟楼，可以瞭望。东汉以后，城市就陆陆续续地出现了许多高台建筑和望楼，且发展成为钟鼓楼，具有观望城市火灾的功能。

城市水系是古城建设的关键。古人认识到城河"非特利舟楫，亦可以消炀灾。"据《唐书·五行志》记载："光启元年（885年）正月，幽州坊谷地常有火。长庆三年（823年）夏，遂积水为池，近水诊火也。"唐朝时期长安除了有几十公里的护城河，还有宫苑、园林中的水面，大街两旁的水沟渠网以及曲江池和放生池等。这对城市用水、防火及防洪都有很大好处。

宋代城市创造了"火巷"，即相邻建筑之间有一条小路，建筑用硬山（后用封火山墙）封闭邻巷面，并且不对火巷开门窗洞。这种布局即使在建筑间距较小的情况下，也具有较为理想的防火效果。

明清时期，北京城设有消防警察，城市防火管理很严。在城内多处拆除"民居之侵占官街，搭造棚房，拥塞衢路者”。[①]

在长期与灾害的斗争中，古人给我们留下了很多防灾减灾的好理念、好经验、好做法，直到今天仍是我们防灾减灾工作极有价值的理念。例如，“居安思危，思则有备，有备无患”（出自《左传·襄公十一年》），强调要有安全意识，做好预案，做好应急准备；“有不尽者，亦宜防微杜渐而禁于未然”（出自《元史·张桢传》），“防微杜渐”强调从微小的事情抓起，把灾害扼杀在萌芽状态；“迨天之未阴雨，彻彼桑土，绸缪牖户”（出自《诗经·豳风·鸱鸮》），尽管天未下雨，也要“未雨绸缪”，补好门窗；还有“客谓主人，更为曲突，远徙其薪，不者且有火患”（出自《汉书·霍光传》），“曲突徙薪”强调只有事先采取有效措施，做好预防工作，才能防止灾祸发生。[②]

三、美国应急管理实践

防灾减灾工作自古有之，人类不得不使用国家、社会和个人的力量同灾难作斗争，为此人类做了不少工作。但是，完善的应急管理工作，比如立法、设立专门机构、组建队伍、储备物资、招募应急志愿者等措施，直到第二次世界大战以后才逐步在西方国家开始实施，美国是其中的代表。

（一）美国应急管理

1950年，美国国会通过了《灾难救济法》，首次授权总统可以宣布灾难状态，授权联邦政府对受灾的州和地方政府提供直接援助，这是美国对于应急管理的制度性立法。1971年的旧金山大地震，造成重大人员伤亡，暴露了政府应急管理工作的缺陷，推动了国会在1974年通过新的《灾难救济法》，将联邦政府应急管理工作从应对和恢复的被动性政策拓展到减灾和准备的预防性政策。1979年，时任总统卡特发布行政命令，合并诸多分散的紧急事态管理机构，组建统一的联邦紧急事态管理局，正式构建了美国的应急管理机制。冷战结束后，美国紧急事态管理局成功地应对了1993年中西部大洪水、1994年加利福尼亚诺斯里奇地震，为受灾地区和人民提供了及时有效的帮助，广受好评，其模式也被西方国家推广。

---

① 肖大威．中国古代城市防火减灾措施研究[J]．灾害学，1995（4）．

② 子荷．我国古代的防灾减灾方略[J]．中国减灾，2011（13）：23-24.

2001年“9·11”事件后，本土恐怖主义成为美国国土安全首要威胁，联邦紧急事态管理局被并入国土安全部，自然灾害和事故灾难的应急处理能力有所下降。

案例

卡特里娜飓风于2005年8月中在巴哈马群岛附近生成，在8月24日增强为飓风后，以小型飓风强度在佛罗里达州登陆。随后数小时，该风暴进入了墨西哥湾，在8月28日增强为5级飓风。8月29日，卡特里娜飓风在密西西比河口登陆时为3级飓风。风暴潮给路易斯安那州、密西西比州及亚拉巴马州造成了灾难性的破坏。用来分隔庞恰特雷恩湖（Lake Pontchartrain）和路易斯安那州新奥尔良市的防洪堤因风暴潮而决堤，该市八成面积遭洪水淹没。强风袭击内陆地区，阻碍了救援工作。卡特里娜飓风造成的经济损失高达2000亿美元，成为美国史上破坏性最强的飓风，也是自1928年奥奇丘比（Okeechobee）飓风以来，死亡人数最多的美国飓风，至少有1833人丧生。

密西西比州、路易斯安那州、亚拉巴马州和佛罗里达州至少有230万居民受到停电的影响，通信出现大规模故障。救援情况非常糟糕，9月1日新奥尔良出现了无政府状态的混乱局面，部分地区的抢劫之风越刮越猛，劫匪们当着国民警卫队和警察的面，大肆烧杀抢掠和强奸，甚至还和警方枪战不止。

救援不力的事件不只有卡特里娜飓风。2021年6月24日凌晨1时20分，美国佛罗里达州迈阿密—戴德县瑟夫赛德镇发生一起住宅楼局部坍塌事故。事故楼房共有136套住房，其中55套在坍塌中损毁。5时30分，美国总统拜登就发表声明称，联邦应急管理局的援助已经“准备就绪”，一旦佛罗里达州州长德桑蒂斯宣布此事故进入紧急状态，援助资源便可以即刻发出。可是直到当日的16时33分，迈阿密—戴德县才发表事故声明；17时32分，佛罗里达州州府才发布声明。这时距离事故发生已经过去了16个小时。25日，拜登批准佛罗里达州进入紧急状态，联邦应急管理局才被授权协调所有救灾工作。直到27日，8支州级应急救援队伍的370名队员才到齐，此时救援的“黄金72小时”已经过去了。

救援过程异常缓慢。当地官员称，在废墟中的救援队，是全球救援最专业、经验最丰富、技能最过硬的救援队。救援负责人表示，为了确保队员安全，队员只要工作了45分钟，就需要下来让医生检查他们的身体状况，确保他们没事。现场画面显示，“全球顶级”的救援队员上班只是“砖头扔来扔去”，下班却非常准时。从事故发生到6月28日，4天内只移走了24立方米瓦砾，没有救出任何一个人或找到一名遇难者，被讽之为“考古式”救援。

截至7月23日，消防救援部门宣布结束对遇难者遗体的搜寻行动，确认至少有97人遇难。除了一条小狗生还，整个救援行动未救出一名幸存者，引发了失踪者家属的强烈不满，也让全球舆论哗然，“美国应急管理到底出了什么问题”？

美国的应急管理是合作整合模式，强调政府与企业、非政府组织和志愿者的合作。即使是不同层级政府之间，也是一种合作关系。美国2004年颁布的《国家响应计划》对应急程序有明确的规定：突发事件发生后，第一应对措施由当地政府负责；如果规模较大，则向州政府求援，由州政府调配资源应对；如果州政府不能应对，则向联邦政府申请，要求总统宣布“重大灾害声明”，由联邦应急管理局负责协调救援。这是一种“拖—拉”体制，只有地方政府请求，州政府才会介入地方政府的救援事务；只有州政府请求，联邦政府才会介入到州政府的救援事务。就是因为这样，本次救援行动就被“拖拖拉拉”了。

如果只是从纸面上看《国家响应计划》的应急程序，会觉得非常完美。每一项、每一步都有标准，申请、审核、批准、授权，一环接一环，程序正义，杜绝滥用职权。但是，应急救援是抢救生命，救援有“黄金72小时”，更有“黄金一小时”“白金十分钟”的理念，废墟下面是一条条活生生的生命，需要争分夺秒的实际行动。制度按照烦琐的流程机械地落实，效率极其低下，浪费了大量宝贵的救援时间。所以说，即使是看起来天衣无缝的制度，如果落实起来“拖拖拉拉”，也不过是废纸一张。

好的制度，不但要规定明确、流程清晰，还要有纠错或者应急机制。面对如此重大的灾难，拜登说：“我在等佛罗里达州政府发表事故声明，只要佛州一宣布，我就批准紧急状态。”面对埋在废墟下面生死未卜的一百几十号人，还在按部就班、墨守成规地等申请，实在是过于僵化、教条。作为美国总统，可以绕开国会发动海湾战争、阿富汗战争，却绕不开地方政府，不能直接宣布紧急状态，说明美国的应急管理体制已经非常僵化。

与美国相比不一样的是，中国应急管理是动员整合模式，通过动员的方式来进行资源整合。[①]政府集中了大量资源、发挥核心和主导作用，可以在短时间内集中力量开展应急救援。面临大灾大难时，这种动员整合模式就能够迅速发挥作用。

---

① 张海波．公共安全管理整合与重构[M]. 北京：生活·读书·新知三联书店，2012.

案例

2020年3月7日19时14分，福建省泉州市欣佳酒店所在建筑坍塌。当地迅速组织综合性消防救援队伍、国家安全生产专业救援队伍、地方专业队伍、社会救援力量、志愿者等共计118支队伍、5176人开展抢险救援行动。经过112小时全力救援，至3月12日11时4分，人员搜救工作结束，搜救出71名被困人员，其中42人生还，29人遇难。整个救援过程行动迅速、效果明显，未发生疫情感染，未发生次生事故。

中国应急管理工作还存在不少短板，比如体系不健全、社会资源薄弱、风险管理不足等，亟须加强。在这方面，美国是老师，值得我们学习。但是，“徒法不足以自行”，美国塌楼救援事件显示，纸上的完美制度，如果没有强大的执行力和纠错机制，制定得再好也会走向僵化教条。未来我们要充分发挥社会主义制度优势，坚持以动员整合模式为主。同时，要学习和吸收美国等西方发达国家好的理念、制度和方法，落实在具体实践中，不断完善中国应急管理体制。

（二）全面紧急事态管理原则

当然，“考古式”救援不能代表美国应急管理的全部。以美国为代表的西方国家在多年的工作实践中，形成了一套系统的应急管理理论。在概念上，应急管理英文原文是“Emergency Management”。“Emergency”即为“突发事件、紧急情况”，主要有两层意思：一是需要立即采取对策的意外紧急情况或事件；二是需要特别采取行动的状况。

美国应急管理的原则叫作全面紧急事态管理原则，其含义包括以下四点。

1. 对各类型的灾难及其后果实施管理。由此发展成为紧急事态管理的“全危险方法”。所谓全危险方法就是无论是火灾、洪涝灾害、事故灾难，乃至恐怖事件，都可以利用一套应急管理机制来安排、处理和应对。之所以采用“全危险方法”有三个原因：一是因为按照灾害种类分别建立多套机制会造成巨大的浪费，一套机制能够确保最经济的管理成本；二是尽管灾难种类很多、形态各异，但是其都会经历类似的生命周期，有事前、事发、事中和事后等阶段，其预防和应对都有基本相同的要素，比如风险辨识、预防、准备、预警和处置等；三是能够实现统一高效的指挥和运作，如果不同类型的危险由不同的管理机构负责，在一个灾难并发其他灾难时，就会出现权责不明、推诿扯皮的现象。

2．对所有紧急事态管理的参与者实施统一协调与领导。建立一个通过网络化增强紧急事态管理能力的架构，当紧急事态发生时，来自不同的机构、部门、各级政府的代表能够一起工作、相互配合，迅速作出决策。综合紧急事态管理系统可以使地方、州和联邦政府，以及私人部门、民间组织和公民，在紧急事态管理的每个阶段分担有效使用资源的责任。与此同时，在这一系统中，每个团体、单位和个人都有自己的作用和职责，最终的责任由所有参与者分担。

3．对紧急事态的全过程实施管理。依据灾难的发生周期，将紧急事态管理的活动、政策和项目分为四个功能区：减除（Mitigation）、准备（Preparedness）、应对（Response）和恢复（Recovery）。这四个阶段是对紧急事态的全面管理，它从可能造成灾难的风险识别和减除开始，避免可能产生的灾难后果，减轻不能避免的灾难影响，在应对和恢复过程中为下一次紧急事态的发生做好准备。

4．对全国各级政府、各种组织所有合适的资源实施统一调配使用。[①]

四、中国应急管理发展历程

自新中国成立以来，党中央、国务院高度重视应急管理工作，加强了对应急管理工作的领导。随着认识的进一步提升，中国应急管理工作所应对的范围逐渐扩大，由防范自然灾害为主逐渐扩大到自然灾害、事故灾难、公共卫生事件和社会安全事件等方面。应急管理系统从专业部门应对单一灾害逐步发展到综合协调的应急管理，其发展历程经历了2个标志性的事件，一个是2003年的“非典”，另一个则是2018年机构改革和应急管理部的组建，这两个事件将中国的应急管理发展历程大致划分为三个阶段。

（一）1949至2003年的单项应对模式

中国组建了水利部、林业部、农业农村部、地震局、海洋局、气象局等专业性防灾减灾机构，这些机构又设置若干个二级机构或成立一些救援队伍，形成了各部门独立负责、各自管辖的灾害预防和抢险救灾的分散管理、单项应对模式，成功地应对了多次灾难。

在新中国成立初期，灾害应急管理主要采用战争时期的做法，即提倡“生产自救”。在“一元化”领导体制下，国家实行抗灾救灾应急动员，采用群众运动

① 夏保成．美国公共安全导论[M]．北京：当代中国出版社，2016.

的方式开展抗灾救灾工作是当时的另一大特点，有效地实现了包括军队在内的全社会力量的广泛参与，并且在安置灾民、临灾救济（紧急赈济、医疗防疫）、集体互助救灾等方面取得了经验。强化救灾制度建设，加强了灾害信息发布、救济物资、灾情督察、减免税收等方面的管理。新中国成立初期进行了一定的防灾备灾工作，如进行水利工程建设、开展气象灾害预报、注意水土保持和森林保护、建立粮食储备制度等。这一时期，党中央提出了“不许饿死一个人”的要求，反映出尊重人的生命的观念，这种观念一直贯穿至今。但此时也出现了许多不当之处，如灾害应急管理法律的缺失、应急慈善协会等民间救助组织的消失、拒绝国外的灾害援助等，都与当时的社会大背景有关。

1978年改革开放到2003年，中国成立了多个自然灾害处置的议事协调机构，每当有重大突发事件发生时，还会临时组建一些指挥部，加强事件应对的统一协调。从总体上来说，虽然这些议事协调机构和指挥部的建立增加了协调应对能力，但基本上没有摆脱单灾种应对模式。

（二）2003至2018年的综合协调模式

“非典”事件是新中国成立以来中国发生的一次重大突发公共卫生事件，以此次公共卫生事件的应对为转折，中国开始进入系统全面地推进应急管理体系建设的新阶段，过去分散协调、临时响应的应急管理模式发生了转变。2005年，《国家自然灾害救助应急预案》《国家突发公共事件总体应急预案》的出台，标志着中国灾害应急管理工作走向规范化。通过制定一系列法律法规，中国确立了党和政府统一领导、部门分工负责、灾害分类管理、属地管理为主的灾害应急管理体制。此期间的灾害应急管理承继了新中国成立以来好的经验，如坚持党的领导，大灾面前由党和国家领导人亲自指挥和动员；军队、武警、公安和民兵联动配合；党组织、各级政府、人大、政协、工青妇、各民主党派都成为应急管理的主体，甚至公民个人也纷纷响应号召，实现了全国范围内的联动。

在灾害应急管理领导机构的改革方面，2005年4月，中国国际减灾委员会更名为国家减灾委员会；次年4月，国务院办公厅设置国务院应急管理办公室（国务院总值班室），履行值守应急、信息汇总和综合协调的职能，发挥运转枢纽的作用。国务院应急管理办公室及随后成立的地方应急管理办公室，成为中国应急管理体系的重要组成部分，也是国家综合性应急体制形成的重要标志。此时，中国不断完善处理突发公共事件的统筹协调机制，同时还完善了国家防汛抗旱总指挥部、国家森林防火指挥部、国务院抗震救灾指挥部、国家减灾委员会、国务院安全生产委员会等若干议事协调机构的应急管理职能。除此以外，国家的专项以及地方灾害应急管理机构得到充实，中央政府有关部门和县级以上人民政府普遍成立了应急管理领导机构和办事机构，包括防汛抗旱、抗震救灾、森林防火、安全生产、公共卫生、公安、反恐、海上搜救以及核事故应急等在内的专项应急指挥系统也得到了完善。解放军和武警部队成为参与灾害应急管理的军事力量，接受党中央的统一调动。全国初步形成了“统一领导、综合协调、分类管理、分级负责、属地管理为主”的应急管理体制。这种全国性的灾害应急管理体制解决了过去政出多门、各自为政、分散协调的弊端，提高了应对灾害的能力，由被动应对转变为主动应对，专项应对转变为综合应对，应急救援转变为风险管控。①

（三）2018年以来的综合应急管理模式

2018年4月，中国成立应急管理部，将分散在应急管理部、国务院办公厅、公安部（消防）、民政部、自然资源部、水利部、农业农村部、林业局、地震局以及防汛抗旱指挥部、国家减灾委、抗震救灾指挥部、森林防火指挥部等的应急管理相关职能进行整合，以防范化解重特大安全风险，健全公共安全体系，整合优化应急力量和资源，打造统一指挥、专常兼备、反应灵敏、上下联动、平战结合的中国特色应急管理体制。

纵观中国应急管理工作发展历程，从单项应对发展到综合协调，再发展到综合应急管理模式，中国应急管理工作理念发生了重大变革，从被动应对到主动应对，从专项应对到综合应对，从应急救援到风险管理。当前中国应急管理工作更加注重风险管理，坚持预防为主；更加注重综合减灾，统筹应急资源。②

2019年10月，党的十九届四中全会审议通过《中共中央关于坚持和完善中国特色社会主义制度　推进国家治理体系和治理能力现代化若干重大问题的决定》，明确提出坚持和完善中国特色社会主义制度，推进国家治理体系和治理能力现代化建设。应急管理工作是中国国家治理体系和治理能力的重要组成部分，改革的推进将有利于全面改善应急管理体系，提高安全水平，提高保障人民群众生命财产安全的实质能力。

---

① 刘智勇，陈苹，刘文杰．新中国成立以来中国灾害应急管理的发展及其成效[J]．党政研究，2019（3）．

② 江田汉．中国应急管理工作基本概况的发展历程［R/OL］．中国应急管理信息网，https://www.emerinfo.cn/2019-10/10/c_1210306687.htm.

第三章 3

坚持党对应急管理工作的领导

本章概要

要做好应急管理工作，前提是形成统一的应急管理价值观，建立全社会参与的主动防御体系。要坚持党对应急管理工作的领导，在把方向、谋大局、定政策和促改革等四个方面坚持党的领导，发挥党的核心作用。

村里有个放牛娃，天天乐呵呵地漫山遍野放牛，到处撒欢。一个城里人被工作和生活上的琐事折磨得难受，经常闷闷不乐，差点得了抑郁症。一天，城里人去农村散心，看到放牛娃这股欢喜劲，很是纳闷，也很羡慕。于是，城里人走近去蹲在地上和放牛娃交谈起来。“你放牛是为了什么？”“挣钱。”“挣了钱想干什么？”“盖房子。”“盖了房子做什么？”“娶媳妇。”“娶了媳妇做什么？”“生娃。”“娃长大了干什么？”“放牛。”

城里人震惊了。好简单的理想，好快乐的人生。在放牛娃的心里，他没有别的选择，只能选择重复祖辈的人生。如果没有意外，放牛娃的人生就如他自己所愿，生下新的“放牛娃”，一代一代地不断轮回。

一、价值观的导向作用

价值观是基于人一定的思维感官之上作出的认知、理解、判断或抉择，是人们对客观世界及行为结果的评价和看法。价值观具有相对的稳定性和持久性。在特定的时间、地点和条件下，人们的价值观总是相对稳定和持久的。对某种人或事物的好坏总有一个看法和评价，在条件不变的情况下这种看法不会改变。在不同时代、不同社会生活环境中形成的价值观是不同的。一个人的价值观是从出生开始，在家庭和社会的影响下，逐步形成的。其所处的社会生产方式及其所处的经济地位，对其价值观的形成有着决定性的影响。

价值观对人们认识世界和改造世界的活动具有重要的导向作用。一方面，价值观影响人们对事物的认识和评价；另一方面，价值观影响人们改造世界的活动。价值观对人生道路的选择同样也具有重要的导向作用。一个人走什么样的人生道路，选择什么样的生活方式，都是在一定的价值观指导下进行的。寻找正确的价值观就是寻找人生的真谛。放牛娃的价值观是“放好牛”，他就想放牛、挣钱、盖房、娶媳妇、生娃。

案例

新加坡是一个拥有多元种族、多元宗教、多元信仰和多元文化的国家。多元性是新加坡的一个主要特征。这种多元性所带来的直接后果，便是不同种族、不同宗教、不同信仰以及不同文化之间的敏感性。多元性问题处理得好，它可以成为社会和谐发展的动力；处理得不好，则会给社会带来强烈的震荡和动乱，甚至使国家和社会陷入混乱和瓦解。正如李光耀所言“我们是汇合了来自中国、印度、马来西亚以及世界不同地域的移民，我们必须传授给我们年轻的一代以共同的基本行为准则、社会价值观以及道德教条。这些准则、价值观以及教条将能塑造完整的未来新加坡人”，还说“我们无法消除各不同种族集团之间的文化和宗教差别。可是，我们却必须创立足够的共同价值观以及一个单一的国家观念”。

新加坡自建国后，经济上取得了飞速的发展，在短短几十年内迅速跻身于世界发达国家之列。关于新加坡成功的原因，李光耀指出：“新加坡成功的一个最强有力因素就是20世纪50至70年代那一代人的文化价值观。由于他们的成长背景，他们肯为家庭和社会牺牲。他们也有勤劳俭朴和履行义务的美德。这些文化价值观帮助我们成功。”但是到了80年代，对于新加坡年轻一代来讲，他们物质生活条件优越，备受父母宠爱，父辈建国创业的艰辛对他们来说既陌生又遥远。现代科技和资讯的发达，使新加坡年轻一代的价值观与父辈相比，发生了很大变化。

为此，新加坡提出了共同价值观（国家至上、社会为先；家庭为根、社会为本；关怀扶植、尊重个人；协商共识、避免冲突；种族和谐、宗教宽容），积极加强宣传，得到了国民的广泛认同。新加坡与中国一样，在每个社区都建立了居委会。居委会是新加坡的根基，有了它们，新加坡的社会才稳定、和谐，好比有无数根桩基撑起了这个国家，非常牢固。居委会工作人员不是国家公务员，而是由当地居民组成的义工，以楼组为单位，通过社区里各种各样的志愿者小组，形成极具活力的社区服务力量：有义务宣传邻里和睦精神的，有义务照顾生活不方便的孤寡老人的，有帮助新移民尽快融入社会的，有种植花草美化环境的……将群众生活中遇到的各种矛盾与难题随时化解或下情上达，促成政府尽快解决。这些义工之所以愿意做这些事情，其中一个重要原因就是他们认同共同价值观，把自己的幸福、居住社区的利益和国家的发展联系在一起。

共同价值观会让成员心往一处想、劲往一处使，在具体的工作中，自觉地实践组织的价值理念；全情对待组织与工作，形成与组织休戚与共的主人翁意识；以积极的沟通、支持性态度以及勤奋负责的工作作风，融入团队，建立彼此配合的团队默契。

二、应急管理要构筑共同价值观

新时代的应急管理工作也是如此，要做好工作，就必须形成共同的价值观。当前，中国应急管理机构已经成立，初步构建了从中央到地方的应急管理体系，自然灾害抗击能力和安全生产监管水平得到大幅度提升。但是，我们也应该看到，实际工作还存在不少问题，比如应急管理统筹力度弱、“防抗救”体系运行不畅、“运动式”监管、日常工作高度“内卷”、资源保障捉襟见肘、抢险救援能力建设滞后等。除此以外，应急管理工作出现了一些新特点、新情况，值得我们高度关注。

（一）应急管理新特点、新情况

极端灾害天气增多。《中国气候变化蓝皮书（2020）》显示，全球变暖趋势在持续，灾害天气增多。2019年，全球平均温度较工业化前整体水平高出约1.1 ℃，是有完整气象观测记录以来的第二暖年份，过去五年（2015年至2019年）是有完整气象观测记录以来最暖的5个年份。1961年至2019年，中国年平均降水量呈微弱的增加趋势，年平均降水日数呈显著减少趋势，但极端强降水事件呈增多趋势，年累计暴雨（日降水量≥50毫米）日数呈增加趋势，平均每10年增加3.8%。近年来，“黑天鹅”经常变成“灰犀牛”，突破历史记录的强降雨比比皆是，各地防汛压力巨大，每年从5月到9月，自南向北，江河湖堤纷纷告急。2021年7月20日，河南省郑州市的暴雨更是造成了302人死亡和多人失踪。

不稳定性趋强。风险无处不在，风险对人，如影随形。而且，城市化速度加快，让风险更加集中，影响更大。从1978年至2018年，中国城市化速度加快，城镇常住人口从1.7亿人增加到8.3亿人，城镇化率从17.9%上升至59.58%。以广州市为例，至2020年11月1日，全市常住总人口为1867.66万人（实际人口高于这个数字），人口密度为2504人/平方公里。城市人口、经济、基础设施、科技、文化等要素高度集中，一有风吹草动，社会运行的不稳定性就会成倍增长。黎巴嫩首都贝鲁特是一个拥有150万人的城市，但2020年8月4日的大爆炸，不但把港口炸毁，上百人伤亡，而且还导致30万人无家可归，占全城人口的五分之一。2015年8月12日的天津港大爆炸，所造成的影响也远远超过港区范围。火灾、危险化学品、道路交通、地陷等各类风险，几乎每个城市都存在。看起来，城市的公共安全风险比农村大。其实不尽然，农村尽管地广人稀，但是基础设施、公共服务也弱，风险管控不当，危害一点也不小。

案例

2020年10月4日、5日连续两天发生2起道路交通事故，分别在吉林松原、甘肃定西的农村。吉林松原的事故发生在4日早晨5时41分，一辆货车撞上了一台农用四轮拖拉机尾部后，驶入对向车道，与对面驶来的小货车相撞，造成18死1伤。其中，死伤者大部分是小货车里去掰玉米的农村妇女，有30多岁的母亲，也有年近60的大娘。10月5日清晨5时45分，甘肃省定西市岷县发生一起道路交通事故，一辆重型自卸货车沿国道316线由东向西行驶至岷县茶埠镇阳坡村路段时，车辆失控，冲进茶埠镇阳坡村农贸市场，当场造成5人死亡、多人受伤，后又有1人抢救无效死亡。

资源日趋分散。经济越发展，社会分工就越细。行李箱的生产工艺比较简单，但是即使是如此简单的行李箱也是分工协作的产物。以前认为，行李箱分工就是有的做壳体，有的做箱面，有的做锁具，有的做拉链，有的做拉杆。殊不知，现在的分工更加细化，连拉杆都按节分工到不同的厂商，专业化做到了极致。一个小小的拉杆箱，也需要通过市场把分散的资源整合起来。交通堵塞是常见的“城市病”，公安交警部门并不是盲目地埋头苦干，很多时候都是借助百度、高德第三方平台的支持，开展交通管制和疏导。在节假日，也有不少无人机企业支援交警开展交通疏导，事故救援也需要外力支援。笔者曾经历过处理某船厂一台450吨重的门座式起重机侧翻事故。在应急管理系统、事故企业，甚至整个辖区都没能找到合适的装备对起重机进行移位。经过多方协调，最后花了24小时才从其他城市港口调了两台浮吊完成了移位工作。

（二）主动防御体系

案例

魏文王问名医扁鹊："你家兄弟三人，都精于医术，到底哪一位医术最好呢？"扁鹊答："大哥最强，二哥次之，我最差。"文王再问："那为什么你最出名呢？"扁鹊答："大哥治病，于病情发作之前，一般人不知道他事先能铲除病因，所以他的名气无法传出去，大家都不知道他很厉害；二哥治病，于病情初起时，一般人以为他只能治轻微的小病，所以他的名气只及本乡里，所以名气也不大；而我是治病于病情严重之时，一般人都看到我下针放血、用药，都以为我医术高明，因此名气响遍全国。"

这就是扁鹊的"上医治未病"的思想。治病，关键在于"治未病"。应急管理工作亦然，风险其实可控。有人曾经用卫星对非洲大陆开展了一年的扫描，可以清晰地看到森林火灾是有规律的，火灾好像一片红色的浪潮，自南非出发，一路扫向非洲大陆北部，直到荒无人迹的撒哈拉沙漠而结束。用大数据分析，汛期强降雨也有规律，2019年，中国的强降雨基本按照从南到北的顺序，从珠江流域到长江流域，从华北到东北，顺次推进。

现在，塌陷已然成了城市中常见的灾害。2018年11月11日17时47分，甘肃省兰州一人行道路面发生塌陷，一女子掉入坑中。同年10月7日，四川省达州市济民医院大门前的人行道路面突然坍塌，4名路人瞬间被吞噬。在北京市、上海市、广州市、深圳市等一线城市，也不时发生类似地陷事件。其实，不只是中国，日本、美国及欧洲各国等不少城市也发生过地陷。据不完全统计，已有150多个国家和地区发生过地陷。统计数据显示，目前城市发生的地陷多为地下水过度开采和地下工程建设引起。在我们赖以立足的土层之下，充斥着地下水，维系着压力平衡，保持了地面下土层的稳定。如果地下水流失，这种平衡就会被破坏，地面就会沉降。地下资源开采、地下工程建设，乃至埋在地下的水管爆裂都是导致地下水土流失的导火索和诱发因素。但是，地陷完全是可以预防的，2020年，广州市黄埔区发现了2处地陷，都是雷达车提前扫描发现的。

因此，我们需要调整观念、政策，鼓励早下手“治未病”，做好“不入眼”的基础工作——防御。气候发展、自然规律不以人的主观意志为转移，极端天气增多，加上现代科技存在自反性，人类面对的各类灾害风险比过去严重得多，在当前科技尚不能改变气候的前提下，我们唯有全力防御。防御永远是第一位的，所以说，我们国家“安全第一、预防为主”的安全生产方针是非常正确的，一定要坚持。

过往的应急管理是被动的，基本是哪“响”整哪，出什么事就搞什么“运动”，“运动式监管”充斥了整个领域，但是隐患照存、事故照出。当突发事件发生后，就采取紧急措施予以处置或者控制。这种被动思维因为对情况不掌握、对风险无预警，总是令人猝不及防，感觉处处被动挨打，所以应急管理部门经常被誉为“救火队”。事故和灾害“全生命周期理论”认为，万事万物都有其生命周期，会经历孕育、发展、爆发和消亡等多个过程。事故和灾害也是如此，会经历事前、事发、事中、事后等阶段。应急管理要从被动地对事故和灾害进行处理，转变为以突发事件防范和治理为主要形式，坚持全生命周期的主动防御（干预、处置），简单来说，就是“源头治理、动态管理、应急处置”。以防汛工作为例，一开始就要识别城市内涝风险点，评估可能遇到的安全风险。根据评估结果，在雨季来临前准备物资、装备、人员。加强监测预警，提醒和防止行人车辆进入内涝区。在应急处置期间，则要加强应急力量投入。灾害恢复时要对风险进行再次评估，为之后的改造、防范、救援打下基础。

这种模式类似于军事上的“主动防御系统”，该系统通过探测装置获得来袭弹药（反坦克导弹、火箭）的运动特征，然后通过计算机控制对抗装置，使来袭弹药无法直接命中被防护目标。

中国产GL5型主动防御系统的工作原理分为探测目标、分析参数、发射拦截弹、起爆拦截等步骤，最后摧毁来袭目标。首先是探测对方的反坦克导弹，包括火箭筒。如果对方导弹对坦克进行攻击，进入到一定范围之内，坦克能够利用四个相控阵雷达，自动地对360°范围高速飞行的弹药进行搜索、跟踪，实时运算出潜在目标的飞行信息，包括速度、方向、高度等，从而判断出这一弹药是否会对自身造成威胁。一旦被判定有威胁后，车体上的主动防御系统就会启动，向这个方向发射出小导弹。它在距目标一定的距离时发生爆炸，爆炸所产生的破片，可以把射向坦克的导弹，包括对其他的榴弹进行破坏，破坏之后，它的穿透能力和毁伤能力就没有办法和坦克主装甲接触，这样就形成了对各种反坦克导弹的预先拦截。

谁来防御？随着市场和社会的发展，资源分布更加分散，政府掌握的资源比重在下降。要做好主动防御，除了政府外，还要发挥市场和社会的作用。

2020年新冠疫情初期，口罩极度紧缺，广东省广州市黄埔区人民政府想尽办法为企业提供口罩，帮助企业复工复产。在具体的配送中，政府并未自己组织配送队伍，而是通过物流配送应急物资，比政府自己分发的效率高很多。

笔者参与过不少救援抢险工作，几乎每次都借助了企业的专业力量来实施危险化学品运输、排涝抢险、环境恢复等工作。社会资源在应急救援中也发挥了重要作用，蓝天、红十字会等社会志愿队伍也会主动接受命令，发挥自身优势参与救援。即使在政府内部，资源也是分散掌握在各个部门手上的，应急管理部门一家也不能干好。因此，唯有调动各方力量、整合资源，形成一个协同体系才能形成合力，共同应对各类灾害。对于群众，陈毅元帅曾经说过一句话，“淮海战役的胜利是人民群众用小车推出来的”，充分说明了群众参与的重要性。应急管理工作不只是政府的事情，必须发挥政府、市场、社会三方的作用，形成体系，我们的防御才能到位。

中国共产党注重抓“两杆子”，就是枪杆子和笔杆子，两手抓，两手都要硬。一个叫党指挥枪，枪杆子牢牢抓在手里面；另一个就是统一思想，达成共识，上下同欲、目标一致、力出一孔。统一思想，达成共识，关键是要对广大干部群众进行教育，形成革命的思想。因此，要做好应急管理工作，首先要解决的不是辨识哪里更危险，而是要从上至下，解决思想问题，通过政策方针、法律规定、制度、培训，形成上下认可的应急管理共同价值观，即建立主动预防、主动治理、主动备战的主动防御体系。

三、新时代更加关注人民的安全需求

2017年10月28日，中共中央总书记习近平在党的第十九次代表大会上作报告，他指出：“中国特色社会主义进入新时代，我国社会主要矛盾已经转化为人民日益增长的美好生活需要和不平衡不充分的发展之间的矛盾。我国稳定解决了十几亿人的温饱问题，总体上实现小康，不久将全面建成小康社会，人民美好生活需要日益广泛，不仅对物质文化生活提出了更高要求，而且在民主、法治、公平、正义、安全、环境等方面的要求日益增长。同时，我国社会生产力水平总体上显著提高，社会生产能力在很多方面进入世界前列，更加突出的问题是发展不平衡不充分，这已经成为满足人民日益增长的美好生活需要的主要制约因素。”

从社会主要矛盾看，中国社会主要矛盾已经由人民日益增长的物质文化需要同落后的社会生产之间的矛盾，转化为人民日益增长的美好生活需要和不平衡不充分的发展之间的矛盾。这一重大历史性变化，对发展全局产生了广泛而深刻的影响。美好生活需要，首先是安全生活需要，无法想象没有安全感的生活能够美好。我们看看阿富汗、利比亚、叙利亚、伊拉克等国家，经历过多年的战争，生命在这些国家堪比草芥。

案例

英国《每日邮报》2019年10月7日报道，记者来到叙利亚北部伊德利卜（Idlib），采访了两位特殊的“工人”。他们是8岁的贾瓦德（Jawad）和15岁的哥哥亚赞（Yazan），二人的家乡是阿勒颇（Aleppo），他们在这里的身份是“掘墓人”。彼时，他们和阿姨一家住在农场里，父亲靠打磨石头为生，一家人平淡而幸福地生活着。

伊拉克和大叙利亚伊斯兰国（ISIS）到来后，曾经璀璨繁华的城市变得满目疮痍，而贾瓦德的一些家人也在数次恐袭中失去生命。贾瓦德说：“飞机来时，我买了面包正要回叔叔家。就在离家两三米的地方，我看见飞机来了。当时阿姨正巧坐在窗边，被炮弹炸飞。我叔叔离门很近，逃了出来，在爷爷和另外几名亲戚的注视下在石堆里挖弟弟。那些常带着玩具飞机和小汽车来找我玩的小朋友也没有了，我们的家也没了。”

回忆起在ISIS统治下的生活，贾瓦德的表情变得痛苦：“我看见一个阿姨被石头砸死，还有一个叔叔被推下楼。还有人被砍成很多块，装在袋子里被拖走。看见那些无辜的人的表情，是最艰难的事。”

无法让孩子在这样的环境下继续生活，父亲带着兄弟二人逃到伊德利卜。虽然这里的战火也未平息，但比阿勒颇好上一些。为了生活，本应在学校读书的两个孩子和父亲一起成了掘墓工，负责挖掘和清理墓地。

再想想中国1949年以前的百年耻辱，我们的先辈曾经也是和现在叙利亚等国家的人民一样，过着朝不保夕的生活，成千上万人流离失所、客死他乡。

视线回到现在，中国当前政治安定、社会和谐。但是，事故灾难和自然灾害仍然多发。近年来，全国各地发生了多起事故，其中江苏省无锡市塌桥事件给大家造成的心理冲击最大，从天而降的桥梁让大家不知道“明天和意外，哪一个会先到”。没有安全的环境，没有充分的安全感，美好生活从何而来？对安全日益强烈的要求是新时代的一个鲜明特征。

安全发展包括安全发展的理念、法规标准、基础设施、产品、服务以及监督等。群众日益增长的安全需要和不平衡不充分的安全发展之间存在矛盾，主要表现为：一是群众安全需求不断提高，30年前乘坐手扶拖拉机进县城很正常，现在却不行了，大家都觉得这样不安全，载人的拖拉机行驶在路上总是让行人不放心，这是因为群众的安全意识提高了，安全需求提升了；二是安全发展确实取得了长足进步，最为明显的一个数据就是超过100人的重特大安全事故数量呈现断崖式下降，近年几乎见不到了；三是群众安全需要是不平衡的，有普遍性的需要，也有特殊性的需要，城市和农村、企业和社区的需求是有差异的。总体来说，经济发展了、社会进步了，一些普遍性的需求和大部分个性化安全需求仍然得不到满足，安全没有与经济、社会、技术同步发展，明显处于滞后阶段。

从经济增长速度来看，中国经济已经从高速增长转变为中高速增长，从高速增长阶段转向高质量发展阶段。高质量发展是指经济由粗放型转变为集约型发展。粗放型模式依靠增加生产要素投入量来扩大生产规模，实现经济增长。这种方式消耗较高、成本较高、效益较低。成本是多元的，不仅包括物质、环境成本，也包括人力成本。2013年6月6日，正在国外访问的习近平总书记就之前全国多个地区接连发生多起重特大安全生产事故，造成重大人员伤亡和财产损失作出重要指示：“人命关天，发展决不能以牺牲人的生命为代价。这必须作为一条不可逾越的红线。”而集约型经济增长则是指依靠提高生产要素质量和利用效率来实现经济增长。这种方式所需物质、环境、人力成本较低，更注重对人的生命与健康的保护，经济和社会效益较高。

“不忘初心、牢记使命”，初心就是为中国人民谋幸福，为中华民族谋复兴。中国共产党坚持“以人民为中心”，新时代是一个更加重视人民生命安全与健康的时代，也是一个更加关注人民安全与健康需求的时代。

四、坚持党对应急管理工作的领导

2018年10月10日，习近平总书记在中央财经委第三次会议上发表重要讲话，强调加强自然灾害防治关系国计民生，要建立高效科学的自然灾害防治体系，提高全社会自然灾害防治能力，为保护人民群众生命财产安全和国家安全提供有力保障。为此，习近平总书记在会上提出了坚持党的领导、坚持以人为本、坚持生态优先、坚持预防为主、坚持改革创新、坚持国际合作等“六个坚持”，其中首先提到的就是“坚持党的领导，形成各方齐抓共管、协同配合的自然灾害防治格局”。

习近平总书记在党的十九大报告中明确指出：“党政军民学，东西南北中，党是领导一切的。”中国共产党是中国特色社会主义事业的领导核心，党在各项事业发展中居于不可动摇的领导地位。对于如何坚持党的领导？习近平总书记在报告中指出，就是要着力提高党把方向、谋大局、定政策、促改革的能力和定力，善于处理各种复杂矛盾，勇于战胜各种艰难险阻，牢牢把握工作主动权，把党总揽全局、协调各方落到实处。

应急管理工作和党的其他事业一样，要形成各方齐抓共管、协同配合的治理体系，关键是坚持和加强党的领导，在把方向、谋大局、定政策和促改革等四个方面坚持党的领导，发挥党的核心作用。

（一）把方向

党的领导是中国特色社会主义最本质的特征，是社会主义法治最根本的保证。把党的领导贯彻到依法治国全过程和各方面，是中国社会主义法治建设的一条基本经验。把方向就是确立应急管理工作的指导思想和发展方向，并通过立法使党的主张成为国家意志。

要改变当前应急管理被动应战的局面。首先，是要坚持贯彻落实习近平新时代中国特色社会主义思想，以构筑主动防御体系为目标，形成上下认同的共同价值观，上下同欲、力出一孔。其次，要把党的主张上升到法律层面。当前，中国安全生产监管和自然灾害防治的法律比较全面，分布在不同的领域。比如，在安全生产领域有《安全生产法》《危险化学品安全管理条例》；在消防领域有《消防法》；在建筑领域有《建筑工程安全生产管理条例》；针对突发事件有《突发事件应对法》；防洪抗旱有《水法》《防洪法》《抗旱条例》《防汛条例》；防地震有《防震减灾法》；森林防火有《森林法》《森林防火条例》；草原防火有《草原法》《草原防火条例》；地质灾害领域有《地质灾害防治条例》。这一系列的法律法规构成了中国安全生产监管和自然灾害防治的骨架，在过去的安全生产和防灾减灾中发挥了非常重要的作用。但是，从整体性来看，也暴露了部门单打独斗、力量薄弱、治标不治本、工作缺乏系统性等不足。而且，随着应急管理部门改革完成，各项法律法规也存在不适应新的治理形势的问题。

因此，要开展安全生产和自然灾害防治法律法规制订、修订。在国家层面，要制定《公共安全法》或《应急管理法》，将其确立为应急管理领域根本大法，对应急管理的主体、客体、机制、社会动员等作出更加明确的规定。规划公共安全法体系，配套更具可操作性的办法。面对趋多的极端事件，要制定《紧急状态法》，为突发应急事件管理的具体措施提供依据。修改安全生产领域的法律体系，将《安全生产法》修改为《企业安全法》，明确生产经营单位的概念，将其聚焦为规范合法企业。对于非法企业，用其他企业经营相关法律予以打击。要制订《自然灾害防治法》，作为各类自然灾害防治法律法规的统领，规定自然灾害防治的基本工作原则、要求、治理体系，按照平战结合的方法，规定在风险识别与评估、预防与准备、预警与监测、救援与处置、善后与恢复等方面，党政各部门防治自然灾害工作的职责，强化应急管理部门对自然灾害防治的牵头、引领作用。以《自然灾害防治法》为主要依据，修订现有的各领域灾害防治法律法规，突出专业特色，强化专业要求，注重专业技能培养和实战需要。

目前，地方立法权已扩至所有设区的市。市以上党委可以根据本地区特点，比如针对某类或某几类自然灾害严重的情况，提出具体的立法需求，加强对本地区安全生产监管和自然灾害的防治能力建设，提高自然灾害防治地方标准，整合辖区资源，标本兼治，消除或者控制自然灾害风险。

（二）谋大局

“不谋万世者，不足谋一时；不谋全局者，不足谋一域。”安全生产和应急管理工作作为国家经济、社会建设的重要环节和重要部分，无法脱离其他工作、其他领域而独自发展。安全生产和应急管理工作不能仅仅从自身角度去思考，必须将自身放在国家发展大局中去考虑、去谋划。

中国坚持社会主义市场经济，其中有一个来自计划经济的法宝，就是制定发展规划。可以说，每一个五年规划都对中国的经济和社会发展起到了非常重要的推动作用。目前，中国已经进入了“十四五”规划实施阶段。对于中国“规划”制定和落实的威力，美国也深感担忧，美国前总统特朗普甚至针对《中国制造2025》挑起了中美贸易战，可见规划的“能量”。

谋大局，就是要将安全生产和应急管理工作纳入国家和地方经济社会发展的各类规划中。由各级党委提出工作要求，督促各级政府及其相关部门做好以下三类规划。

第一类是将安全生产和应急管理作为重要工作纳入国家和地方国民经济和社会发展五年规划纲要，明确五年工作目标、实施路径、党委政府部门工作职责、可考核的各部门工作指标等。将规划纲要完成与否作为衡量一级党委政府履职能力的重要依据。

第二类是将安全生产和应急管理作为地区规划的重要考量，应急管理部门要加入同级规划委员会，将安全生产和应急管理作为规划“一票否决”项目，高起点、高标准地提高工作水平。尊重科学规律，按照“绣花”要求做好规划工作，在规划时充分考虑地震、暴雨内涝、滑坡等风险因素，提高规划标准。

第三类是编制安全生产和应急管理专项规划。各级党委、政府要将安全生产和应急管理专项规划作为党委、政府工作的重中之重，牵头开展规划编制工作。要将专项规划与地方国民经济和社会发展五年规划纲要进行关联和配套，进一步细化各级党委、政府应急管理体系建设、部门工作职责和考核要求。

（三）定政策

中国共产党人始终坚持“以人民为中心”，把人民对美好生活的向往作为奋斗目标。地震、滑坡、地陷、台风等灾害和事故不但妨碍了人民对美好生活的追求，甚至直接导致很多人间惨剧，人民不但没有获得感，而且连基本的安全感都丧失了。

因此，要深刻认识到安全生产和应急管理工作的极端重要性，出台适应不同时期的政策以提升应急管理工作水平。未来10年甚至更长的一段时间，要把应急管理工作作为党委、政府的年度或者一定期限内的1号民生工程、十大民生工程、重要民生工程，集中力量加强安全生产和自然灾害防治工作。工程实施时要换位思考，不但要认真自上而下地进行规划，而且要接地气，从群众的角度思考谋划，从下至上着手有效治理。

现代世界大致分为三个领域，即政府、市场和社会。应急管理工作要做好，就是在分工的基础上合作，实施政府、市场和社会的共建共治共享，实现应急管理体系和能力现代化。简单来讲，就是政府要担当舵手，在制定规范、打造平台、加强监督上做文章。同时，要向社会“分权”，充分发挥其在社会辅导、安全宣传、技术研究、专业技术等方面的特长，把政府包办又办不好，政府想办但办不了的事情承接好、办好，形成政府与非政府组织的合作伙伴关系。要向市场“分利”，建立市场参与应急管理工作的机制，以市场化、专业化促进安全生产条件提升。对于安全生产工作，可以制定以下相应政策。

1. 明确政府相关部门职责。将部门按属性分为综合监管、行业监管和专业监管三类。专业监管是对某一领域的监管（如特种设备、消防），有别于对某一行业的行业监管（如教育、民族宗教），明确在专业监管、行业监管重叠区域以行业监管优先的原则。“法无授权不可为，法定职责必须为，法无禁止皆可为”，建立行业部门、专业部门安全监管责任清单，要明确哪些类型的单位需要监管，监管什么？哪些是政府部门直接监管的？哪些需要社会自治、自我管理？对于行业监管、专业监管，实施“清单制”，明确何种类型单位可以进入清单，监管什么内容？实现有限监管责任，让监管者在责任范围内全力以赴做好监管，尽职无责，失职追责。进一步理清综合监管含义，丰富综合监管内涵，让各级安委办实体化运行，最主要是建立监管权威，督促有手段，指导有办法，赋予其独立考评权和失职鉴定权，真正实现对专业、行业监管部门的指导、监督。

2. 引导企业落实安全生产主体责任。当前，标准很多，但是也很散，不系统，执法人员、企业管理人员难以掌握。政府或者行业协会，要对形形色色的安全标准和安全相关标准进行整理，对分行业、亚行业、子行业梳理相关安全标准，让企业、相关责任主体能够对照本企业、本单位相关的行业标准主动地、逐项地落实，激发其落实安全生产主体责任的主观能动性，使工作有范围、责任有边界、安全可预期，不要动不动就被停产、停业、停工。除了加强政府监督外，还要设计政策，鼓励企业建立客户安全监督体系，将安全要素纳入企业供应链体系，达不到要求的企业不能进入供应商名单。

3. 搭建社会参与安全生产工作的平台。建设安全生产诚信体系、社会化服务机构质量监督体系，构筑安全生产技术支撑体系。鼓励安全生产协会、行业协会等公益组织及社工参与对企业安全生产的教育培训、咨询和诊断服务。加强对安全生产社会化服务机构的认证，坚持市场导向，积极培育市场，加大安全生产社会化服务机构规范化建设，鼓励企业购买安全技术和救援服务，实现“双赢”。设计政策，鼓励保险公司用市场化方式对企业进行监督，支持媒体参与安全生产监督等。落实群众路线，畅通参与渠道，打通“最后一公里”，激发公众参与安全生产工作的热情。

4．以数据共治实现共建共治共享。依托新一代信息技术，实现安全生产数据的整合，推动各方参与安全生产。一是提高政府监管部门信息化水平，打通部门间数据壁垒，提高数据治理能力。二是搭建政府、市场、社会共同参与的信息平台，共享数据，让“群众少跑腿、数据多跑腿”，优化政府安全管理效率。三是通过微信等现代信息沟通方式，通过“一键报警”“一键求救”等具体功能提供群众参与渠道，打通“最后一公里”，让数据从群众中来，到群众中去。四是未来要依托“新基建”，推进工业互联网建设，加强对企业安全生产多维度、细粒度的数据采集，实现对各类危险化学品储存、运输及使用的全过程监控，感知基础设施、重大危险源、地下管网、人员密集场所安全，提高预警预测、分析决策和应急处置能力，实现本质安全。

（四）促改革

习近平同志在担任中共浙江省委书记时曾在《浙江日报》的“之江新语”专栏发表过一篇文章《“潜绩”与“显绩”》。文章阐述了“潜绩”与“显绩”的关系。“潜”与“显”是对立统一的一对矛盾。“潜”是“显”的基础，“显”是“潜”的结果，后人的工作总是建立在前人基础之上的，如果大家都不去做铺路石，不甘于默默无闻地奉献，“显绩”就无从谈起，就成了无本之木、无源之水，即使有“显绩”，充其量也只是急功近利的“形象工程”。

应急管理工作也是如此，相比于“显绩”的经济工作，应急管理工作在安全稳定时无人关注，是“潜绩”。从经济发展的角度上来说，经济工作是注重如何增长国内生产总值，实现经济的高质量发展。而应急管理工作则是注重如何保护国内生产总值，减少经济损失。这一点，常常被人忽略。

案例

2015年“8·12”天津港爆炸事故直接经济损失是68.66亿元，而间接经济损失一般为直接经济损失的4倍，总损失是直接损失的5倍。按照这样计算，“8·12”事故总损失约为343.3亿元。而天津滨海新区2016年“挤水分”后的地区生产总值为6654亿元，“8·12”一起事故的损失就约占滨海新区地区生产总值的5.16%。随着中国经济发展进入新常态，这些年中国及各地区的经济发展速度大致保持在6%～7%，一起事故几乎让滨海新区全年经济无增长。

所以说，应急管理和安全生产工作是经济发展的基石，是保护经济发展的工作，是不容易看得到的“潜绩”。

习近平总书记及党中央一再反对“唯国内生产总值论”，但在实际工作中，对地方党委政府的政绩考核体系中，国内生产总值、国内生产总值增速永远是排在前列的。国内生产总值讲的是正效益，是增加出来的产出，是财富的增量；而应急管理不仅保护了生命，还保护了既有的国内生产总值，是减少损失的存量。二者本质上是一致的，都是强调财富存量的增加，不能有所偏废。就像一个家庭一样，不能只看挣钱多少，还得控制支出，不能乱挥霍，否则金山也得吃空。因此，要重点推进应急管理工作评价体系改革。

中国当前安全生产责任制考核是以事故起数、死亡人数等绝对指标为主构成的评价体系。以道路交通事故为例，2019年，全国道路交通事故死亡人数为62763人，其中广东省道路交通事故死亡人数为5045人，宁夏回族自治区道路交通事故死亡人数为825人。从死亡人数看，广东远远高于宁夏，是否说明广东的道路交通安全设施条件和管理水平远远低于宁夏呢？

案例

2019年末，广东和宁夏的常住人口分别为1.15亿人和694.66万人。结合人口比较，广东和宁夏的道路交通死亡率分别为每万人0.44和1.19。广东和宁夏2019年地区生产总值分别为107671.07亿元和3748.48亿元，道路交通亿元地区生产总值死亡率分别为每亿元0.047和0.22。广东和宁夏汽车保有量分别为

2326.95和156.73万辆，万车死亡率分别为2.168和5.26。广东和宁夏的公路里程分别为220290公里和36576公里，每公里死亡率分别为0.0229和0.0223，广东略高。但是，反映运输繁忙程度的指标是客运和货运周转率，广东和宁夏的客运周转率分别为1092.97亿人·公里和46.01亿人·公里，货运周转率分别为4113.62亿吨·公里和437.39亿吨·公里，所以，广东和宁夏的客运周转死亡率分别是每亿人·公里4.62和17.93，货运周转死亡率分别是1.23和1.88。

考核的目的是全面、客观和科学地评价工作，在肯定成绩的同时，发现不足和漏洞，引导工作向正确的方向发展。中国已经成为全球第二大经济体，经济总量相当于美国的70%，超越美国只是时间的问题。如果只看国内生产总值总量等绝对指标，中国很容易被误认为全球第二发达国家。然而，2020年中国人均国内生产总值为10504美元，与美国的63809美元相比，差距非常大。把视野扩展到全球，2020年，全球人均国内生产总值为11033美元，高于中国。中国（不含港澳台）排全球第63名。这才是真实客观的情况，人均国内生产总值让我们倍加清醒，“中国仍然是一个发展中国家，发展是第一要务，必须千方百计求发展”。如果我们不能正视自己，回避产业升级、贫富分化、社会矛盾凸显等问题，盲目自信、骄傲自负，制定各类不切实际、不匹配自己能力的政策和措施，很可能就会陷入“中等收入国家陷阱”。

未来，要建立以相对指标为主的应急管理工作评价体系。任何工作要做好，正确评价至关重要。安全生产和应急管理考核也是如此，必须建立科学的评价体系。以死亡人数、事故起数等绝对指标为主构建评价体系，割裂了发展和安全的辩证关系。一些地区事故数量少，除了工作确实干得不错外，还得益于该地区经济相对落后，商事主体少，生产经营活动少，人口外流。相反地，一些地区经济发达，商事主体多，生产经营活动繁忙，人口大量流入，安全生产和应急管理覆盖面宽、难度大，付出的劳动多。但是，由于基数大，事故数量多，在绝对指标为主的体系下，以事故数量和死亡人数“论英雄”，所有的功劳、苦劳都会变为“白劳”，导致政府及相关部门缺乏进取的动力。这还不算，政府相关部门很多时候还要承担监管责任，导致一谈到“责任”，人人自危。所以说，以绝对指标为主的体系是变相地鼓励放慢发展、减少生产活动，是一种“因噎废食”的错误导向。

习近平总书记指出："安全和发展是一体之两翼、驱动之双轮。"从短期来看，生产带来了安全风险，风险管控不到，就会发生事故，事故是发展的副产品。从长期来看，发展会带来技术的革新，会改进安全生产技术，改善设备设施，提升安全条件，丰富安全生产经验，带来的是整个系统的本质安全。因此，不能为了发展而漠视安全，也不能为了安全放弃发展，而是要建立发展和安全互相促进、互相支持的体系，在发展中争取更稳固的安全，在安全中谋求更大的发展。

要统筹发展与安全，关键是要形成正确的导向。要改革安全生产考核评价体系，变以绝对指标为主为以相对指标为主，关联各类要素，更加全面地覆盖工作，形成对某个地区整体工作数量和质量的评价，变成工作的"指挥棒"。

首先，结果指标相对化。将死亡人数、事故起数等结果指标，与地区人口、经济、自然条件等基础数据关联，将绝对值变为相对值。这样做，既能体现结果，也能体现工作的任务、难度，更加全面地反映工作成效。根据实际情况，可以设定相对指标，比如亿元国内生产总值死亡率、亿元工业总产值死亡率、万车死亡率等。

其次，纳入过程指标。将工作过程中产生的基础数据列为指标，反映工作数量和成效。例如，在政府方面，可以把企业监督率、整改复查率、投诉查处率等关键指标列入；在企业方面，可以把隐患排查覆盖率、预案和演练完成率、企业安全投入比重等指标列入，体现工作的数量、质量和效果。还可以根据实际情况，纳入应急管理工作指标，比如，可以设立人均避难场所面积、专兼职应急救援人员（志愿者）配备率、装备配备率等指标。

再次，不搞"一刀切"。充分考虑地区差异，评价体系兼备规范与灵活，能够适应不同地区。没有相关工作或者内容比重偏低的不作具体要求，而是将该工作的权重摊到其他工作中去。比如有的城市根本没有矿山，就不用设置相关内容，可以将矿山所占比重摊分到安全生产和应急管理的其他工作中去。

最后，编制安全指数。将指标进行分类，不同指标赋予不同的权重和难度系数。以自动获取为主，人工输入为辅，建立各项工作月度、季度、年度数据获取机制。编制指数合成公式或者算法小程序，自动生成某地区、某时段的安全指数，动态反映工作绩效，引导工作发展。

要搞好安全生产和应急管理工作，就应实事求是、解放思想，全面、系统和科学地制定规则，形成以相对指标为主的评价体系，指引安全生产和应急管理工作在正确的轨道上高速前进。

第四章 4

应急管理体系现代化

本章概要

世界上一切事物发展的自然倾向都是从井然有序走向混乱无序，这就是熵增定律。要对抗熵增定律和平衡态，就要建立耗散结构。现代化的本质是社会从物理型向生物型转变，是社会结构从平衡态或者近平衡态转变为耗散结构状态。要实行应急管理体系现代化，关键就是推进应急管理体系结构发生“质”的变化，形成耗散结构。

挪威人喜欢吃沙丁鱼，尤其喜欢吃活鱼。市场上活鱼的价格要比死鱼高许多，所以，渔民总是千方百计地将活的沙丁鱼带回港。虽经过种种努力，可大部分沙丁鱼还是在归途中窒息而死。后来，有人试着在装沙丁鱼的鱼槽里放进一条以鱼为主要食物的鲶鱼。情况顿时改变，沙丁鱼被鲶鱼追杀得四处躲避，在返港过程中，沙丁鱼都“忙”得不亦乐乎，结果，大多数沙丁鱼都活蹦乱跳地回到了渔港。在没有鲶鱼之前，由于生性懒惰、不爱运动，鱼槽里面的沙丁鱼满足于水槽的安静平和，在水里面昏昏沉沉窒息而死。鲶鱼加入后，沙丁鱼逃跑中就时不时浮出水面，缺氧问题得到了解决，最终得以存活。

一、令人绝望的定律

沙丁鱼的现象在我们实际生活中也有反映，几乎是随处可见。每个周一早晨，我都会认认真真地收拾办公桌，让它看起来整整齐齐。但是，还没过周三，文件、稿纸、书籍又堆得到处都是，好像已经成了一个无法改变的规律。很多企业初创时充满活力，有的创始人用激动人心的演讲打动伙伴一起创业，也有的创始人扮演美女聊天增加客户，有很多让人回味的经典。经过多年的努力，一些企业做大了，“大企业病”就犯了，人浮于事的问题多了，骄奢腐败的情况也多了。前段时间爆出的某著名地产企业，各级高管连日常出行的爱好、习惯、忌口、枕头，甚至吃的零食，都被助理们悉心编辑成表，随时按照标准奉上服务，堪称“帝王级待遇”。

任何一个封闭系统，无论开始多么有序，如果听之任之，不加干预，最后必然会走向混乱，这就是热力学第二定律，又称为“熵增定律”。熵代表了一个系统的混乱程度，或者说是无序程度。系统越无序，熵值就越大；系统越有序，熵值就越小，“负熵”就代表着系统富有活力。熵增定律，是指一个孤立系统的熵总是在增加，最终达到熵的最大状态，也是系统最混乱无序的状态（也叫平衡态）。简而言之，世界上一切事物发展的自然倾向都是从井然有序走向混乱无序，最终灭亡。“熵增定律”是一个令人绝望的定律！

二、现代化的特征

诺贝尔化学奖得主伊利亚·普里高津发现，远离平衡态的开放系统在非线性区，一旦某个参量变化达到一定阈值，通过涨落，系统能够发生突变，从原来的无序变成时间、空间或功能有序的新状态。比如，激光的产生就是因为被激发、吸收能量后所产生的一种新状态。激光作为一种光，与自然界其他光源一样，是由原子（或分子、离子等）跃迁产生的，而且是由自发辐射引起的。不同的是，普通光源自始至终都是由自发辐射产生的，因而含有不同频率（或不同波长、不同颜色）的成分，并向各个方向传播。激光则仅在最初极短的时间内依赖于自发辐射，此后的过程完全由受激辐射决定的。正是这一原因，使激光具有非常纯正的颜色，几乎无发散的方向性，有极高的发光强度。

这种需要与外界交换物质和能量来维持的结构叫耗散结构。世间一切生物都是这种远离平衡态、高度有序的结构，必须通过不断与外界进行物质和能量的交换（即新陈代谢）才能维持生命。因此，另一位诺贝尔物理学奖得主埃尔温·薛定谔总结说："生命以负熵为食。"

耗散结构具有四个特点：

1. 系统开放，与外界有物质和能量的交换。系统与周边环境不停地进行物质和能量的交换。

2. 系统远离平衡态，内部要素差异大，而且相互保持长程关联。正如鲁迅先生所说，"无穷的远方，无数的人们，都和我有关"。在自给自足的封建社会，人们相互之间几乎不存在关联，是一种满足细致均衡的平衡系统，不存在分工，不需要交换和市场。在经济学中，决定分工的是比较优势原理。在系统经济学研究中，根据资源位理论，分工不仅取决于资源禀赋，还与整合资源的能力有关。在分工的情况下，人们追求的不再是自给自足的细致均衡，而是宏观上的长程有序，即宏观均衡。因此，分工的本质是长程关联。

3. 内部各要素之间存在非线性的相互作用，微小的变动会导致放大涨落，内部结构动态有序。在《反脆弱》一书中，塔勒布有这样一段描述："对于一个尚未受到损害的事物（或存活的生物）而言，一块巨石产生的伤害要远大于1000块小石子，以及一件罕见的严重事件的影响将远超过较小冲击的累积影响。"塔勒布用"非线性效应"来描述这种现象，n个1累加的影响，要远远小于n的影响。每增加一个单位的石头重量，其造成的危害会增加为一个单位以上。小时候，老师告诉我们，一根筷子能够轻易折断，一把筷子却很难折断，讲的就是“团结起来力量大”这个道理。

4. 系统内部结构的变动连绵不断，能够不断自我进化。系统具有使整个生物系统和每个子系统本身不断复杂化、完善化的能力，具有从无序到有序，从低级有序递进到更高一级有序的能力。

小学课本上写着“中国要实现四个现代化”，即实现工业现代化、农业现代化、国防现代化和科学技术现代化。那时，笔者对现代化的理解，就是“楼上楼下，电灯电话”。大多数人对现代化的理解都和笔者差不多，认为现代化是人类社会从传统农业社会向现代工业社会的转化过程，它是以工业化实现为核心的全面社会变革。简而言之，工业化就是现代化。

而毕道村教授不认同这种观点，他认为，现代化不是工业化，工业化只是现代化的一个表征。现代化的本质是社会从物理型向生物型转变，是社会结构从平衡态或者近平衡态转变为耗散结构。现代化的国家，尽管其经济、政治体制存在这样那样的差别，但其社会结构却无根本不同，都具备对外开放、远离平衡态、社会结构宏观高度有序和自我进化等耗散结构特征。①

三、应急管理体系现代化

（一）应急管理体系

《中华人民共和国突发事件应对法》中将突发事件分为自然灾害、事故灾难、公共卫生、社会安全四类。其实，我们还可以将这四类事件进行再归类。

第一类是分歧性危机，就是危机是因为争端、分歧引起的，比如打架斗殴、抢劫偷盗等，社会安全就是分歧性危机；第二类是一致性危机，这类突发事件是人类共同的敌人，包括自然灾害、事故灾难、公共卫生事件，人类从来都是“敬而远之”。②

① 毕道村．现代化本质——对中世纪以来人类社会变化的新认识［M］．北京：人民出版社，2005.

② 张海波．公共安全管理整合与重构［M］．北京：生活·读书·新知三联书店，2012.

自然灾害、事故灾难除了突发等特点外，还具有“外溢”的特性，除了在特定空间，威胁特定人的安全外，还会威胁到特定空间以外不特定人的安全。例如，发生在企业内部的危险化学品爆炸事故，就可能威胁到企业以外的人员安全。2020年，黎巴嫩贝鲁特特大爆炸不但把港口彻底炸毁，还导致港区内外数百人伤亡，30万人无家可归。

案例

联合国经济和社会事务部发布的《2018年世界城镇化展望》指出，目前世界上有55%的人口居住在城市中，到2050年，全球城市人口将增加25亿，将有68%的人口居住在城市中。中国亦然，从1978年至2018年，中国城镇常住人口从1.7亿人增加到8.3亿人，城镇化率从17.92%提升到59.58%。

城市有人口密度大、流动性大、容易失序三个特点。大城市面临多种威胁，包括地震、暴雨内涝、台风、塌陷、化学品泄漏、火灾、大面积停电、交通瘫痪、新型传染病、有毒食品、药品不良反应、污染、恐怖主义、个人极端行为、群体性事件等。据统计，每年中国因公共安全事故（事件）造成的非正常死亡超过20万人，伤残超过200万人，经济损失超过6000亿元人民币。

二十大报告首次用专章对“推进国家安全体系和能力现代化、坚决维护国家安全和社会稳定”作出论述，首次用专节来部署提高公共安全治理水平。具体战略性、策略性地指出：“坚持安全第一、预防为主，建立大安全大应急框架，完善公共安全体系，推动公共安全治理模式向事前预防转型”。笔者认为，这里的公共安全体系所包括的类型，是指由应急管理部门牵头处置的自然灾害和事故灾难两类事件，不包括社会治安和公共卫生事件。

从狭义上理解，应急管理体系是指应急管理部门所在的行业（系统），或者是应急管理部门牵头的政府应急管理体系。从广义上理解，应急管理体系是为保障公共安全，有效预防和应对自然灾害和事故灾难等突发事件，避免、减少和减缓突发事件造成的危害，建立以政府牵头，其他社会组织和公众共同参与的体系。

（二）应急管理体系现代化

案例

2019年10月28日至31日，中共十九届四中全会审议通过了《中共中央关于坚持和完善中国特色社会主义制度 推进国家治理体系和治理能力现代化若干重大问题的决定》，提出了要推进国家治理体系和治理能力现代化。同年11月29日，中共中央政治局就中国应急管理体系和能力建设进行了第十九次集体学习。中共中央总书记习近平在主持学习时强调，要积极推进中国应急管理体系和能力现代化。

什么是应急管理体系现代化？基于对现代化本质的理解，任何系统要实现现代化，关键是形成耗散结构，应急管理体系也是如此。要实现现代化，不只是要有新的应急管理科技产品和技术，更重要的是应急管理体系结构发生质的变化，形成耗散结构，应具备以下特征。

1．应急管理体系作为一个系统必须开放，能够与外部环境实现长期的物质、信息、能量交换，与世界同呼吸。

2．应急管理体系内部要素有差异，能够实现长程关联，相互之间可取长补短。

3．充分发挥非线性作用，内部各要素能够产生巨大的协同力量，形成动态有序、活的结构。

4．体系内部结构可以不断优化，持续实现系统的自我进化。

四、当前应急管理工作存在的问题

（一）应急管理体系相对封闭

1．应急管理部门内部各自为政。机构改革前，安全生产、防汛防旱防风、森林防火、抗震救灾各条战线分布在各个部门，是单项应对。改革后，这些应急统筹和救援工作整合到应急管理部门，但是自上而下还是按照“条条”的思维，工作还是分布在内部的不同司（处、科），唯一的不同是，由过去的部门外移入了现在的应急管理部门内。所以说，整合只是物理意义上的拼凑，内部各部门还是自成一体，相对封闭，没有产生“化学反应”。

2．应急管理部门和其他党委、政府部门少有交集和协同。“三管三必须”（管行业必须管安全、管业务必须管安全、管生产经营必须管安全）已经写入了《安全生产法》。但是，不少部门或单位还是根据自己的行业和专业管理习惯，认为应急管理不是自己的主业，还是按照以前的习惯干工作，“各人自扫门前雪，莫管他人瓦上霜”。应急管理信息没有得到共享，“孤岛现象”已然非常突出，资源还是分散在各个部门，未得到有效整合，部门之间没有形成长程关联。

3．应急管理“政府热、市场冷、社会冰”。整体而言，政府对于应急管理工作的重视程度前所未有，也投入了不少资源。但是，相对而言，一些企业和相关单位对于安全生产和应急管理工作的重视程度不够，投入也不够。整个社会对于安全生产和应急管理工作的意识还处在较低的水平，社会关注不足，群众安全素质不高。政府、市场和社会三者之间的联系、互动远远不足。

4．应急管理理念、措施、方式还比较落后。当前占主流的还是被动防御理念，看天吃饭、被动应付，工作重点在突发事件的紧急控制和处理上。由于事先缺乏预警，经常是“防不胜防”，到处“救火”。在应急管理工作中，过多地强调政府及其部门的责任落实，市场、社会参与不足。政府工作措施单一，就是传统的开会、发文、检查“三板斧”。

（二）应急管理体系平衡态明显

1．应急管理部门“内卷化”严重，缺乏活力。内卷是指系统发展到一定阶段，扩张状态受到制约，内部没有当初创新发展、扩张、再生的那股劲头，始终处于一种内旋、内耗、自我维系、自我复制的低层次状态，没有实质的增长。应急管理的最大问题还是体制、机制、资源等基础性和关键性问题，可是当前却把一些细枝末节作为工作重点，包括应急值守呼点、信息报送、查岗、督查等，工作做得越来越精致。对值班擅离职守就有离岗、脱岗、睡岗、误岗、漏岗的多种描述，在这些方面花费大量的精力，但是却没有解决什么实际问题。

2．各部门职责纠缠不清。应急管理职责“防抗救”推诿扯皮比较严重，没有落实“管行业必须管安全”等要求，很多工作就是应付。平台经济等新领域的安全生产监管还有诸多争议，存在监管盲区。总体来说，各部门面对应急管理职责和压力时趋于“竞退”而不是竞争，尽量把自己收缩在行业、部门设置的“盔甲”里边，能够往外推的就使劲往外推，害怕惹事上身。

3．应急管理部门“只有一把冲锋号”。国家综合性消防救援部门在省级以下垂直管理，不受同级应急管理部门的指挥，实际地方应急管理部门对这支主力军只能以协调为主，小灾小难可能还不会有矛盾，一旦涉及大灾大难，在指挥效率上便会大打折扣。各级地方应急管理部门能够直接管控、调度的应急救援队伍几乎没有，装备、物资也欠缺。总体来说，地方应急管理部门“没有枪，没有炮，只有一把冲锋号”。

4．应急管理体系还是“空中楼阁”。在过去安全监管体系的基础上，目前从国家到省、省到市、市到县、县到乡镇，初步形成了自上而下的应急管理体系。安全监管体系的基层是企业，应急管理体系的基层则是社会上的每一个人。目前的应急管理体系没有到达社区、村、自然村、家庭，出现了断层。“最后一公里”仍然没有打通，一线自救、互救体系没有建立起来。

（三）僵化的结构

1．制度建设滞后，顶层设计不足。自2002年颁布《安全生产法》以来，从无到有，促进了中国安全生产工作。2021年9月1日，重新修订的《安全生产法》开始施行，增加了一些更加严格的条款。但是，《安全生产法》仍然存在定位不清的问题，还不足以成为一部安全生产的根本大法，也不是一部单纯的、可操作性很强的部门法。《突发事件应对法》的条款则过于原则性，具体条款的可操作性不强，比如物资征用、监测预警等。机构顶层设计不足，“防抗救”“统”与“分”等边界没有明确，是地方相关部门扯皮推诿的重要原因；综合应急救援队伍的垂直管理，虽然有利于战时的全国统一救援指挥，但是却不利于地方平时对应急管理工作的统筹。

2．应急管理内部没有“化学反应”。在应急管理部门内部，还是按照过去条条的惯性各自运作，在每个单位内部形成安全监管、应急管理、自然灾害三大板块，自然灾害又分为森林防火、抗震救灾、防汛防旱防风等具体的业务线条。没有按照“一套机制应对全灾种”的思维把不同的灾种、工作放在应急管理全生命周期干预的环节中来实施，仍然是各自为政、重复劳动，资源得不到充分有效的整合。

3．工作模式僵化。“运动式”监管依然流行，“头疼医头脚痛医脚”，出了问题就搞专项整治，总是在被动地“追防”。工作“一刀切”，千人一面、千企一方，开的处方永远是“检查整治”。从年头到年尾，专项整治和检查，旧的没走，新的又来了，“永远在路上”。整治的鼓擂得震天响，检查浩浩荡荡，不惜代价。但是，回过头来看，检查和整治内容每年都差不多。工作几乎没有多大的成效，问题没有得到解决，事故照样会发生。这种模式延续到自然灾害防治工作，一有事，能够做的就是值守、开会、检查、转移等固定套路。

4．耗散失能。在实践中，我们经常发现，我们不干预事情可能进展还好，一干预情况反而变得更糟了。

案例

在英国殖民统治时期，印度本土毒蛇泛滥，尤其是眼镜蛇特别多，伤人的事情屡见不鲜。想要改善居住环境，就必须解决眼镜蛇泛滥的问题，但是一直都没有能够找到有效的治理眼镜蛇的方法。于是，当时的英国殖民统治者就想到了一个他们认为十分完美的方案：只要抓到眼镜蛇，就可以换取赏金。他们相信，通过奖金激励的方式，就可以调动当地民众的积极性，这样就可以让全民都加入到捕蛇行列中来，眼镜蛇的数量也会大大下降。可惜，这个看似完美的计划，却被残酷的事实打脸。这究竟是怎么回事呢？

当时，印度民众还真的被勾起了捕蛇的积极性，并且开始花大功夫去捕蛇。民众捕蛇后，果然换取了赏金，捕蛇成为一些印度人的主要经济来源。于是，在一段时间内，眼镜蛇的数量还真的大幅度地减少。可惜好景不长，随着眼镜蛇数量越来越少，捕蛇也越来越难，拿到赏金也就越来越难。于是，印度民众想到了一个好办法——养眼镜蛇。

毕竟英国殖民统治者也没有办法分清楚眼镜蛇到底是野生的还是家养的，他们见到是眼镜蛇就给赏金，因此，许多印度百姓都加入到养眼镜蛇的行列当中。结果原本泛滥的眼镜蛇明明都被消灭得差不多了，却依然有很多人带着眼镜蛇来换取赏金。后来，英国殖民统治者越来越觉得事情不太对，经过调查发现了其中的猫腻。

面对这样的局面，他们只能叫停了赏金的发放。你以为这就完了？其实一开始英国殖民统治者也是这么认为的，但后来发生的事情远远超出他们的控制。由于没有了赏金，人们养殖的眼镜蛇也就没有用了，他们便把这些眼镜蛇都放生了。结果导致眼镜蛇再次在野外泛滥，不仅如此，这次泛滥的情况远比之前还要严重。

这个事件被称为“眼镜蛇效应”，是指针对某问题做出的解决方案，不但没有解决问题，反而会使该问题恶化。在实际工作中，一些安全生产和应急管理政策也存在耗散失能的现象。比如，安全生产标准化工作本来是针对中小企业安全管理能力不足而推出的一项提升企业安全水平的好措施，但是在实际中就走了样，无论水平高低，什么企业都要求必须搞标准化。有的外资企业通过了职业安全管理体系认证，安全管理非常规范，安全标准非常高。但是，搞“一刀切”，即使标准化要求远低于企业安全管理要求，企业也必须开展这项工作。因此，这项工作逐渐变成了“做资料”，成为企业放在抽屉应付安全检查的必备资料，不仅对企业安全生产没有任何好处，还浪费了大量的资源。不仅如此，第三方服务的企业没有赚到钱，政府也没有收获企业整体安全水平得到提升的好处，实实在在的“三输”。

（四）缺乏自我进化能力

1. 职责同构。各级应急管理部门“三定”方案（主要职责、内设机构和人员编制规定）内容一致、业务基本一样。由于工作职责一样，上下级工作没有边界，上级都希望下级部门成为自己的“手”和“脚”，“指哪打哪”“指哪跑哪”，从内心中反对下级根据自己情况自主创新工作。由于上级握有考核权，所以“职责同构”是一种下级以上级为中心的压力型体制，上级对下级是一种常态性、微观性干预，经常是“权力上提、责任下压”，系统缺乏凝聚力和创新动力。

2. 静态评价。应急管理系统内部上级对下级具有业务考核权，一年工作干得好不好，就看上级的评价。目前全部采用的是静态评价体系，其中所用的指标几乎全部是绝对指标、静态指标，比如，死亡人数、较大事故起数、检查数、处罚金额等。这种绝对指标是目标管理，但是它的制定并不是结合各方实际，而是上级自行决定的，并不一定合理。而且，这种绝对指标是以目标管理为导向，而不是以全面改善工作为导向，容易衍生造假。

3. 无限责任。应急管理部门目前还是一种被动应急的状态，未能发挥统筹、指挥核心作用，无机制、无资源、无手段，但是却又背负着巨大的统筹责任。在安全监管方面，综合监管的角色不清，综合监管常常蜕变为兜底负责，只要没有人负责的就要综合监管部门负责。政府及其部门作为安全监督主体常常变成企业安全隐患排查的责任主体，出现角色错位。责权不对等和角色错位带来的就是责任认定的错位。而且，当前的责任追究并不是全以“四不放过”为目标，不少追责就是以找人担责为目的。只要出事，不管如何，“总要有人承担责任”。因此，不少追究不是基于直接责任，更多的是基于间接原因，导致责任追究扩大化。

4. 信息化灾难。安全生产和应急管理系统信息化无序发展，从国家到省、从市到县，各级有各种各样的系统。仅仅值班值守一项工作，在乡镇基层就要使用3～4个不同的系统，各种值守点名对乡镇（街道）来说是“心惊胆战”。“烟囱林立”“信息孤岛”现象突出，以执法办案为例，执法人员除了用本级应急管理部的执法系统，还要录入到省、市的执法系统，还要上纪委、发改委等不同部门的系统。信息化不但没有带来便利，还大大地增加了负担。还有一种有趣的现象叫作“封杀”。前些年不少地方有很多创新，开发了各类自用系统，也用得不错。但是不久后，上级部门也开发了一样的系统，为了保证自己的系统有数据，上级部门通过行政命令要求必须使用上级系统，导致以前下级自行开发的系统“封停”，造成经费和数据的巨大浪费。

五、应急管理体系现代化建设思考

当前应急管理工作中存在的问题，都是长时间积累的深层次的问题，真心需要系统地改革，实打实地工作。针对这些问题，要在应急管理体系引入“负熵”，打造耗散结构，开门办应急，强化系统治理，加强协同，实现持续改进。

（一）坚持主动防御体系战略

应急管理工作以公共安全为目标，建立主动防御体系，以突发事件防范和治理为主要工作形式，围绕着突发事件的全生命周期进行主动干预，实施风险识别与评估、预防与准备、预警与预测、应急与处置、灾害评估与恢复的全流程工作。确立应急管理核心，按照全危险方法，采用一套机制来应对自然灾害、事故灾难。

1．从横向建设应急管理体系。一是开展风险识别与评估。二是预防与准备。建立行业、专业监管部门的监管清单。加强自然灾害治理，提前做好应急处置的人财物准备。三是预警和预测。分领域对重点区域、领域开展点对点的、具有针对性的监测。依托大数据、人工智能技术，在监测基础上开展预测预警，提高预测预警准确度。四是应急和处置。简化预案为方案、机制，提高可操作性，提高应急处理能力。五是灾害评估与恢复。分析原因、过程和损失，分析事前、事发、事中、事后全过程应对的措施是否得当，对规划、政策、救济标准等进行评估。

2．从纵向建设应急管理体系。世界灾难和急救医学协会理事长科比·佩雷格说："数据显示，50%～95%的瓦砾下的幸存者，是由家属、邻居、志愿者及非专业救援人员救出的。"这句话充分说明了应急管理的主战场在基层。因此，纵向体系建设的关键就是打通"最后一公里"，将应急管理体系自上而下从应急管理部门直到乡镇（街），再延伸到村（社区）、自然村（经济社）、小区，直到家庭，建立一线自救互救体系。

（二）开门办应急

耗散结构内各要素高度关联，存在非线性相互作用，进而使得系统内各要素之间产生协同动作和相干效应。在系统内部某个参量的变化达到一定的阈值时，通过涨落，系统可能发生突变，由原来的混沌无序状态转变为一种在时间上、空间上或功能上的有序状态。

1．党委、政府内部协同。要寻求党委、政府对应急管理工作的高度认同，争取财政的大量投入。应急管理部门要呼吁、协助相关部门获得更多的资源，把各个部门力量做强。要做到"不求所有，但求所用"，整合很关键，要把各方资源整合到应急管理体系，共同为应急管理工作添砖加瓦。构建联系沟通、协同配合机制，协同合作，发挥非线性作用，实现从"微涨落"到"巨涨落"。打造共赢共享机制，工作是大家做的，要主动、及时肯定相关部门工作，给大家更合理的回报，形成应急管理的"利益"共同体。

2. 全力支持市场社会参与。关心支持应急管理工作的热心单位和人士不少，要打造参与平台，畅通各方参与应急管理工作的渠道，让更多有社会责任感的企业、社会组织和群众有途径参与应急管理工作。“兼听则明，偏信则暗”，制定政策时要充分听取各方意见，不但要考虑“社会人”的立场，还要考虑“经济人”的想法，让政策能够按照预定目标发挥正效应。换位思考，坚持互利合作，整合各方资源参与应急管理。构建信息互换和联系沟通机制，互通有无。最后，坚持共赢共享，不让奉献者吃亏，对各方的工作给予及时的回报，构建应急管理长效机制。

3. 强化基层救援力量建设。地方政府及其应急管理部门要加强与国家综合性救援队伍的联络，提升快速反应能力。因地制宜，与所在区域具有较强应急救援能力的企业合作组建专业救援队伍。充分发挥民兵预备役队伍能力，对民兵开展通用救援技能培训。扶持当地社会志愿救援力量发展，让这些自愿投身公益事业的队伍获得更快、更好的发展。推行应急志愿者认证制度，让应急志愿救援服务覆盖更宽。加大对一般志愿者的应急知识培训，让应急救援人就在身边。

（三）加强顶层设计

1. 法律层面。制定根本大法，对应急管理的主体、客体、机制、社会动员等进行更加明确的规定。规划公共安全法体系，配套更具可操作性的办法。明确生产经营单位的概念，将其聚焦为合法企业。对于非法企业，用企业经营相关法律予以打击。

2. 政策层面。要规划制定规范性文件体系，将当前范围划分不清的工作予以明确。将各类议事协调机构、指挥机构整合为一个应急总指挥部，以“一套体系应对全灾种”，实现化学反应。进一步明确党委、政府及其相关部门安全监管、应急管理职责定位，划清职责边界。特别是要正确划分“防抗救”责任，明确行业、专业管理部门的具体应急管理职责。要制定政策，明确应急管理“统筹”与行业、专业部门的关系，确立工作规则和机制。坚持责权对等，有多大的权就负多大的责任，杜绝无限责任追究。

3. 保障层面。“兵马未动粮草先行”，保障很重要。要从中央开始，做好顶层设计，制定政策，制定应急管理工作保障政策。保障应急管理业务经费，“手中有粮，心中不慌”，让地方政府及其相关部门能够有所作为，不至于望洋兴叹。"时间就是生命"，要在严控一般公务车的基础上，在各种极端灾害条件下，切实保障应急救援指挥、抢险等专用车辆的装备，关键时候能够救民于水火之中，"宁愿备而不用，不能用而无备"。应急管理等相关部门工作人员，枕戈待旦，始终坚持24小时值班值守，不分昼夜，还要牺牲节假日，发生突发事件时要随时出动。关心应急管理人员，要参照政法部门，出台应急管理专项补贴政策，给予工作人员应急补贴。而且，各部门从事应急工作的人员经常"上刀山、下火海"，随时面临生命危险，要出台政策为其购买人身意外险，减少后顾之忧。

（四）激发应急管理部门活力

要进一步理清不同层级应急管理部门之间的关系，明确工作职责、责任和边界，构建分级处置、协同一致的机制。

1. 优化纵向职责划分。优化不同层级的应急管理职责。国家负责宏观、省市级着重中观、县乡级专注于微观。宏观应急管理，包括致力于全国性问题的解决；制定和修订相应法律、法规；牵头制定、完善相关标准；完善各级应急管理队伍建设；牵头建设全国应急管理体系。中观应急管理，包括着力于区域共性的问题的解决；制定地方特色标准、制度、要求；积极衔接上级应急管理体系，牵头形成区域应急管理体系；政策保障、支持下级部门开展微观治理工作。微观应急管理，包括致力于具体问题的解决；倡导精耕细作、精准治理；建立有效的基层公共安全治理体系；主动融入上级牵头的应急管理体系。

2. 重构评价体系。全面改革当前应急管理工作评价体系，建立以"潜绩"考核为主的评价体系。建立以相对指标为主体的指标体系，采用亿元国内生产总值、亿元工业总产值死亡率、森林防火设施覆盖率等相对指标，更贴近区域实际。坚持结果和过程并重的动态评估，把评价放在工作过程上，鼓励被评估对象建立持续改进机制。应急管理工作应回归初心，根据评价结果，不断矫正方向，持续改进。

（五）依靠科技精准治理

历史总在重演，科技却在叠加式地进步，要充分发挥科技的力量，加强对灾害的感知、预警和处置，特别是要依托第五代移动通信技术（5G）、云计算、大数据等新一代信息技术，建立"应急大脑"，实现应急管理体系跨越式的突破。

1．互联互通，数据畅通。中国行政层级多、各地情况差异大、需求不尽一致，建立一个全国通用的应急管理信息系统难度很大，系统的全面性、保密性和功能完备性得不到保障。以功能为例，省级以上应急管理部门关注表面的情况，县级以下应急管理部门除了表面的情况外，更关注个体和细节。全国性系统对基层来说就是数据录入，基层无法使用分析、决策辅助等功能，对上级信息系统使用的兴趣不高。而且，全国性的系统对技术发展和需求变化反应慢，很容易落后于时代。

因此，最好的解决方式就是由国家制定政府信息化标准，作为不同信息管理系统之间数据交换和互操作的基础，解决“信息孤岛”的问题。鼓励各地区、各单位根据自己需求建设信息系统，实现不同层级应急部门信息系统互联互通，与同级智慧城市系统、政府部门信息系统互联互通，共建共享。

2．全面覆盖，平战结合。信息化不要局限于政府系统，而是要建立包括企业、社会组织、群众等用户参与的开放平台，督促企业、业主、物业公司等相关主体，及时完善人口、物资、风险点、平面图、电力、供水、周边环境等资源的普查上报，要与智慧城市系统、政府大数据中心自动比对，实时更新，确保信息的精准，覆盖各类资源。把日常工作和应急结合起来，日常除了采集风险源本体信息外，还要延伸到风险源的灾害范围、耦合因素等。

“不求所有，但求所用”，强调对专业应急资源的链接，区域内应急资源可以通过物联网系统及时调用。区域外专业应急资源，比如专家、队伍、物资、特殊设备则能够实现一键响应。对于疑难杂症，也能够基于系统互联互通寻找可以匹配的外部资源，实现资源共享。全面的资源覆盖让应急处置和救援是一场有备之战，而不是“遭遇战”。

3．预警预测，未卜先知。应急管理信息系统要建成大数据系统，让数据流永不停顿。一是要接入企业、物业等企业内部预警系统，实现政府、企业预警同步，确保相关事故苗头、隐患问题得到关注和干预。二是要为信息系统设置神经末梢、增加各类传感器，比如可以在森林树木上装置传感器，对森林湿度进行监测，通过宽带互联或者窄带物联网技术（NB-IoT）进行传输，再辅以大数据分析，就能够及时对森林火灾进行预警预测，为提前干预奠定基础。三是依托气象卫星、地质卫星技术，发挥卫星扫描的威力，通过大数据分析，摸清森林火灾发生的规律，提前预防。

我们已经进入了大数据时代，与过去最大的改变是将危机事件发生后的“应对”转变为危机事件发生前的“预测”。可以说，应急状态下，大数据是提高要素协同配置能力和效率的钥匙，要挖掘大数据背后的价值，真正实现“未卜先知”。

4. 自动处置，智能干预。信息系统不只是“动脑”，还要“动手”，要走向智能化，打造智能体，不但要对灾害形势进行自动分析、判断、预测，还要及时发出指令，科学处置。对应急处置来说，初期灾害识别和干预非常重要。例如，对于一些草原和森林初期火灾，通过传感器、监控系统第一时间获取信息后，可以通过自动处置系统派出无人机飞抵事故现场，抛出灭火弹直接灭火。又如，短时间、高密度的雷暴雨容易引发城市内涝，信息系统在气象系统获取灾害天气预警后，可以通过内设监测传感器及窄带物联技术，向山塘湖泊的内置水泵发出提前排水指令；甚至，在雷暴雨过程中，对于超过限制水位的沟渠河涌，可以开启更多的自动泵，加快排水过程。

5. 信息交互，社会动员。我们身处于一个全面关联的时代，公共安全治理需要大家的参与。除了依靠电视、广播等传统媒体开展一般性的安全生产和应急管理意识和知识宣传外，还要建立信息系统突发事件发布机制，依托微信、短信、门户网站等及时将信息传送到居民、从业人员。要用技术手段加强“应急大脑”与公众的互动，实现应急状态下与公众的信息交互。在自媒体时代，每个人都是移动的新闻媒体，要及时抓取相关灾害、隐患、风险等“爆料”信息，为防治和处理赢得时间。建立推进社会动员机制，打通“最后一公里”，全面推进社会动员，适时组建志愿者队伍、开展自救互救等工作。

6. 永不消逝，坚不可摧。信息网是大脑，不能失能。要确保在超级台风、地震等极端灾害天气对电力、水、公路等生命线产生破坏的情况下，信息系统能够继续保持运转，系统的指挥子系统能够运转正常。在电力储备不能保障的情况下，可以采用低耗能的窄带物联技术，保持系统的正常运转，把信息系统建设成为“永不消逝的电波”。

第五章 5

横向优化应急管理体系

本章概要

应急管理工作要针对事故和灾害的全生命周期实施，包括风险识别与评估、预防与准备、预警与监测、应急与处置、灾害评估与恢复等5个环节的工作。要坚持“深淘滩，低作堰”的原则，深挖内部潜力，坚持多赢共赢，横向优化应急管理体系。

《微观经济学》介绍了“产品全生命周期”。所谓产品全生命周期，指的是产品从准备进入市场开始，到被淘汰退出市场为止的全部运动过程，是产品或商品在市场运动中的经济寿命，寿命长短主要是由消费者的消费方式、消费水平、消费结构和消费心理的变化所决定的。一般分为进入（导入）期、成长期、成熟（饱和）期、衰退（衰落）期四个阶段。

产品全生命周期是一个很重要的概念，它和企业制订产品策略以及营销策略有着直接的联系。管理者要想让他的产品有一个较长的销售周期，以便赚取足够的利润来补偿在推出该产品时所做出的所有努力和经受的一切风险，就必须认真研究和运用产品的全生命周期理论。

一、事故和灾害的全生命周期理论

由产品延伸开来，可以将“全生命周期”概念应用到政治、经济、环境、技术、社会等诸多领域，任何生物、产品和组织都会经历从孕育到诞生、从发展到消亡的过程。换句话说，全生命周期是任何事物都会经历“从摇篮到坟墓”的整个过程。

事故和灾害也不例外。美国全国州长协会提出了事故和灾害的“全生命周期理论”，理论认为，任何事故和灾害都会经历孕育、发展、爆发和消亡等多个过程。相对应地，应急管理工作也有四个阶段：减缓（Mitigation）、准备（Preparedness）、应对（Response）、恢复（Recovery），它们构成了一个首尾相连的循环（见图5-1）。

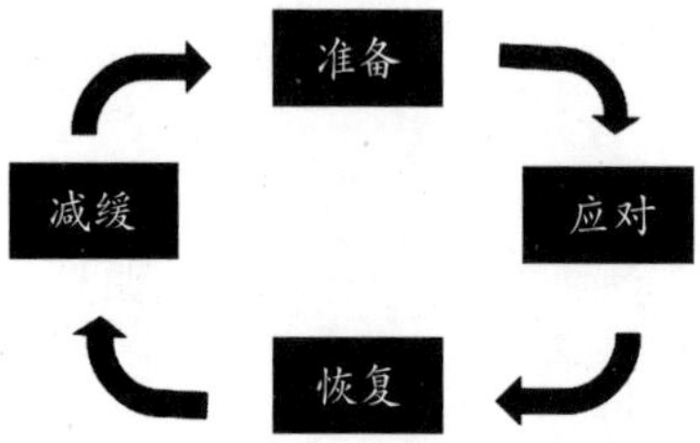

图5-1　美国事故和灾害全生命周期理论模型

任何事故或者灾害，其本质上都是一样的。美国联邦紧急事务管理署（FEMA）首任局长约翰·马斯强调，自然灾害和防御核打击具有相似性，为此他提出了全危险方法（All-hazards Approach），就是采用一套机构应对自然灾害、事故灾难，这也是西方公共安全管理的一个基本原则。为了加强和改进应急管理工作，美国联邦紧急事务管理署整合了应急管理系统（IEMS），形成了不同机构、部门、各级政府的代表一起工作的一个网络化架构，对应急管理的所有参与者实施统一协调与领导。中国的应急管理部门机构改革也是参照了美国联邦紧急事务管理署的做法，用一套机构、一套体系来应对各类灾害。

笔者认为，要推行减缓灾害的各种措施，前提是准确地识别风险。应急管理工作首先应该推动风险识别与评估，所以把风险识别与评估单独作为一个工作环节。据此，将事故和灾害的全生命周期干预分为5个环节，即风险识别与评估、预防与准备、预警与监测、应急与处置、灾害评估与恢复（如图5–2）。

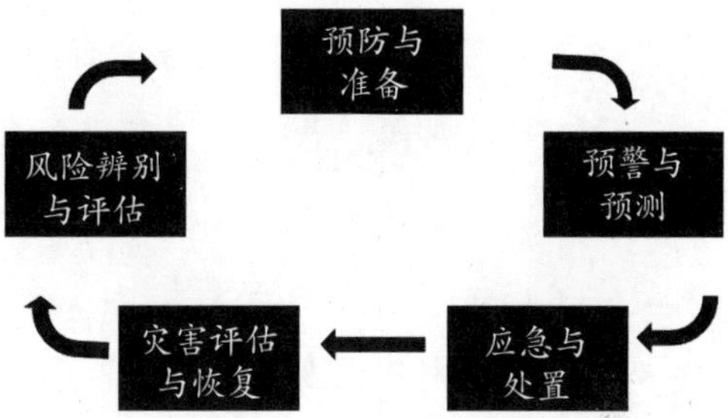

图5–2　事故和灾害全生命周期干预模型

二、深淘滩，低作堰

前面介绍过，岷江是长江上游的一条较大的支流，发源于四川北部高山地区。每当春夏山洪暴发之时，江水奔腾而下，从灌县进入成都平原，由于河道狭窄，古时常常引起洪灾，洪水一退，又是沙石千里。岷江东岸的玉垒山又阻碍了江水东流，造成东旱西涝。

大禹、丛帝都治理过岷江水患，都没能根治。直到李冰出任蜀郡太守后，实地考察河道走向，遍访高人记录水情，最终在水流较缓的弯道上修建了都江堰水利工程，永久地解决了岷江水患。

“深淘滩，低作堰”是李冰留下的治堰准则，是都江堰泽被万世的主要“诀窍”，人们将其奉若圭臬，世代遵从，不敢有违。

“深淘滩，低作堰”就是切忌用高作堰的方式在枯水季节增加宝瓶口的进水量，那是一种急功近利的做法，正确的做法应当是用深淘滩的方式疏浚河道，以此增加枯水季节流入宝瓶口的水量，供灌溉之需。为了保证枯水季节的灌溉用水，每年的岁修必须淘滩淘到一定的深度，不可有任何懈怠。

案例

华为公司创始人任正非参观都江堰后大为赞赏，为“深淘滩，低作堰”理念所折服，并将其引入华为。他提出问题：“李冰父子的‘深淘滩，低作堰’，是两千多年前留给我们的深刻管理理念。同时代的古巴比伦空中花园、罗马水渠、澡堂，已荡然无存，而都江堰仍然在灌溉造福成都平原。为什么？”

任正非指出：“李冰父子‘深淘滩，低作堰’的治堰准则，是都江堰泽被万世的主要‘诀窍’。其中蕴含的智慧和道理，远远超出了治水本身。华为公司若想长存，这些准则也是适用于我们的。‘深淘滩’，就是不断地挖掘内部潜力，降低运作成本，为客户提供更有价值的服务。客户决不肯为你的光鲜以及高额的福利多付出一分钱的。我们的任何渴望，除了用努力工作获得外，别指望天上掉馅饼。公司短期的不理智的福利政策，就是饮鸩止渴。‘低作堰’，就是节制自己的贪欲，自己留存的利润低一些，多一些让利给客户，以及善待上游供应商。将来的竞争就是一条产业链与另一条产业链的竞争。从上游到下游的产业链的整体强健，就是华为生存之本。物竞天择，适者生存。”

借用都江堰的六字诀，任正非把华为公司确保研发、市场、互联网技术和干部培训的战略投入做法比作“深淘滩”，“深淘滩”要“埋石马”，即规定每年必须达到的投入比例。把控制垄断产品的低价格和控制利润率的合理水平，比作“低作堰”，只有自觉坚持低作堰，杜绝急功近利，才能提高产业的进入门槛，才能使低成本下形成的产业结构具有可持续性。

三、横向优化应急管理体系

“深淘滩，低作堰”所蕴含的含义非常深刻，“深淘滩”就是不断通过在优化机制、加大投入、强化队伍建设等方面深挖内部潜力；“低作堰”就是不要幻想一个人、一个部门独吞所有利益，要坚持多赢共赢，构筑发展生态，赢得更大的发展空间。

应急管理工作包括风险识别与评估、预防与准备、预警与监测、应急与处置、灾害评估与恢复等5个方面，所构成的应急管理体系也要按照“深淘滩，低作堰”的理念推进。要对整个应急管理体系内部的体制、机制进行优化，加强队伍建设，提升应急管理处置能力。

（一）统筹应急管理工作

应急管理工作不是一个部门就能够做好的，必须整合好各方面的资源。要协同各方做好应急管理工作，则必须有一个牵头部门。没有牵头部门的认真统筹和督促落实，工作就会成为一盘散沙。

1. 应急管理部门要统筹应急管理工作。按照《突发事件应对法》，突发事件分为事故灾难、自然灾害、公共卫生和社会治安事件。机构改革后，应急管理部门要聚焦于事故灾难和自然灾害，公共卫生和社会治安则仍由卫生和公安部门分别主导。

2018年机构改革以前，应急办职能在各级政府办公室和总值班室合署办公，代表政府履行突发事件综合协调职能，上传下达党委、政府领导指令，起到各类突发事件应急处置信息枢纽的作用。应急办职能整合到应急管理部门后，事故灾难和自然灾害应急处置方面由应急管理部门负责，公共卫生和社会治安仍然是由卫生和公安部门负责，总值班室承担的是信息中枢、信息交流中心职责。

但是，很多部门和单位还是认为事故灾难和自然灾害应急处置的牵头单位还应是总值班室。比如，消防救援机构认为，应急管理部门只是政府的一个普通部门，是和消防救援机构平行的一个单位。消防救援机构在应急救援中愿意接受地方政府的指挥协调，但他们认为，代表地方政府的是总值班室，而不是应急管理部门。在改革初期，屡屡出现消防部门不愿意接受应急管理部门安排工作的现象，甚至有的省消防总队要求向省政府直接汇报。同属于应急管理部门，但是省以下应急管理部门和消防救援机构却是两支平行的队伍，互不隶属。政府的其他部门也习惯于听从总值班室的指挥协调。显然，这不符合应急管理部门统筹应急管理工作的改革意图。

随着极端灾害事件的增加、城市化加快，事故和灾害影响面越来越宽，应急救援依靠单一部门是行不通的，一支国家队、主力军想一统天下是不可能的。

案例

笔者曾参与一起地铁施工事故的救援。盾构机在实施换刀作业时突发隧道塌方，导致3名人员被埋。笔者一整天就在地下巷道现场实施救援，当时需要实施救援的人员进入“人仓”，通过对“人仓”缓慢加压，直到“人仓”和“土仓”压力一致后打开“土仓”门，进入“土仓”进行搜救。消防队员到了现场表示，这种密闭空间救援超出了队员的能力范围。没有办法，只好协调3名从事同样工种的工人参与搜救。

自然灾害和事故灾难都不尽相同，所产生的条件和需要的资源也不一样。因此，一支队伍不可能包打天下，要整合多方资源，扩大应急救援范围，提升应急救援能力。

案例

广东省广州市黄埔区除了消防救援队伍外，还有20支应急救援队伍，包括：区应急管理局直属的区特种应急救援大队，该队伍与消防队伍错位发展，重点开展危险化学品、粉尘涉爆、密闭空间等特种救援；区应急管理局直属的还有区森林消防大队；除此以外，以共建形式组建了9支与企业共建的安全生产事故应急救援队、1支自然灾害应急救援队、5支社会志愿应急救援队和3支石化专业应急救援队。

而且，应急管理工作不只是救援，它涉及风险识别与评估、预防和准备、预警和预测、救援和处置、灾害恢复与评估等5个阶段，需要一个部门去统筹，各部门、各单位参与合作。从现有职能分析，这个统筹部门最合适的就是应急管理部门。而脱胎于安全监管部门的应急管理部门囿于安监业务相对封闭的惯性、人力不足、自然灾害领域业务不熟悉等原因，缺乏主动统筹应急管理工作的意识。事故和灾难不等人，当务之急是要统筹好应急管理工作，迅速构建应急管理体系。

2．整合“三委三部”。在机构改革前，由应急管理部门实际主导的议事协调机构有突发事件应急委员会、安全生产委员会、减灾委员会、森林防火指挥部、抗震救灾指挥部、防汛抗旱指挥部，称为“三委三部”。这些议事协调机构和指挥部的建立增加了协调应对能力，但基本上没有摆脱单灾种应对模式。机构改革的思路是改变多线应对的旧模式，实现“一套机制应对全灾种”“一套体系应对全灾种”。因此，各级政府要将“三委三部”整合成为一个应急总指挥部，由地方党委、政府主要领导担任总指挥长（主任），实施双首长制度，由分管应急管理的党委、政府领导担任常务副总指挥长，并设若干副总指挥长，再下面可以根据情况设立专项的安全生产委员会、消防委员会、森林防火指挥部等，也完全可以不设立。总指挥部不是议事机构，而是具体的办事机构，实行实体化运作。总指挥部办公室设在应急管理部门，承担日常工作。

3. 建设应急管理机制。以机制的建设确保应急管理总指挥部的规范运行。一是进一步明确机构改革后各部门、各单位应急和安全职责，特别是要按照“三管三必须”中“管行业必须管安全”的要求，明确安全生产监管和自然灾害防治工作职责。明确每个单位、部门的应急管理职责，应该干什么，怎么干？二是建立完善应急总指挥部办公室运作机制，明确总指挥、常务副总指挥等领导职责、指挥流程和内部运转流程。总指挥部办公室达到何种条件要直接请示总指挥或者常务副总指挥？什么时候总指挥、常务副总指挥应该到指挥中心？什么时候应该到现场？三是建立应急分级处置机制。明确不同条件下的处置主体和工作机制。有的事件在行业层面就可以处理，不需要报送到总指挥部，有的则还需要备案，有的需要总指挥部牵头处置，有的只需要协调、帮助就可以了。四是建立信息交流机制。建立以总指挥部办公室为核心的应急信息交互机制，让各个部门、单位及时掌握相关应急信息和资源。五是建立指挥协调机制，建立与各部门、消防队伍、专兼职企业应急队伍、社会救援队伍、民兵等队伍的联络和统一指挥机制。这是诸多机制中最为核心的一项，总指挥部的命令要能到一线，“指哪打哪”。六是建立应急管理职责督查考核机制，发布《督办令》，加强情况通报和督办，将履职情况作为政绩考核和纪律检查的重要内容。

（二）横向优化应急管理体系

一是风险识别与评估。风险是绝对的，风险对人，如影随形。安全是相对的，是否安全就是看风险是否能被管控。要管控风险，前提就是识别和评估风险。风险识别在企业安全生产工作中很常见，常见的识别方法有工作危害分析法、作业条件危险性分析法、安全检查表分析法、风险矩阵分析法和风险程度分析法等。风险是动态的，风险识别与评估也要动态化，才能保证工作有效。

安全生产风险是动态的。曾经有“谁检查、谁负责”的说法，就是政府监管部门去检查了，如果检查没发现问题，一旦企业出现了问题，政府监管部门来就要负责。

案例

2021年4月29日，《问政山东》节目问政山东省应急管理厅。节目中提到了德州一家冶金企业于4月发生的一起钢水喷溅事故。由于未按规程操作，高温钢水遇潮湿钢包后瞬间汽化，钢水喷溅致4名工人受伤。德州经开区安全执法工作人员于1月、3月分别到企业检查了1次和2次，发现了一些隐患并督促整改，但是未发现企业钢包方面的问题。直播中，主持人问德州应急管理部门负责人，除了企业不落实安全生产主体责任外，监管方面存在什么问题？该负责人认为，安全监管不力，监管部门有责任。

从上文可判断出，“监管不力”是指监管人员到了企业，却没有发现企业钢包方面的隐患，应该发现而未发现，属于工作落实不到位，负有责任。这并不是孤例，2014年，山东省淄博市周村区一家企业一名员工触电死亡。法院二审认定，2名安全监管人员2个月前到企业检查，未发现企业用63A继电器替代10A继电器，负有责任，判决2人犯玩忽职守罪。新闻媒体、企业、社会舆论，甚至应急管理部门自己都认为，应急等政府安全监管部门负有发现和整改企业安全隐患的职责。因此，从年头到年尾，安全生产大检查、大整治一个接一个，督查检查都是“直奔基层、直插现场”，目的就是查隐患、找问题。

安全隐患是动态的，不是一次检查就能解决的；企业安全风险也是动态的，更不是一次安全风险评估就能判定的。相对安全生产领域的底数清楚、外来因素干扰少、责任明确，自然灾害领域所面临的形势更加复杂，做好风险辨识与评估工作就显得更加重要。自然资源、林草、水务等部门要把工作前移，强化风险辨识工作，找出薄弱环节。

近年，我国开展了第一次全国自然灾害综合风险评估。如果只是为了评估而评估，通过大幅跳跃的方式将数据填入国家普查系统，然后就完成任务，束之高阁，那么，这种评估对应急管理工作没有任何作用。自然灾害风险是动态的，不同年份、不同月份的自然灾害情况都可能不一样。2021年夏秋季，中国长江、黄河流域雨水偏多，不少地方产生了新的地质灾害点。

案例

2021年10月6日，一个山体滑坡的视频在网上流传。5日晚11时许，山西省临汾市蒲县荆坡村一带发生山体滑坡。蒲县四周都是山，很多村民都在山脚下住，位于荆坡村边缘的交警中队也在山脚下驻扎。国庆假日期间连续多日下雨，多处山体出现坍塌现象。5日晚，已经有村民接到转移通知。“不让住在山附近了，有些没接到通知的人，也自行去酒店住了。”荆坡村村民张先生介绍，“山上种的好多柏树都被冲下来，交警中队的平房也被埋了。”最后确认，4名交警死亡、1人受伤。

所以说，自然灾害风险评估非常有必要，一定要做，但是不要搞成运动式，而是要建立机制，形成动态的风险评估机制，才能保证数据是准确的。

传统的安全风险识别与评估离不开人的参与，需要人结合掌握的客观情况进行主观评价、判断。随着科学技术的发展，过去依靠人去调查、收集数据逐渐由预设的传感器、视频、卫星等设备自动收集，数据的准确性、及时性和效率都得到了大幅度提高。随着5G、大数据、人工智能等技术的突破和完善，安全风险的自动识别已经成为可能。应急管理部门要协同自然资源、林草、水务、气象、住建、教育等各个部门加大投入，引入高新科技，提高设备布点覆盖面，建立各自领域的安全风险识别与评估系统，并整合成为一个大的系统。

然而，并不是所有的风险识别都需要科技。绝大多数事故和灾害发生在社区层面。所以，社区的安全风险识别就格外重要。可以制定一些简单的识别标准，帮助社区管理人员、志愿者对井盖丢失、小型滑坡、河涌溺水等风险进行识别，设定报送渠道和平台，按照“民有所呼、政有所应”的要求及时处置，推动群众参与治理和监督。更重要的是，建立社区安全风险识别与评估机制，形成动态风险评估习惯，让风险无处遁逃。

二是预防与准备。治病，关键在于治未病。本书前面讲了扁鹊的“上医治未病”的思想。

治病如此，应急管理工作亦然，要坚持“安全第一、预防为主”，预防是应急管理工作的重要基础工作。落实企业和单位的安全生产和自然灾害防治主体责任是预防工作的关键。要分类推进企业和相关单位落实主体责任，建立不同类型行业、亚行业、企业及相关单位的履职清单。比如，对于液氨企业，可以列出液氨企业所涉及的安全生产法律法规和重要标准，这些就是液氨企业的履职清单。让企业按照自己的情况去落实，不要“头痛医头、脚痛医脚”，一会儿发文要求企业落实危险化学品管理，一会儿要求企业抓好密闭空间管理，动不动检查、时不时督导，打乱企业正常生产和安全管理的节奏。监管部门要引导企业和单位在职责清单的范围内全力主动落实其主体责任。监管部门要加强线上和线下执法等措施，服务和监督企业和相关单位将“要我安全”转变为“我要安全”。

应急管理部门要发挥综合监管职能，牵头明确不同行业的部门和专业监管职责，重塑安全生产考核“指挥棒”，加强预防监管工作的统筹与督促。坚决落实“管行业必须管安全”，打破传统的“开会、发文、大检查”的运动式监管模式，创新方法，提高行业和专业监管水平。行业、专业监管部门要改变过去运动式监管的模式，建立监管清单，让预防工作有序推进。依靠科技进步，大幅度提高对企业和群众的服务效率和水平。

准备是指对事故灾难和自然灾害事件应对的准备。2021年10月，江苏省等地方公布了家庭应急物资清单，引发了民众对于应急物资储备的关注。不光是民众需要应急准备，政府、企业也需要做好应急力量和物资的准备工作。应急管理部门要代表政府提出综合防灾减灾规划，推动各部门强化各类灾害防范能力建设、制订专项规划；加强督办，让规划落地。应急管理部门要统筹应急救援队伍建设，建立应急救援体系。各部门、各行业要落实“防抗救”要求，做好队伍、物资和装备准备，建立各行业、各单位、各企业应急物资和装备数据库，关键时刻能够“一键链接”。

三是预警和监测。加大监测力度，能够及时预警灾害，提前做好人员转移等工作。

案例

2019年12月，常德市自然资源局出资在石门县南北镇潘坪村附近安装了北斗卫星监测系统。一旦山体发生移动，监测仪器将产生数据并传送至数据公司。随后，数据报告在第一时间被送至常德市自然资源局。从2020年6月24日至7月6日，南北镇国土资源所共接到3次数据报告，其间进行了3次灾害预警。7月6日下午，潘坪村所处的雷家山地质灾害隐患区突发山体滑坡，滑坡体超过300万立方米，共计造成各项损失超1000万元。在此次山体滑坡灾害发生前，当地有关部门已组织村民疏散，潘坪村14户村民全部提前转移至安全区的安置点，最终没有造成人员伤亡。

当前的监测范围或者领域还是有一定的局限性，应急管理部门要规划建设监测体系，主要还是依托当前新型基础设施加强监测，督促各部门加大对环境、设备、设施、山川、河流、森林的监测力度，构筑“天罗地网”。各部门要加大投入力度，加大对所管理领域的投入力度，依托高新科技，对重点区域、领域开展点对点式的针对性监测，建立星罗棋布的“哨点”。做好数据整合，打破“孤岛现象”，将所有的监测情况共享。

案例

1941年，美国著名的安全工程师海因里希统计了55万起机械事故，其中死亡、重伤事故1666件，轻伤48334件，其余则为无伤害事故。从而得出一个重要结论，即在机械事故中，死亡及重伤害、轻伤害、无伤害及未遂事故的比例为1：29：300，国际上把这一法则叫海因里希法则（见图5-3）。这其实就是大数据的雏形。

图5-3　海因里希法则模型

基于大数据，我们能够从看起来杂乱不堪的数据中发现很多灾害的规律。地球高分观测卫星对地球上的森林火灾可以进行监控，一天内可以对地球完成4次扫描，并监测地球上每一场活跃的大火。科学家将非洲大陆的森林火灾监测图像整理后发现，每年非洲大陆森林火灾就像红色波浪一样自南扫向北，非常有规律。基于监测获得的数据，依托大数据、人工智能等技术开展分析预测工作，完全可以判断每年、每个季节、每个地域的森林火灾防御重点。其他领域也是一样，利用大数据可以分析工作重点，当前是否存在不可控的风险，并结合可能发生的危险发出预警。我们不但要提高预警的准确性和精确性，还要打通预警的“最后一公里”，通过各种渠道，把预警信息传递到每一个人。

四是应急和处置。当前预案编制的水平偏低，大部分预案雷同，没有多少差别，没有结合本地域、本行业特点有针对性地制订。不少地方政府、部门聘请专业社会服务机构帮忙制订，编制水平参差不齐，很多预案的可操作性不强，不实用。而且，每个预案的内容看起来太繁杂，拿出来都是厚厚的一本书，在千钧一发的时刻，没有人还能气定神闲地翻书，关键时刻几乎没法用。整体预案和专项预案，政府预案和企业预案之间缺乏联系，没有形成一个有机的整体。因此，要改进预案编制工作，鼓励化繁为简，简化各类预案，代之以清晰明了的应急处置方案和机制。

应急管理部门要按照“一套体系应对全灾种”的要求，统筹自然灾害和事故灾难应急指挥工作，建立完善的应急救援统一作战指挥、资源调度机制。要加强与消防救援机构的联络，建立联络和信息通报机制，增强互信，充分发挥国家队、主力军的作用。要通过购买服务等方式，组建专业队伍，开展某些特定领域、行业的应急处置工作。善于利用企业专兼职应急救援队伍，通过一定的经费支持，实现共建，参与应急处置工作。发挥武装部作用，加强对民兵的通用救援技能培训，在台风、暴雨等全域性灾害中发挥作用。积极扶持社会救援力量发展，通过政策引导和场地、资金、装备的支持，帮助其提升应急救援能力。借鉴先进国家理念，推行应急志愿者认证制度，对应急志愿者的付出给予补偿和正向鼓励。平时加强部门间演练和协同机制建设，招之能来，来之能战。

五是灾害评估与恢复。当前，做得最多的就是对灾害损失进行评估，然后对灾民进行救助，这是必需的，但是不止于此。灾害发生后，要对灾害事件进行评估。要像安全事故调查一样，详细分析原因、过程和损失，分析事前、事发、事中、事后全过程应对的措施是否得当，对规划、政策、救济标准等进行评估，做出哪些方面能够改进、怎么改进的决断，为防灾抗灾救灾指明改进方向。

恢复包括对灾害造成的物质和社会两个层面的损失。物质层面有基础设施的破坏、企业财产损失、家庭财产损失等；社会层面有人员伤亡、经济破坏、心理创伤、环境破坏等。恢复的起点是突发事件进入稳定状态时，事件的直接或间接后果对人员安全和财产的即刻威胁已经解除，这样政府和应急救援队伍可以考虑开始恢复受损的最基本的社区功能，恢复阶段就开始了。恢复分为短期恢复和长期恢复，短期恢复是应对者采取一些经济措施，恢复受到破坏的各种机构和设施的基本功能，并且采取保护措施，避免对它们造成进一步的破坏。而长期恢复侧重于对突发事件中受损的各种基础设施、住房等建筑物的重建，以及对经济、环境乃至受到灾难创伤的人们的心理健康恢复，这个过程短则几个月，长则数年。

第六章 6

纵向优化应急管理体系

本章概要

八爪鱼是一种非常聪明的动物，它的主脑和副脑是上下级，能够统一指挥，副脑又可以独立思考，自主行动。从八爪鱼发端的管理理论，有助于解决当前中国应急管理纵向机构的“职责同构”问题，打造“统一指挥、专常兼备、反应灵敏、上下联动、平战结合”的中国特色应急管理体制。

章鱼因为有八条触手，俗称“八爪鱼”。它是无脊椎动物，是标准的软体生物，全身上下除了自己的喙以外，没有其他坚硬的地方。八爪鱼的每条触手长有约300个吸盘，每个吸盘的拉力为100克，无论谁被它的触手缠住，都难以脱身。八爪鱼可以利用触手来捕获食物，也可以用它来诱导食物，甚至能够捕捉体积比自身还大的生物。研究表明，八爪鱼比人类多1000组基因，它有着和地球上所有生物都不同的基因序列，能够根据所处周边环境瞬间变色，随心所欲地改变自己身体的质地、形状和大小。例如，当面临巨大的生命威胁时，八爪鱼可以把自己的身体变成与环境同样的颜色，以图不被发现，躲过一劫。如此聪明的动物，难怪不会灭绝。

古希腊著名思想家亚里士多德曾说过，“章鱼是愚蠢的动物”，不知道他的结论从何而来？他显然大错特错了，八爪鱼有着超高的智商。地球上，人是最聪明的生物，人的神经元大约有150亿个，其中100亿个在大脑。相比之下，一只普通的田螺体内只有1万个神经元，龙虾有大约10万个，跳蛛的也不超过60万个；而蜜蜂和蟑螂等外神经系统丰富度能排前几的无脊椎动物，也仅有100万个神经元；一向被人们讨厌的“烦人精”老鼠也只有0.8亿个神经元，但它们已经足够狡猾了，人类很难捕获。可是，八爪鱼的神经元居然有5亿多个，号称“海洋里的灵长类动物”。

一、“八爪鱼”理论

八爪鱼最为奇特的地方是它竟然长有9个大脑。除了主脑以外，其他8颗副脑作为次级大脑分布在它的八根触手上。八爪鱼的5亿多个神经元，其中有40%分布在主脑，专门集中精力来认真思考，其余的神经元则分布在副脑。

八爪鱼的每一个副脑也都有独立的思考能力。八爪鱼的主脑只要对腕足下达一个抽象的命令，八条腕足就能自己“思考”，独立完成任务。无论是对敌人作出反应还是捕食，无须经过主脑的思考和指令，每条腕足都能自行思考并作出反应。而且，每个腕足不但可以独立感知环境，快速作出反应，也能够相互协作，完成多线程同时作业，根本不需要大脑再给予具体的指令。比如捕食的时候，它的行走不需要“八只脚”，仅仅靠“两只脚”就可以达到0.14米/秒的移动速度，其他剩余的“六只脚”则可以相互协同，共同捕食猎物。

八爪鱼的这套模式被新加坡南洋理工大学陈绍祥教授应用到管理中，称之为“八爪鱼”理论。“八爪鱼”理论认为，不能简单地把机关、企业、军队等社会组织的上下级分为决策层、执行层。执行层不能只是机械地执行命令，还要有独立思考能力，既能领会领导层的意图开展工作，也有足够的权限自主决策，发挥最大潜力完成工作任务。作为上级，不要认为下级是没有思考能力的“腿”，“无微不至”地下指示、提要求，凡事都直插到底，这样只会起到反作用。要把工作做好，就要充分“授权”，相信下级、支持下级，充分发挥其各方面的能力，全力做好工作。

二、职责同构

打开各级应急管理部门网站，可以看到，无论是国家应急管理部，还是省应急管理厅，抑或是县应急管理局，尽管级别不一样，但是其“三定方案”（主要职责、内设机构和编制规定）都高度类似。职责内容基本一样，内部机构设置虽然数量不一样，但是也是“上下对口、左右对齐”。当然，这种现象不只是存在于应急管理部门，几乎所有的党委、政府职能部门都是“上下对口、左右对齐”。不光是部门职责，党委、政府职责也是一样的，不同层级的党委、政府在纵向间职责和机构设置上高度统一，每一个层级政府都管理着大体相同的事情。这种现象就叫作“职责同构”。

“职责同构”形成于计划经济时期。在这种体制下，每一级地方政府都由上一级政府为其社会管理过程进行负责，各级政府紧密相连，中央政府以“条条框框”管理的形式贯穿全国上下，形成一个严密的政府结构体系。这种体系在新中国成立初期对中国经济复苏、政府正常运行以及对于国家统一、防止各自为政等方面都作出了重要贡献。但是，随着计划经济向市场经济成功转轨，随着社会管理复杂程度的加深，“职责同构”的局限性、不适应性越来越明显，在应急管理领域也是如此。

一是“职责同构”造成上下级监管责任无边界。由于“职责同构”，一件事情，应急管理部要管、省应急管理厅要管、市应急管理局要管、县应急管理局也要管。安全生产大检查，这是一项微观的工作措施，但是从应急管理部到乡镇、街道，都在干。每次出了大事故，就是轰轰烈烈从上至下开展安全生产大检查。再深入一点，例如，市级应急管理部门负责全市安全生产综合监督管理和工矿商贸行业安全生产监督管理工作，区级应急管理部门负责全区安全生产综合监督管理和工矿商贸行业安全生产监督管理工作。那么，问题来了，如果某区某企业的监管出了问题，责任是谁的呢？是区的，还是市的？没有明确的责任边界。责任没有边界，工作就没有方向；责任没有边界，干好干坏就一个样。

但在实际工作中，按照现行的监管体系，上级的地位有绝对优势、很超脱，绝大多数时候，责任会下移。事故调查报告都要上网公示，翻阅所有的报告都可以发现，上级主导的事故调查，责任追究总是只到下一级，几乎没有到上级的。

二是“职责同构”使得监管权力划分很随意。政府间关系是行政主导型，上级监管部门掌握着责任划分的权力。而且，上级可以直接行使下级的权力，上级也可以收回下级的权力。比如说，对于事故调查，按照《生产安全事故报告和调查处理条例》（国务院493号令），有明显的事故调查规则，不同级别的事故有不同的调查主体。现在经常看到，基于对下级的不信任或者其他原因，动不动就“提级调查”。还有，很多工作，上级只图自己工作的方便、简单，完全不管不顾各地方、各区域的实际情况，对某项工作要求“一刀切”，造成个别区域、地方的工作前功尽弃。

三是形成压力型体制，而非指导型。压力型体制是“职责同构”模式在政府、在职能部门纵向结构的主要表现形式。在应急管理领域，下级应急管理部门是以上级为中心，以其布置的任务为主要工作目标。在整个上下级互动的过程中，各级应急管理部门都处于一个压力之下。所以，可以看到，层层发文、层层开会、层层分解责任。各级应急管理部门都把上级布置的任务和指标分解给下级部门，并通过考核来推行。但是，任务和指标的设定很随意，一些指标无关大局，对工作指导性不强。

三、纵向优化应急管理体系

有“职责同构”，也就有“职责异构”。“职责异构”是指政府间关系中，不同层级的政府在纵向间职能、职责和机构配置上各不相同。简单地说，就是在这种管理模式下，各级政府独立行使相应的权力并承担各自独立的责任，并且在不同层级、不同地域相应地配置不同的机构。对于中国的“职责同构”，有人提出效仿西方一些国家的“职责异构”，就是上级和下级政府和部门职责完全不同，下级和上级也没有隶属、指导关系。这种情况不适合中国这个幅员广阔、人口众多、须保持稳定统一的国家，不能照搬。当前，要结合中国实际，按照“八爪鱼”理论，调整、理顺不同层级的应急管理职责，优化应急管理体系。将层级应急管理体系简化，将多层体系简化为相互对应的上下级应急管理部门，比如国家和省、省和市、市和区、区和乡镇。如果将八爪鱼的主脑比作上级应急管理部门，那么下级部门就是具有独立思考能力的腕足。借助“八爪鱼”理论，我们可以把应急管理体系打造成为“统一指挥、专常兼备、反应灵敏、上下联动、平战结合”的中国特色应急管理体制。

（一）关于主要角色和工作内容

要按照“有所为有所不为”的原则，划分不同级别应急管理部门职责和内容，理顺上下级应急管理部门责任。按照从宏观到中观再到微观的特征，将不同层级的应急管理职责划分清楚。国家重点在宏观监督管理方面、省市级着重中观监督管理方面，而县乡镇级专注于微观监督管理。

宏观应急管理的主要工作是顶层设计，负责研究全国应急管理体制机制方面的问题，牵头制定全国安全生产和应急管理法律、法规，制定、完善相关标准，完善各级安全监管队伍建设等，重点解决全国性的应急管理问题，比如应急救援国家队、主力军的管理体制问题，应急管理体制机制、应急车辆和装备配置标准等问题。

中国各地差异太大，比如，广东省和新疆维吾尔自治区的应急管理工作重点差异非常大，广州市和云浮市也各有不同，所以中观应急管理就是要根据地方特点，制定地方标准、制度、要求，保障、支持下级部门开展应急管理工作而不是直接微观干预，着力于区域应急管理共性问题的解决，针对区域共性的问题加强地方立法，解决共性的问题。

微观应急管理就是县乡镇级的工作，着重于精耕细作，结合区域应急管理实际，直接进行微观干预，自主开展安全生产监管，自然灾害预防与应急处置等工作。

（二）关于统一指挥和上下联动

八爪鱼的主脑和副脑通过明确的规则实现统一指挥。第一种规则是分级指挥、分级处置规则，统一指挥并不是什么工作都要八爪鱼的大脑发出指令，如果什么指令都由大脑直接发出，估计这个大脑也承受不了。因此，八爪鱼建立了这种分级指挥、分级处置的工作规则，规定哪种条件、满足何种要求就由腕足自己决定措施、实施行动，大脑并不进行干预，而是“默默”地看。第二种规则是直接干预，当外界刺激达到了某种条件、某种标准，则由大脑发出具体指令，传达到腕足，实施统一指挥、上下联动，既可以要求某条腕足自主行动，也可以要求各条腕足按照要求协同行动，多线程作业。

应急管理部门的上下级关系也是如此，统一指挥就是要建立分级监管和应急处置规则，明确上下级的管理范围。比如，对于安全监管，可以采取分级分类监管制度，省里监管一部分重点企业，市里监管其余企业；对于市、县分工也是如此。通过分工明确工作规则、工作范围和工作标准。对于应急处置，同样规定在某种条件下，由下级处置，比如县在某种条件下自行处置，并将信息及时反馈到市；在达到某种条件、满足某种要求后则由市牵头进行处置，县退为执行者，与相关单位配合共同完成处置工作。不要无论大事小事，上级都要视频调度，直接干预。

（三）关于专常兼备、平战结合

八爪鱼的八条腕足上的吸盘就是八爪鱼的常规武器，单个腕足就可以运动、猎食、搏斗。平时，在无威胁时，八爪鱼基本上不会动用大脑，依靠腕足就可以处理日常问题。除此以外，八爪鱼还有特殊的技能，能够改变颜色、形态与皮肤质地，据说可以惟妙惟肖地伪装成海蛇、比目鱼、海星、狮子鱼、珊瑚、鳎鱼等10多种动物。这种专业技能的指挥系统就是它的眼睛和大脑，通过神经系统传导和控制，几乎可以在瞬间完成伪装。危险来临时，在调动各条腕足工作的同时，能迅速出击或者脱险。

对于相对应的上下级应急管理部门，下级是常规战斗的主力军，强调常规装备配备、常规技能培育，要求知识面广泛，什么都懂一点，不要求成为专家，但强调反应快速、高效；而上级则要强调专业干预，重点培育专业技能，着力在“专”上下功夫。在监管方面，下级负责“面”上的监管，但是对于疑难杂症就应该请上级给予教育、帮助或者直接干预。比如，基层打非治违所查获危险化学品的处置问题超越基层能力，上级就应该在这些方面下功夫，给出解决办法。在应急处置方面就更明确，一般性的应急处置下级就可以完成，但是对于特殊危险化学品或者非常专业的自然灾害处置，就需要上级派出的专业队伍进行处置。

（四）关于反应灵敏

对上下级应急管理部门来说，目前的信息交流反馈还是停留在电话和书面报送阶段，还没建立能够快速作出反馈、反应的信息系统，人在这方面还是占主要地位。应该建设应急处置信息化系统，开展自动监测、预警和自动智能干预是向“反应灵敏”发展的必由之路。县（区）、乡镇要在森林、地质灾害点、洪涝点等关键部位部署传感器，或者依托卫星进行监测，部署“神经元”实时采集信息。在基层建立独立的信息系统，通过“神经元”能够迅速感知并作出处理。上下级的信息系统能够实现数据实时交换，共同建立一个信息交互的多层次信息系统，而不是一个信息系统。这种多层次信息系统的实时信息交互不但能够保证信息的及时传递，而且又能保证每个信息系统独立自主的“思考”。

四、善因之

司马迁在《史记·货殖列传》一文中讲述了人具有物质和精神享受的天性，这种习惯已经很久了，无法改变。对此，“故善者因之，其次利导之，其次教诲之，其次整齐之，最下者与之争”，意思就是：“最高明的办法是顺其自然，其次是诱导他们，再其次是教育他们，又其次是直接干预，最愚蠢的办法是与百姓争利。”“善因论”经济思想跃然于纸上，司马迁主张按自然规律办事，让市场这只巨手去引导经济资源配置和商品流通。

案例

梁启超曾高度评价："《史记·货殖列传》，私谓与西士所说有若符合。苟昌明其义而申理其业，中国商务可以起衰。前哲精义，千年湮没，致可悼也。"梁启超认为，《史记·货殖列传》可以与亚当·斯密的西方经济学经典《国富论》相提并论。如果当年中国统治者和广大民众能够认识"善因论"并发扬光大，中国的自由市场经济就可以发展起来。如此自由经济思想无人理睬，最终淹没千年，后悔啊！

"善因论"主张政府负责制定法律、规则，首先是营造公平良好的市场环境，把发展产业、商业的主导权交给市场、交给企业。以中国的电子商务为例，国家对电子商务非常支持，才有了阿里巴巴、京东等电商企业在中国的高速发展。虽然后来也有不少问题，包括"大数据杀熟""二选一"等，但总体发展是非常不错的。其次是利益引导，制定优惠政策、扶持特殊产业超常规发展，如果方向对头，经济能够得到迅速发展，如果方向错了，那就适得其反。这些年，中国不少产业政策都非常有针对性、非常有效，无论是最早的家用电器，还是后来的互联网，乃至现在的生物产业，都有针对性的政策，帮助不少产业大踏步发展。再次就是教育，"术业有专攻"，如果政府三天两头组织企业开会学习，到企业视察，教育企业应该怎么做生意，这种典型的外行教育内行，企业不垮才怪。再差就是"整齐之"，直接干预企业经营，对不听话的动辄呵斥、处罚。以前有人谈到内地某些地方营商环境差，就说过"外商打成内伤，内商脱得精光"。最差的就是和企业争利了，好一点的购入企业股份参与经营，差一点的干脆另建特权企业抢利。

除了经济、商业外，司马迁的"善因论"在管理、教育、社会治理上也都能得到应用。以古论今，"善因论"在安全生产和应急管理工作中也可以找到用武之地，优化应急管理体系内上下级关系，都是可以运用"善因论"的。

最低层次是"与之争"。最为常见的就是把工作任务、工作要求"一揽子"往下推，自己发号施令，或者就当"二传手"。一旦工作有起色，有成绩，就一股脑地往自己身上揽，把成绩归功于自己。如果工作没有做好，出了问题，上级可不会大包大揽，而是把责任往下推，全部要求"属地负责"。

第二层次是“整齐之”。由于上下级之间没有明确的工作边界，下级的事情上级都可以管，都可以插手。按照现有模式，有好处时，上级直接干预，要求下级这样那样，要求下级不讲条件，不讲代价，一定要怎么怎么干。或者是“提级处理”，把权力往上收。事实证明，上级越俎代庖的效果远不如下级干得好。

第三层次是“教诲之”。这是当前最常见的手段，上级普遍认为下级水平低，对下级能力存在天生的不信任，需要上级对下级的长期培养、教诲。上级在宏观管理、经验方面确实非常强，但是，在一线监管工作上，在基层社会动员等方面，由于下级天天和事务性的工作打交道，在实际问题处置能力上并不一定比上级差，甚至在某些方面的能力远远高于上级。但是，很多时候还是不得不听从上级教诲的。

第四层次是“利导之”。上级通过年终考核这根“指挥棒”来引导下级做工作。如果按照上级的要求做，就能够在年终获得一个好成绩。但是，很多时候考核指标简单、粗暴、短视，带来的却是安全生产工作在低水平徘徊，这种“利导之”没有起到应该起的作用。如果考核科学、考察全面，有助于长期改善安全工作，有助于建立持续改进、不断向好的机制，这样的“利导之”是非常好的，要坚持。早年，笔者对乡镇（街道）考核，感觉只以一般工作来考核，大家的成绩都差不多，没有办法区分“好”或是“差”，导向性不好。于是，就重新设计了考核分数结构，在常规项设置了90分，另设10分为创新项目，鼓励乡镇（街道）在工作方式、方法上创新，结果乡镇（街道）在宣传教育、执法、社会动员上各显神通、奋勇争先，取得了不错的效果。

第五层次，也是最高层次，是“善因之”。上级制订好工作规划、原则，建立好上下级分级工作机制，各有各的任务，各有各的内容。上级负责指导下级工作，指点方向、提出任务，给下级在既定的范围内足够的自主权，按照辖区特点尽全力开展工作，出新招、干实事。对于下级的创新，作为上级应该支持、帮助。笔者所在单位推行的创建安全社区就是按照这个思路开展的。

1989年，世界卫生组织召开第一届世界安全社区大会，发布了《安全社区宣言》，正式提出“安全社区”这个概念。

案例

世界卫生组织给出的“安全社区”的定义是，安全社区是指一个有安全促进项目的自治市、县、城市、街道、社区或者小区。这些安全促进项目包括伤害、暴力、自杀以及自然灾害引发的伤害预防等工作，覆盖社区全部区域，包括男女老幼。如果该社区的安全促进工作得到国际安全社区网络的认证，那么该社区就是安全社区。安全社区进入中国以后，其内涵得到了进一步的深化。国内对安全社区的定义是，建立了跨部门合作的组织机构和程序，联络社区内相关单位和个人共同参与事故与伤害预防、控制和安全促进工作，持续改进地实现安全目标的社区。

自2009年起，广东省广州市萝岗区、广州开发区就开始了这项工作，鼓励所辖全部6个乡镇（街道）创建安全社区。历时7年，截至2016年，全区6个乡镇（街道）都是“全国安全社区”，其中5个街道还被世界卫生组织国际安全社区促进中心授予“国际安全社区”称号。区安全监管局是安全社区工作的统筹和指导者，强化对乡镇（街道）安全社区建设的全过程进行统筹，强调阶段工作的落实，步步为营、步步为赢。在建设中，会遇到方方面面的问题，区安全监管部门经常深入乡镇（街道），对建设进行指导与辅导，帮助解决遇到的问题与难点，如伤害分析、干预项目设置与实施、评价及报告撰写等。

安全促进项目都是问题导向的，有什么问题才会有什么项目。在强化社区诊断的基础上，各乡镇（街道）均按照实际要求，针对辨识出来的重点问题设置促进项目。如，夏港街道利用辖区优质企业资源开展了企业园区促进项目；东区街道整合草根社会公益组织，针对外来工开展了“幸福工坊”服务项目；萝岗街道针对企业八小时以外安全开展了“乐飞家园”外来工集中居住项目；联和街道充分利用家庭综合服务中心，针对弱势群体开展服务，共创“联和一家”；永和街道集中解决村民危旧房，完善安全基础设施，推进了“禾丰新村”项目建设；九龙镇针对乡村基础设施和卫生设施差的问题，推进了“美丽乡村”建设。

安全监管部门作为上级业务指导部门，在乡镇（街道）之外，既见树木，又见森林，能够看到乡镇（街道）工作的不足，帮助乡镇（街道）及时对阶段性的建设工作进行评价、总结，找出薄弱环节或难点，不断改进。乡镇（街道）拥有足够的自主权，可以结合各自优势，针对区域特色，按自己的思路推进工作，效果非常好。

第七章 7

乡镇（街道）是应急管理工作的主战场

本章概要

乡镇（街道）是中国应急管理工作的主战场。当前乡镇（街道）应急管理能力现状不容乐观。要从立法、机构、工作保障和人员保障等方面加强基层应急管理工作建设，尤其是要打通“最后一公里”，将应急管理触角延伸到社区（村）。

据统计，截至2019年底，全国共有县（区）2846个、乡镇（街道）38727个。乡镇（街道）面积有大有小，最大的是新疆巴音郭楞蒙古自治州若羌县的祁曼塔格乡，面积达6.56万平方公里，相当于广东省（17.97万平方公里）的三分之一；最小的街道不足1平方公里。人口有多有少，最多的是河北省三河市燕郊镇，常住人口达75万人，如果算上流动人口，超过了120万人。广东省东莞市不少乡镇（街道）规模都超过了60万人。人口最少的是西藏自治区山南市隆子县玉麦乡，人数最少的时候只有9人，截至2020年12月，玉麦乡共有67户234人。城市人口密度高，街道辖区人口也多。全国人口密度最大的城市是深圳市，全市面积为1997.47平方公里，有57个街道，人口密度为6730人/平方公里。平均每个街道35平方公里，约有23.55万人。如果按照全国14亿人口来简单平均，全国每个乡镇（街道）管理人口约3.615万人。乡镇政府是中国最基层的一级政府，街道办事处是县（区）的派出机构，可以说，乡镇（街道）是中国行政管理工作落实的主战场，也是应急管理工作的主战场。

一、应急管理工作的主战场

（一）上面千条线，下面一根针

按照《宪法》规定，中国行政体制是中央—省—县—乡镇四级架构，但是在实际中是中央—省—市—县—乡镇五级架构。无论是怎么划分，乡镇（街道）都是最基层的一级架构，直接面对群众。浙江省温州市《温州日报》2020年7月28日报道显示，在基层减负的背景下，2020年1至6月，温州市鹿城区五马街道共收到上级文件965份，同比下降23.08%。据此推算，以往年份街道收到上级文件应该超过2000份，平均一个工作日约10份。这是全国乡镇（街道）的一个缩影，从中央到地方，无论哪个部门，最后的工作都要落实在乡镇（街道），正所谓“上面千条线，下面一根针”。应急管理工作也是如此，最终还是要落实在乡镇（街道）。

（二）乡镇（街道）是安全监管工作主力

乡镇（街道）承担了安全监管的大部分任务，是安全监管工作的主力军。

案例

广州市黄埔区推行“一个企业一个监管主体”的安全监管模式，区应急管理局和乡镇（街道）各有各的监管清单，互不重复、责任清晰。其中，3000家规模以上企业中的480家重点、难点企业由区应急管理局直接监管，剩下2400多家规模以上企业和5000多家小企业、小加工点、小作坊由乡镇（街道）监管。数据显示，2019年全区全年共检查企业51867家次，其中乡镇（街道）检查50872家次，占总数的98%；发出责令限期整改指令书3257份，其中乡镇（街道）发出3045份，占总数的93.5%；共办理一般程序案件219宗，其中乡镇（街道）办理168宗，占总数的76.7%。

（三）乡镇（街道）实际处理了大量应急相关事务

“海因里希法则”指出，在事故中，死亡及重伤、轻伤、无伤害事故的比例为1∶29∶300。笔者长期从事应急和事故处理工作，所接报处理的大多是死亡事故或者死亡事件，大多数重伤、轻伤事故都由乡镇（街道）同事直接处理了。世界灾难和急救医学协会理事长科比·佩雷格说：“数据显示，50%～95%的瓦砾下的幸存者，是由家属、邻居、志愿者及非专业救援人员救出的。”从应急救援的角度来看，这句话清晰地说明了，应急管理主战场在乡镇（街道）。

二、乡镇（街道）应急管理能力现状

（一）机构

1. 安全监管机构。新一轮机构改革以前，全国各地不少乡镇（街道）都成立了安全监管科室或者依托相关科室设立了安全生产监管队伍。但是由于基层力量所限，不少地方通过招聘政府雇员或者专职安监员从事安全生产监督管理工作。由于这些工作人员不是公务员或者事业编制，不能执法，安全监管队伍只能开展巡查、情况报送等工作，手段和办法有限。广东省是2009年在当时的广州市萝岗区开始试点，在广州、深圳两个城市突破，给乡镇（街道）雇员和专职安监员办理了安全生产行政执法证，由区安全生产监督管理局委托乡镇（街道）开展安全生产行政执法工作。此后，这两个市的安全生产检查、办案甚至处罚金额直线攀升，安全生产状况得到一定程度的改善。但是，放眼全广东省，乃至全国，相当多的省、市因为执法证无法突破，乡镇（街道）层级的安全生产行政执法能力得不到保证。

2. 应急管理。到2019年底，全国县级以上机构改革完成后，大多数乡镇（街道）机构改革仍未启动。应急管理涉及安全生产、防汛防风、森林防火、抗震救灾等，分别分布在安全经济办公室、城市管理科、社会事务科等不同科室。应急管理工作任务重、责任大，干好了无人感觉，干差了却要追究责任，遇到一些没有明确归属的工作，谁都不想接，导致分管领导、相关科室经常扯皮，迟迟定不下来，需要乡镇（街道）主要领导拍板定夺，工作效率大打折扣。到2020年，乡镇（街道）机构陆续启动，有的地方设立了应急管理办公室，但是职能增加了多项，人员却没有增加，还是原班安全监管人马，力量捉襟见肘。社区居委行政化严重，居委与居民间的联系不够，“最后一公里”没打通，关键时刻群众动员能力不足。

（二）执法

机构改革以前，在安全生产监管领域，为了推进乡镇（街道）安全生产工作，绝大多数地方采取由县级安全生产监管部门委托乡镇（街道）行使安全监管职权，以县级应急管理部门的名义行使一定的行政处罚权（比如10万元以下），保证了乡镇（街道）安全生产工作的正常推进。

但是，2021年乡镇（街道）执法有了新情况。以广东省为例，广东省在乡镇（街道）推行综合执法改革，将法律、法规、规章规定的由县级人民政府及其行政执法部门行使的行政处罚权，除专业性和技术性强、乡镇（街道）无法承接，或者工作量较小、由县级集中行使成本更低的事项外，按照“实际需要、宜放则放”的原则，可以按有关规定调整由乡镇（街道）实施。重点调整实施自然资源和规划建设、生态保护、市场监管、卫生健康、镇区和乡村治理、农业技术推广使用等方面的行政处罚权。虽然没有明确安全生产行政处罚权也由乡镇（街道）行使，但是乡镇（街道）政府雇员、专职安监员的执法证将收回，使得安全生产行政执法也必须由乡镇（街道）配备的综合行政执法人员行使。由于安全监管队伍不持证，除了一部分还继续开展巡查外，相当一批人将从事其他工作，离开安全监管和应急管理队伍。总体来说，未来乡镇（街道）的安全生产行政执法人员将大大减少，对日常企业安全监察缺乏足够的频次和手段，可能带来巨大的风险。

在消防领域，消防执法工作由公安消防机构（改革后叫消防救援机构）负责。在基层，按照2009年出台的《消防监督检查规定》（公安部107号令）要求："公安派出所可以对居民住宅区的物业服务企业、居民委员会、村民委员会履行消防安全职责的情况和上级公安机关确定的单位实施日常消防监督检查。"新的《消防法》也明确了："公安派出所可以负责日常消防监督检查、开展消防宣传教育，具体办法由国务院公安部门规定。"在实际工作中，消防监督工作却通过《责任书》签订的方式落实到不具备执法资格的乡镇（街道）。由于消防部门不能委托乡镇（街道）执法，导致乡镇（街道）只有责任没有权力，发现消防隐患处理不了，只能上报。但是，很多时候上报的隐患却又以督办的名义返回到乡镇（街道）处理，进入一个死循环，导致很多"三小"场所的消防风险迟迟得不到管控。

（三）工作保障

"兵马未动，粮草先行"，经费保障非常重要。这些年来，相当多的乡镇（街道）安全监管经费并未随监管难度、范围和要求提升而增加。

案例

广东省广州市黄埔区从2006年开始，每个乡镇（街道）列支的安全生产专项经费预算为20万元，这个标准一直沿用到2021年。16年来，地区生产总值、工业总产值、管理人口增加了4倍，如果再算上通货膨胀，实际经费未增反减。

安全生产和应急管理工作，使用专门应急和执法公务车可以方便快速辨识、高速通行和有效监督，但是由于对一般公务车的限制，各地乡镇（街道）能够解决公务用车编制的车是少之又少，更别说专业应急指挥抢险车了。不少地方通过租赁新能源车来解决日常执法和应急管理工作用车需求，但是有的车辆类似于旅游景区电瓶车，在车水马龙的公路上行驶，一旦出事，就是大事。在实际工作中，不少乡镇（街道）分管领导是开自己的私家车去检查，标识不清楚，容易让人误解，非常不方便。遇到严重洪涝灾害、森林火灾等，乡镇（街道）几乎没有水陆两栖专用车、山地越野消防车等特种车辆，自行组织救援能力不足。物资方面也是如此，目前大部分乡镇（街道）只储备了少量的常规物资，比如防汛编织袋、手推车、救生衣、救生圈等，但是由于没有仓库或者专门的仓库使用经费，加上管理不善，有的物资直到报废都一直堆在角落里。

（四）人员保障

街道护林、防汛等自然灾害防治队伍人员素质不高，大多只有初中文化程度，而且，年龄偏大，大部分队员都在50岁以上，寄希望他们在没有自动化装备的情况下，肩扛背驮沉甸甸的油锯、水泵、水带翻山越岭确实是有点勉为其难。由于属于临聘人员，待遇不高，在广州这样的城市一个月3000～4000元的收入，很难让其有锻炼体能、钻研业务和提高能力的动力。相对来说，乡镇（街道）安全生产监管队员相对年轻，大都有本科、专科教育背景，个别甚至还是硕士，文化程度较高。经过多年的培训和实践工作锻炼，具备了一定的安全生产行政执法、应急管理工作能力。如果基层能够留下这批人，非常有利于基层安全生产和应急管理工作。但是，由于相关政策的约束，这批人的待遇也偏低。广州的专职安监员队伍的工资一年在7万元左右，拿到手每月4000元左右，只能维持基本的生活。所以，这些年，每年乡镇（街道）专职安监员流失率为10%～20%，不少队员刚刚能够独立办案，就另谋高就了。

三、加强乡镇（街道）应急管理能力建设

（一）立法

要从根源上解决问题，必须实施顶层设计，加强立法，解决乡镇（街道）执法权限、资格和覆盖领域的问题。

在应急管理领域，要制定《公共安全法》或者《应急管理法》，明确应急

管理处置的是事故灾难和自然灾害。把执法主体下移至乡镇政府，由县级政府委托街道行使执法权。应出台《企业安全法》取代《安全生产法》，明确管辖的范围是企业，赋予乡镇政府执法权，由县级政府委托街道行使执法权；同样应出台《自然灾害法》，赋予乡镇（街道）相应的执法权。

根据新的形势，突破申领《行政执法证》的人员要求，重新诠释“在编在职人员”，扩大范围，将政府雇员、专职安监员等长期从事安全和应急管理的工作人员纳入在职人员体系，彻底解决基层执法人员严重不足的问题。

解决乡镇（街道）在消防等领域有责无权的问题。以消防为例，修改《消防法》，特别是强化消防救援机构“消”的职能，彻底将“防”的职能剥离开交给地方政府。在乡镇（街道），消防执法权下放到乡镇（街道），统一行使对本辖区的安全生产监督和应急管理职责。

（二）机构

立法比较漫长，结合实际，前期要先做一些机构方面的改革。

当前，应急值守的任务和要求都比较高，可以考虑在街道设置由乡镇（街道）党政办公室管辖的街道总值班室（指挥中心），配备24小时专业值班人员（组），作为乡镇（街道）应急管理、维稳、城市管理等工作的信息枢纽。当然，重点是要设置应急管理办公室，统筹乡镇（街道）应急管理工作。可以根据乡镇（街道）特点设定不同配置的机构。

第一类是纯居住区的乡镇（街道），比如城市中心区的街道和边远地区的乡镇，没有工业企业，最主要的工作就是做好消防、自然灾害防治和应急管理工作。这类乡镇（街道）主要是整合分散在乡镇（街道）各科室的力量、联防队员，组建一支乡镇（街道）、社区应急巡查队，日常巡查消防和灾害风险点，处置力所能及的问题。出现险情时，变身为初级灾害应急处置队伍，打早打小。

第二类是纯工业区，主要问题是安全生产。要保留和加强乡镇（街道）安全生产执法队伍，县级应急管理部门通过委托执法让乡镇（街道）有安全生产执法权，平时加强日常监督，在给定权限内自行处理安全生产方面的问题。权限以外的问题及时上报县级及以上应急管理部门。出现安全生产应急事件时，及时自行处置，同时上报上级部门开展相应工作。

第三类是居住区和工业区兼而有之，这也是大多数乡镇（街道）共有的特征。由于安全生产是应急管理领域的重要组成部分，事故发生频率高、死亡人数较多，所以，安全生产基本盘不能动摇，要保留和加强安全生产监管力量。同时，要整合分散在乡镇（街道）各科室的力量、联防队员，组建一支乡镇（街道）、社区应急巡查队，开展日常巡查和防治工作。出现险情时，变身为初级灾害应急处置队伍。有条件的，还可以成立专职消防队，专门开展火灾预防和灭火工作。这样，在乡镇（街道）同时有两支或三支队伍分别从事安全生产、消防和应急处置工作，由应急管理办公室统筹，实现应急管理工作的无缝对接。

（三）工作保障

因地制宜，在乡镇（街道）设立应急管理专项业务资金。国家、省市县财政和应急管理部门设立资金标准，比如，按管辖人口或常住人口数每人每年10～30元，或者按照当地工业总产值的1%～2%，或者设计一个综合考虑人口、经济状况、面积等因素的公式来作为经费参考标准，保障灾害防治、安全监管、值班值守和应急抢险。“天下功夫，唯快不破”，要在公务车严控的基础上，因地制宜，为不同乡镇（街道）配备相适应的应急专用指挥车、救援车、水路两栖抢险救援车、山地越野消防车等特殊车辆。制定乡镇（街道）、社区常用装备和物资储备规划、品种目录和标准，建立动态补全机制，建设乡镇（街道）中心仓库和社区仓库，就近、就地储存应急物资，实现5分钟应急响应。

（四）人员保障

安全生产和应急管理工作要每天24小时有人员值班值守、备勤、处置突发事件，经常面对生与死的考验。留住人才，就要提高他们的待遇，让他们能够安心工作，有职业荣誉感和归属感。要参照公检法、政法和司法部门的政法补贴政策，从顶层设计入手，给予在乡镇（街道）从事安全生产和应急管理工作的行政编制、事业编制人员应急专项补贴。对于大量在乡镇（街道）从事安全生产和应急管理工作的政府雇员和专职安监员、临聘人员，要出台政策，在现有基础上大幅度提高工资标准，比如提高到1.5～2倍。除此以外，也要给予应急专项补贴。对于非工作时间的值班、加班、抢险救援工作人员还要保证值班、加班费。为乡镇（街道）所有安全和应急管理工作人员购买商业人身意外伤害保险，让他们少一点后顾之忧。

四、打通“最后一公里”

如果把应急管理体系调转过来，从中央到省、市、县，再从乡镇（街）到社区的“金字塔”式体系就变成了“倒金字塔”，社区（村）成为“倒金字塔”的顶层。在上级支持下，社区居委（村委）可以自主推行“接地气”的安全应急管理工作措施。但是，社区居委（村委）自主组织居民改善安全条件、提升应急管理能力绝非易事。

当前的社区居委（村委）存在双重属性，一是基层自治组织属性。社区居委（村委）是居民（村民）自我管理、自我教育、自我服务的基层群众性自治组织。二是行政管理属性，大量行政事务性工作重心下移，不少行政服务类、管理类职能进入社区。在实际运作中，具有“双重身份”的居委（村委）更多的是扮演国家基层行政单元的角色，其自治属性难以体现。

党的二十大报告指出，要“要建设人人有责、人人尽责、人人享有的社会治理共同体”，针对基层治理，提出“加强社区治理体系建设，推动社会治理重心向基层下移，发挥社会组织作用，实现政府治理和社会调节、居民自治良性互动”。显然，实现包括安全生产和应急管理在内的基层治理就要在社区居委（村委）双重属性的前提下实施。

当前社区（村）的安全生产和应急管理工作是靠行政力量推动的，比如一些地方在村（社区）设立安全管理办公室、微型消防站等，把触角延伸到了社区（村）。但是，社区（村）安全工作只是社区居委（村委）的工作，居民、社区相关单位更多的是作为“被管理对象”，没有参与的动力。社区居委（村委）与居民、社区相关单位之间少有互动。因此，要做好社区（村）的应急管理工作，一方面要充分发挥当前居委（村委）“行政化”优势，争取上级给予社区居委（村委）政策、资源、技术等方面的支持，拨付经费、加强培训和提升能力。另一方面，要积极利用基层的自治属性，提升基层应急管理能力。如何提升社区自治能力，下面的内容或许能给我们一些启示。

（一）强连接和弱连接

20世纪60年代晚期，哈佛大学的一个研究生麦克·格兰诺维特通过调查研究美国马萨诸塞州牛顿镇的居民如何找工作来探索社会网络的运行。他发现，在社会中，每个人接触最频繁的是自己的亲人、同学、朋友、同事，相互之间关系非常密切、互动也很多，这是一种“强连接”；同时，每个人还存在另外一类社会关系，认识、知道某个人，但是只限于点头之交的一种关系，叫作“弱连接”。他非常惊讶地发现，在找工作的过程中，那些关系紧密的朋友反倒不如那些弱连接的关系所发挥的作用大。

笔者有两个朋友，互相不认识。有一天，我和其中一个朋友吃饭，另外一个朋友也到这个餐馆吃饭，他们俩因此见了第一次面，聊了几句，然后就几个月没有再相见。不久，一个朋友要做一个泳池工程，想起那天和我吃饭的另一个朋友从事的是游泳相关工作，就让我牵线咨询。后来，他们俩居然合作完成了这个工程。

格兰诺维特还在美国波士顿两个相邻的社区做了一项很有意思的研究。

案例

一个社区是意大利裔社区，强连接特别多，今天你到我家吃饭，明天我去你那里玩，很有人情味。慢慢地大家发现老詹姆斯家和老乔丹家经常往来，就把他们划为一个圈子，其他人反而就不太愿意请他们来吃饭了。而紧邻的是一个德国裔社区，大家相敬如宾，谦谦君子，社区内会举办各种音乐会、体育团、家长会，其乐融融，家与家之间以弱连接为主。

格兰诺维特发现德国裔社区那边形成了一整片连在一起的弱连接网络，而意大利裔社区渐渐地形成了好多孤岛状的断点网络。

有一天，当地政府计划在两个社区中搞城市“三旧”改造。意大利裔社区的居民群情激愤，跑到社区管委会去抗议，组成敢死队去阻止拆迁工人，但是旧屋最后还是被拆掉了。德国裔社区里的居民则组成很多志愿性团体，动员了各种各样的关系，有的人去找媒体，有的人去找市政府游说，有的人刚好认识市长，就想办法直接陈情，最后反而德国裔社区没被拆掉。

格兰诺维特认为，强连接会形成孤岛状的断点网络，弱连接则会形成一整片连在一起的网络。格兰诺维特认为，强连接、弱连接各有优势。强连接连接的是核心部门，强连接会给你带来团队、最重要的资源和最核心的战斗力。比如政府及其部门，大家的价值观相近，心往一起想、劲往一起使。但是，如果只有强连接，社会网络就会被独立成众多可以被各个击破的孤岛，再有力的点也只是一个点而已。恰如文章《一个抗洪干部的哀叹：我们水中干，百姓看翻船》中所描述的，政府一家在忙，老百姓则认为这是政府的事情，不是老百姓的事，反而袖手旁观。而弱连接则可以将相关资源连成一张大网，形成可以协同的整体系统，再小的点连接起来也是一股强大的力量，通过形成网络，大量构筑弱连接，形成强弱连接浑然天成的一张“网”，把不同主体的作用放大，就会产生n个1大于n的效果。

弱连接要形成，最关键是要有“桥”。“音乐会”“体育团”等社区集体活动就成了德国裔社区的“桥”，在德国裔社区里面形成了弱连接，进而织密一张“网”。社区治理要实现“共建共治共享”，就是要建设一座“桥”，让社区居民、相关单位形成广泛的弱连接，安全社区就是这样一座“桥”。

安全社区通过在社区建立跨界合作组织机构，把社区成员、单位、志愿者纳入，共同解决社区的安全问题。安全社区要成为“桥”的前提是它能够给参与方带来好处，能够实现“共赢”“多赢”，这样的“桥”才是可持续的。

安全社区工作有多重好处。从社区居委（村委）的角度看，安全社区工作并不是另起炉灶，增加社区负担，而是从“伤害干预”的角度全面介入社会治理工作，实现社区的应急管理体系和治理体系完全融合，并不会增加太多额外负担。比如说，我们经常讲残疾人工作，不管搞不搞安全社区，社区都会按照上级要求去做残疾人无障碍设施建设工作。但是，做安全社区工作，就要求根据残疾人安全风险和伤害数据进行科学分析，提出具体的无障碍设施需求，减少残疾人伤害。所以说，安全社区工作是从伤害流行病学的角度出发，全方位介入社会治理工作，优化提升本职工作质量。如果说一定有不同的话，那就是思维、措施和评估方式更加科学。

毋庸置疑，从社区内相关单位的角度看，安全社区工作有利于提高自身安全工作水平。另外，积极参与安全社区能够和周边政府机构、社会组织、企事业单位加强沟通、协调，等于多了一个免费的交流平台。有的企业虽然相邻，但是因为没有渠道，有的企业员工可能从来不会踏入别的企业大门一步。安全社区还能够帮助企事业单位在相关事务中减少协调成本，降低企业守法成本，提升企事业单位对外部资源的整合能力。对于个人而言，参与安全社区能够实现个人价值。随着经济发展和社会进步，越来越多的人乐于参加社会志愿活动。在家门口做志愿者，奉献社会、利人利己。同时，这座“桥”能够让参与者得到身边人、社区居委（村委）的认可，创造新的“朋友圈”。

（二）打通应急管理“最后一公里”的载体

应急管理的主战场在基层。应急管理体系由风险评估体系、预防体系、预警体系、应急处置体系和灾害恢复体系组成。当前的应急管理体系只是延伸到乡镇（街道），远远不能满足现实的需要。因此，应急管理的纵向体系还要打通“最后一公里”，将应急管理体系从乡镇（街道）延伸到村（社区）、自然村（经济社）、小区，直到家庭，建立一线自救互救体系。这是因为应急管理体系绕不开社区。

一是风险评估绕不开社区。安全经验告诉我们，致死的因素并不是都那么复杂，一个小小的井盖可能就会带走一条生命。安全治理就是风险治理，有人的地方，就有安全风险。任何风险源最终还是落地在具体的社区。未来的风险评估，不只是工业风险源，还包括地质、火灾、洪涝、交通事故等风险源。未来的风险评估，也不能只靠专家，也没有那么多专家去做这项工作。一定要建立标准，让社区专职工作人员具有一定的能力和经验，可以通过“望闻问切”来进行风险评估，让社区群众具有相应安全知识，可以提供线索，并形成社区安全风险地图。所以，风险评估体系离不开社区。

二是预防离不开社区。基于上面提到的风险源最终都会落在社区，预防要从源头开始，实施“源头治理”，绕开社区，那就是“无本之木、无源之水”。只有把预防体系下延至社区，延伸至企业、单位，延伸至城市的居民小区、农村的自然村，再往下延伸到家庭，才能形成以源头治理为核心的预防体系。

三是预警体系立足于社区。风险源在社区，谁最先了解风险源是否有现实的危险？是上级部门吗？肯定不是，一定是最基层的工作人员和群众。

案例

广州某一小区有一个五六岁的小孩因为贪玩往电梯缝隙里塞木板等异物，造成电梯故障，他自己也被困在电梯里，好不容易才从电梯的门缝里面挤出来，万幸没有造成伤害。物业工作人员发现后，立即将监控视频通过小区微信群发出来。业主们震惊了，纷纷发言要求加强对小孩的教育和监督，防止类似事件再次发生。

这次事故是给小区所有家长的一个预警，让家长加强对小孩的教育，防止犯同样的错误。预警体系如果做不到落脚在社区，那就是无警可预。快速发生的突发性事件可能感觉不出来预警体系的威力，但是对一些慢性危机（如地陷），预警的作用就体现得非常明显了。因此，不立足于社区，就谈不上预警。

四是应急处置体系最快就是基层。笔者看过一个实验，在房间里点燃可燃物，1分30秒不灭火就会错过最佳时机，2分20秒不逃生就会发生轰燃，此时逃生的概率为0。我也听说过一个经验性的说法，火灾如果5分钟内灭不了，基本上就只能等它烧完，控制火势不蔓延就行了。这说明初生事故的处置多么重要！所以，在广州不少城中村中可以看到保安骑着自行车带着灭火器，虽然非常简陋，但是关键时候能解决大问题。

五是灾害恢复依靠社区。灾害恢复需要政府的大力投入，恢复供水、供电、供气、道路、通信等基础设施，但是离不开社区的理解、组织和配合。社区、家庭的恢复，主要依靠社区的组织。因此，只有政府、第三方组织、社区等多方配合，才能快速顺利地恢复生活和生产秩序。

因此，要结合应急管理工作特点，通过相应的载体、平台在社区延伸应急管理体系。目前，安全社区和全国减灾示范社区就是打通应急管理体系“最后一公里”的合适载体。

安全社区理念来自世界卫生组织，全国减灾示范社区是指符合国家《全国减灾示范社区创建标准》，具备一定的防灾减灾能力和应急管理水平的社区。

安全社区、全国减灾示范社区各有特点。相比而言，全国减灾示范社区着眼于当前实际，相对来说更强调“静态”，其标准强调的是现有条件下的绝对指标，比如要建立应急避难场所、要有预案等，是一种结果导向。而安全社区立足当前、着眼未来，更强调“动态”，主张建立持续改进机制，提出相对指标，持续改进，是一种过程导向。更重要的，在组织架构方面，全国减灾示范社区几乎完全依靠行政力量、行政资源来推动，安全社区则强调要建立一个跨界合作机制，将党委政府及其相关部门、学校、企业、社会组织、居民、志愿者都纳入这个机制，形成党委政府主导，市场和社会成为社区安全治理主力的格局，起到行政力量一家起不到的作用。

实现应急管理体系和应急能力现代化，乡镇（街道）、社区是主战场，强化基层基础工作至关重要。当前，一个比较好的选择就是把安全社区和全国减灾示范社区结合起来，在乡镇（街道）、社区推进基础建设，建设“新时代安全社区”，既强化行政力量的作用，加强基础安全设施、设备等硬件的投入，又要建立跨界合作机制，形成协同合作的网络；既要满足当前实际安全需求，提出具体的建设指标，又要按照“动态管理”要求，形成持续改进机制；既要注重过程，实施评估、改进，也要满足基本工作要求，强调工作的“量”。乡镇（街道）、社区作为整个应急管理体系建设最重要的一环，要以“新时代安全社区”为打通“最后一公里”的载体，在乡镇（街道）、社区建立起生产安全事故灾难和自然灾害预防、治理、自救、互救体系，为整个国家的应急管理体系奠定最坚实的基础。

（三）新时代安全社区

安全社区与全国减灾示范社区都是夯实基层安全基础工作和提升应急管理能力的重要载体，在科学性、实用性和有效性方面，各有特点、各有千秋。在当前“大安全”“大应急”的背景下，可以把两者结合起来，取长补短，建设新时代安全社区，切实提高社区层面的安全水平，筑牢安全基石。

安全社区与全国减灾示范社区有不少共同点，比如都要开展灾害风险评估、关注脆弱人群、开展宣传教育等。但是也有区别，主要包括以下五个方面。

一是角色发挥方面，安全社区倡导跨界合作，鼓励居民、志愿者主导和发挥骨干作用；而全国减灾示范社区则强调政府主导，居民是工作对象，主要任务是配合。

二是资源整合方面，安全社区倡导多方资源整合，资金、人力、物力多元化；而全国减灾示范社区主要依靠政府资源投入。

三是工作内容方面，安全社区只有方向性的指引，没有明确规定具体干什么工作；而全国减灾示范社区则有具体的工作内容和数量要求，特别是对应急管理工作有细致的安排。

四是长效机制方面，安全社区非常关注能否形成持续改进的长效机制；全国减灾示范社区则是以创建为主，缺乏持续推动机制。

五是安全社区强调全灾种预防，以项目化解决问题为主；而全国减灾示范社区更强调应急处置工作。

因此，新时代安全社区可以综合两者优点实施，既满足两者发展目标，又能形成有效机制，实质性地改善社区安全条件。

安全社区在国内经过多年发展，逐渐形成适应中国特点的一套做法，其理念可以简化为四句话：跨界合作、资源整合、全员参与、持续改进。在新时代安全社区建设中，仍然可以照此推进。

1. 跨界合作

多中心治理理论认为，在当今世界，对社会问题的治理只靠某个主体是不行的、不足的，必须充分发挥政府、市场、社会等各个治理主体作用，实现多方协同，才能治理好。安全社区强调跨部门合作就是基于这个理论，充分发挥各方参与者的作用，提升社区安全条件。社区安全工作不只是社区居委（村委）的事情，也是社区辖内所有单位和居民的事情。因此，要推进这项工作就是要把辖区所有单位和居民纳入合作体系。

首先，要搭建跨界合作架构。要成立安全社区（全国减灾示范社区）促进委员会，在社区居委会的推动下，可以把辖区有关单位相关负责人、社区居委相关干部、居民代表、志愿者、社会组织代表一起纳入。委员会主要负责人可以是社区居委会相关负责人，也可以是居民代表、社会组织代表等热心人士。促进委员会在社区安全方面要有权威，能够决定相关资金的使用，可以改善社区硬件，也可以购买应急物资，还可以用于应急加班等方面。

其次，要明确合作内容。在促进委员会架构体系中，可以再针对具体工作，下设相关工作组。例如，针对社区可能存在的道路交通安全、居家安全、老年人伤害、自然灾害等问题设立专门的工作组，这些组的工作具有一定的专业要求，应该由专业人士或者志愿者负责，纳入相关单位和人员，共同开展灾害风险辨识，明确具体风险清单、排查脆弱人群，从人的行为、非个体所能控制的环境、教育和组织的角度、管理和政策等4个方面进行分析，提出某个领域的长期工作计划，或者针对某一类问题提出项目化的治理措施。①

比如，针对社区消防工作，项目组可以将专业消防人员、燃气公司工作人员等专业人士纳入，组织开展包括楼梯间、停车场、电梯等在内的公共场所和居民家庭的消防诊断，针对存在的问题实施干预。从人的行为方面，可以提倡老火靓汤设置闹钟定时、推行电动车集中户外充电等措施；从环境方面，可以增加和维护保养灭火栓、灭火器，定期更换燃气灶软管；从教育和组织角度，重点对老年人开展用火教育和提醒服务，提醒和劝导车主不可在室内和楼道充电等；从管理

① 王书梅．社区伤害预防和安全促进理论与实践[M]．上海：复旦大学出版社，2010.

和政策方面，可以要求规范建设社区专门设置的可充电的公共露天停车棚，组建消防队伍加强巡查管理等。

2. 资源整合

安全社区是从伤害干预的角度介入基层社会治理工作，其工作涵盖了基层很多社会事务。资源整合，就是要善于借助、利用各种资源开展社区安全治理，落实党中央关于基层社会治理“共建共治共享”的要求，提升社区安全水平和治理能力。资源整合要从以下方面拓展。

一是经费多元化。为了推进安全社区发展，政府要有一定的资金支持。安全社区是从伤害干预的角度介入社会治理工作，其他相关资金的使用也可以纳入这个范畴。但是，安全工作无止境，财政经费总归是有限的。社区有不少企业、商户具有一定的社会责任感，愿意无偿为社区改善安全、优化环境付出，可以发动他们捐钱捐物。当然，安全社区促进委员会要用好经费，做好使用公示；而且，要通过社区或者街道和应急管理部门对这些善行进行表扬、表彰。

二是鼓励市场参与。无偿奉献是光荣的，有偿经营也值得鼓励。安全工作，也需要市场参与。对在社区有市场、有商业利益的企业和商户，可以鼓励其参与安全社区活动，并通过活动谋取正常的商业利益，既为社区安全作出了贡献，又能获得利益，实现社区和企业的双赢。比如，可以与社区内或附近超市建立应急物资、防灾减灾用品的供给机制，实施合同储备；还可以与附近宾馆酒店建立应急联络机制，酒店在需要时变身为庇护所。

三是人尽其才。人才是第一资源，社区居民的职业、特点都不一样，各有所长。安全社区促进委员会、项目组负责人和工作人员要善于引导发掘一些具有鲜明特点的居民参与安全社区工作中来，充分发挥其作用。比如，可以将社区居民中的医护人员发掘出来，组建成社区医疗应急救助联盟，遇到突发病痛可以第一时间联络到最近的专业人员参与救治。

四是善于借助外界资源。社区是不少社会组织的工作阵地，不少安全和应急方面的社会组织愿意进入社区，参与社区安全工作。这些组织在安全和应急方面具有某一方面的专业能力，对社区提升居民安全素质大有裨益。社区要主动与这些社会组织加强联系，邀请其参与具体的安全促进项目，实现共赢多赢。

3. 全员参与

全员参与是指辖区单位和居民以不同角色参与到安全社区建设工作中来。

发动居民参与社区工作并不是一件容易的事情。居民主要分为三种类型，一是主动热心型，二是事不关己型，三是无所谓型。

主动热心型的居民参与社区事务热情高涨，属于“热心肠”，可以担任相关负责人承担骨干工作，带动一个项目组或者一支队伍参与工作。对这类居民，要通过表彰、奖励的形式让其得到回馈和满足，不断增强其荣誉感。

事不关己型居民不愿意参与社区活动。对于这类居民，可以通过一些线上线下活动，加强热忱服务，让他们多一点感受社区的良好气氛，尽量参与进来。

而无所谓型居民客观上是因为自身工作比较忙、比较累，空闲时间不多，对社区公益活动并不抵触和拒绝。对本类型的居民，少用也要精用，在有限的时间里，发挥其特长参与一些事务，体现其个人价值。比如，有的居民就是企业安全管理人员，有丰富的安全管理经验，就可以发挥其特点，担当社区安全风险评估的角色，帮助社区规划安全预防、应急预案制定和应急演练工作。而有的居民有消防从业经历，可以参与管理社区微型消防站、物资装备库，训练包括保安、居民在内的业余消防救援队伍。

在社区，全员参与的一个重要场景就是应急演练。社区毕竟范围有限，不需要按照事故类型制定八九个专业预案，但是可以建立一套应急处理机制，制定一个综合预案，涵盖可能的应急场景。在预案中，可以明确协调指挥、预警预报、转移安置、物资保障、信息报告、医疗救护等具体要求。人员疏散是预案的重要环节，要明确应急疏散集中场所、疏散路径和楼栋负责人，做到疏散忙而不乱。

预案一定要经常组织演练，包括单项的和综合的，要组织全体居民和社区辖内单位人员一起参加演练，把老人和小孩等弱势群体纳入演练范围，在不同时段开展人员疏散和自救互救演练。

4．持续改进

持续改进是安全社区最具生命力的特征。持续改进源于动态评估，持续改进自始至终处于一个动态改善的过程。我们常见的考核，比如安全生产考核、文明城市考核等都是一种静态的评估，是对某一个时间点具体状态的考核，比如年终的综治维稳考核。静态评估是对工作目标的静态测度，比如，文明城市要求建设不少于1个文化馆，最关注目标是否达成，对于建设过程、质量和运营水平，根本不关心，不能适应工作目标的动态演进。而动态考核则是一段时期工作的评判，在设定一个目标后，关注的是你距离目标还有多远，怎么更快、更好地到达胜利的彼岸，强调的是动态追击和目标的零距离接近，更应落脚于现实，着眼于长远。

以往，安全社区会以创建前一年的伤害为基数，用创建后每年的伤害情况与基数进行对比，以此判断创建成效，分析存在的问题，提出改进措施。因此，要充分调查社区创建前伤害情况。但是，由于手段有限，过去的数据很难追溯，导致调查不完全，不能反映真实情况。因此，从提高效率的角度考虑，可以变通一点，在安全社区工作之初，建立一支队伍开展实时伤害监测，每个月调查包括扭伤、摔伤、犬咬伤、安全事故等伤害情况，统计安全隐患检查情况等，作为基点。未来，以每月或者每个季度的调查数据对比创建初的基数，动态评估工作效果。

但是，三五个月或者一两年，终端效果很难判断出来。为了提高可操作性，实际工作中，可以用一些中间指标代替，比如措施覆盖率、工作完成率等指标代替伤害指标，评估工作的推进情况。

安全社区是坚持持续改进，最终实现安全目标的社区。保证持续改进，关键是形成合作共赢的机制，多方均能受益，才能够把这项工作持续地干下去。所以，安全社区要实现多赢，即政府通过安全社区能够提升整体安全水平；社区居委通过安全社区能够提升基层社会治理能力；社区内单位和居民通过安全社区能够扩大朋友圈，争取更多的机会。

综合以上分析，新时代安全社区建设可以分为以下四个部分。

（1）组织机构建设。重点体现跨界合作和全员参与原则，把辖区单位和居民纳入整个体系中来。建立制度和机制，保证机构的权威和运转。根据社区特点，按照需要建立专门工作组，推进各项工作。

（2）社区安全风险管控。对社区安全风险进行定性、定量分析，找出各类风险点，从人的行为、非个体所能控制的环境、教育和组织的角度、管理和政策等4个方面提出具体可行的措施并实施。

（3）应急救援机制。规划社区应急体系，完善应急物资储备、应急避难场所、建立应急救援队伍、开展应急演练，切实打通应急“最后一公里”。

（4）工作评估与持续改进。建立工作的动态评估机制，结合社区实际，坚持定量和定性评估并重，及时发现问题并不断改进。

新时代安全社区在理念上要继续坚持“跨界合作、资源整合、全员参与、持续改进”。但是，结合基层社区实际，要吸纳全国减灾综合示范社区的一些明确要求，摒弃安全社区的一些学术做法，提高效率，增强实用性和可操作性。

第八章 8

安全风险辨识

本章概要

安全风险是潜在型的危险源，隐患则是现实性的危险源。安全风险辨识是指针对不同风险种类及特点，识别其存在的危险、危害因素，分析可能产生的直接后果以及次生、衍生后果。要强化动态安全风险辨识。

世界千变万化，处处充满着不确定性，工作、生活、财富、名誉都是世界的一部分，也是不确定的。在远古时期，以打鱼捕捞为生的渔民们，每次出海前都要祈祷，祈求神灵保佑自己能够平安归来，其中主要的祈祷内容就是让神灵保佑自己在出海时能够风平浪静、满载而归。他们在长期的捕捞实践中，深深地体会到“风”给他们带来的无法预测、无法确定的危险。他们认识到，在出海捕捞打鱼的生活中，“风”即意味着“险”，这就是“风险”一词的由来。

对此，很多学者去考证，“风险”一词来自哪里？风险（Risk）一词是舶来品，有人认为来自阿拉伯语，有人认为来源于西班牙语或拉丁语，但比较权威的说法是来源于意大利语的“Risque”一词。在对“风险”早期的运用中，也是被理解为客观的危险，体现为自然现象或者航海遇到礁石、风暴等事件。

现代意义上的风险一词，已经大大超越了“遇到危险”的狭窄含义，而是“遇到破坏或损失的机会或危险”，可以说，经过两百多年的演绎，风险一词越来越被概念化，随着人类活动的复杂性和深刻性而逐步深化，并被赋予了从哲学、经济学、社会学、统计学甚至文化艺术领域的更广泛、更深层次的含义，且与人类的决策和行为后果联系越来越紧密，风险一词也成为人们生活中出现频率非常高的一个词语。

在实践中，只要某一事件的发生存在着两种或两种以上的可能，那么就会认为该事件存在着风险。风险是指一个事件会产生我们所不希望的后果的可能性，是一种特定危险情况发生的可能性和后果的组合，其基本核心含义是“未来结果的不确定性或损失”。风险不确定，回报就不确定；有时风险越大，回报越高，机会越大。①

① 风险，百度百科。

一、安全风险

案例

2019年3月21日14时48分许，位于江苏省盐城市响水县陈家港镇生态化工园区的江苏天嘉宜化工有限公司化学储罐发生特别重大爆炸事故，造成78人死亡、76人重伤，640人住院治疗，直接经济损失19.86亿元。事故调查报告显示，事故的直接原因是天嘉宜公司旧固废库内长期违法贮存的硝化废料持续积热升温导致自燃，进而引发爆炸。事故调查组认定，天嘉宜公司无视国家环境保护和安全生产法律法规，刻意瞒报、违法贮存、违法处置硝化废料是导致事故发生的主要原因。在这里，长期违法储存的硝化废料就构成了一个重大危险源。

依据《安全生产法》，重大危险源，是指长期地或者临时地生产、搬运、使用或者储存危险物品，且危险物品的数量等于或者超过临界量的单元（包括场所和设施）。危险源是一个系统中具有潜在能量和物质释放危险的，可造成人员伤害、财产损失或环境破坏的，在一定的触发因素作用下可以转化为事故的部位、区域、场所、空间、设备及其位置。它的实质是具有潜在危险的源点或部位，是能量、物质集中的核心，也是爆发事故的源头，是能量传出来或者爆发的地方。

危险源由三个要素构成：潜在危险性、存在条件和触发因素。危险源的潜在危险性是指一旦触发事故，可能带来的危害程度或损失大小，或者说危险源可能释放的能量强度或危险物质量的大小。危险源的存在条件是指危险源所处的物理、化学状态和约束条件状态。例如，物质的温度、湿度、压力、化学稳定性、压力容器的坚固性和周围环境等。触发因素不是危险源的固有属性，却非常重要，是危险源转化为事故的外因，而且，每一类型的危险源都具有相应的敏感触发因素，比如对于易燃、易爆物质，热能就是其敏感的触发因素。对于压力容器，压力则是其敏感的触发因素。

危险源的潜在危险性就是安全风险，是安全事故（事件）发生的可能性与其后果严重性的组合。很多人把安全风险和事故隐患经常混淆。按照《职业安全卫生术语》（GB/T15236–1994），“事故隐患”定义为：可导致事故发生的人的不安全行为、物的不安全状态及管理上的缺陷。危险源和安全风险、安全隐患紧密相关。安全风险是潜在型的危险源，隐患则是现实性的危险源。

安全风险是指在一项活动开始前，要进行危险源辨识，所辨识出的危险源，就属于“潜在型”危险源。最简单地来说，如游乐场的过山车等设备采用螺栓固定的部件，可能会出现螺帽的松动、脱落的情况，这就是辨识出的“潜在型”危险源。辨识出“潜在型”危险源叫作安全风险辨识，视情况采取相应的预防措施，如针对螺帽可能的松动、脱落，提前采取对螺栓的检查维护，防止因此而导致事故的发生。

与之相反，在已开始的活动中发现了螺栓的松动或脱落，则属于已经客观存在的“现实型”危险源，也就是所谓的“隐患”。隐患就是“潜在型”危险源没有得到有效控制的结果，是已经客观存在的物的不安全状态。当然，“现实型”危险源也可以是人的不安全行为或管理上的缺陷。

风险无时无刻不在，是绝对的。风险没有得到控制，但还未造成事故，就叫隐患，是相对的。“现实型”危险源是“潜在型”危险源失控的结果，较之“潜在型”危险源，距离引发事故就更近一步。从这个意义上讲，如果系统内危险源都处于潜在状态，说明事故预防工作得力，该系统应是比较安全的；反之，如果大多数“潜在型”危险源没有得到有效控制而转化为“现实型”危险源——隐患，则表明该系统风险程度大大增加，或已濒于将要发生事故的危险阶段。因此说，现在推行的安全风险分级管控和隐患排查治理的双重预防机制，本质上都是对安全风险的管控。

风险可能造成的后果取决于危险源有害物质含量的高低和释放能量的大小。但是事故发生的可能性则取决于对危险源的管控和屏障情况，取决于外界对其干预（管理）水平。飞机飞行具有更大的能量、更大的动能（质量大、速度高）和更高的势能（在万米高空飞行），一旦出事，生还机会微乎其微。但是，当前交通领域，却是道路交通事故高居榜首，飞机失事很少。这是因为，由于飞机失事的危害大，因此从飞机的设计、制造，到日常的运行、维护，要求都非常高、监管非常严格，飞行过程非常安全。相对而言，机动车已经变成大众习以为常的交通工具，在驾驶、维护等方面做得就差一些。所以，乘坐飞机的失事风险远低于乘坐机动车，大约几率是乘坐机动车的1：2200。

二、安全风险辨识的重要性

安全风险辨识非常重要，一个小小的风险如果被忽视了，则可能会引发巨大的灾难，以下三个例子就充分说明了安全风险辨识的重要性。

（一）“蝴蝶效应”

1972年，美国麻省理工学院气象学家洛伦茨在美国科学发展学会第139次会议上发表了题为《可预测性：巴西一只蝴蝶扇动翅膀，能否在得克萨斯州掀起一场龙卷风》的演讲。他说：“一只南美洲亚马孙河流域热带雨林中的蝴蝶，偶尔扇动几下翅膀，可以在两周以后引起美国得克萨斯州的一场龙卷风。”其原因在于：蝴蝶翅膀的运动，导致其身边的空气系统发生变化，产生微弱气流，而微弱气流的产生又会引起它四周空气或其他系统产生相应的变化，由此引起了一系列连锁反应，最终导致其他系统的极大变化。

洛伦茨把这种现象称作“蝴蝶效应”，即一件表面上看来毫无关系、非常微小的事情，可能带来巨大的改变。

（二）一枚钉子亡了一个国家

听起来非常夸张，但是类似的故事还真有人演绎过。

案例

1485年，英国国王查理三世准备亲自带兵打一场战役，对手是里奇蒙德伯爵的军队，这场战役的胜败将决定谁统治英国。不成功则成仁，查理国王准备拼死一战。战役开始的当天早上，查理派了一个马夫去备好自己最喜欢的战马。“快点给它钉掌，”马夫对铁匠说，“国王希望骑着它打头阵。”“你得等等，”铁匠回答，“我前几天给国王全军的马都钉了掌，现在我得打点儿铁片来。”“我等不及了。”马夫不耐烦地叫道，“国王的敌人正在推进，我们必须在战场上迎击敌兵，有什么你就用什么吧。”

铁匠埋头干活，从一根铁条上弄下四个马掌，把它们砸平、整形，固定在马蹄上，然后开始钉钉子。钉了三个掌后，他发现没有钉子来钉第四个掌了。“我需要一两枚钉子，”他说，“得需要点儿时间砸出两个。”“我告诉过你我等不及了，”马夫急切地说，“我听见军号响了，你能不能凑合地钉一个？”“我能把马掌钉上，但是不能像其他几个那么结实。”“能不能挂住？”马夫问。“应该能，”铁匠回答，“但我没把握。”“好吧，就这样，”马夫叫道，“快点，要不然国王会怪罪到咱俩头上的。”

两军交锋上了，国王冲锋陷阵，鞭策士兵迎战敌人。“冲啊，冲啊！”他喊着，率领部队冲向敌阵。远远地，他看见战场另一头自己的几个士兵退却了。如果别人看见他们这样，也会后退的，所以国王策马扬鞭冲向那个缺口，召唤士兵调转头加入战斗。

国王还没走到一半，一只马掌掉了，战马跌翻在地，他也被掀翻在地上。由于他没有抓住缰绳，惊恐的马就跳起来逃走了。环顾四周，他的士兵们也纷纷转身撤退，敌人的军队包围了上来。国王在空中挥舞宝剑，“马！”他喊道，“一匹马，我的国家倾覆就因为这一匹马。”

事后人们总结，丢失一枚钉子，坏了一只蹄铁；坏了一只蹄铁，折了一匹战马；折了一匹战马，伤了一位骑士；伤了一位骑士，输了一场战争；输了一场战争，亡了一个国家。

（三）一个密封圈破裂导致“挑战者号”失事

万物皆有联系，早期不起眼的小事可能会变成大事，初期小的风险如果不处置，则可能造成巨大的后果。

案例

1986年1月28日，佛罗里达州的卡纳维拉尔角，室外气温低至−8℃。美国宇航局的“挑战者号”航天飞机静静地竖立在高耸的发射塔上，即将开始它的第10次飞行，然而谁都没想到，这次飞行将是“挑战者号”航天飞机5年生命中的最后一次发射。11时38分，任务控制人员按下了发射按钮，“挑战者号”在一阵巨大的隆隆声中艰难起飞，45秒的时候，直播画面显示，航天飞机的右翼下出现一道不明闪光；48秒的时候，连续出现了两道异常闪光；73秒的时候，“挑战者号”的助推火箭爆炸，7名宇航员葬身火海。

事故发生5个月后，一个独立的调查委员会提交了一份调查报告，报告显示，航天飞机的助推火箭上一个O形密封圈的破裂，是导致火箭发生爆炸的主要原因。那么，这个O形的密封圈为何会破裂？

2019年，美国公共电视电视台（PBS）解密了一个视频。在“挑战者号”发射的前一天夜里，一名助推火箭制造商的工作人员已经发现了这个问题，并且通过渠道向美国宇航局提出了紧急建议，要求推迟或者取消这次发射任务。这名工作人员叫艾伦·麦克唐纳（Allan MacDonald），他当时是发生爆炸的助推火箭制造商摩顿·狄欧可（Morton Thiokol）的一名高管。在美国公共电视台的视频中，艾伦·麦克唐纳说，当天夜里，由于他们公司得知第二天的气温在零度以下，而那个后来发生问题的O形密封圈从来没有在如此低的温度环境中进行过测试。因此，他们公司认为如果美国宇航局坚持发射，可能导致密封圈在低温中破裂，从而发生不可预知的后果。美国宇航局随后同摩顿·迪欧可公司进行了一次紧张的电话会议，最后，美国宇航局坚持认为发射可以如期进行，最终，惨剧发生了。

因此，做好应急管理工作，最基础的工作就是安全风险辨识。安全风险辨识是指针对不同风险种类及特点，识别其存在的危险、危害因素，分析可能产生的直接后果以及次生、衍生后果。“挑战者号”航天飞机发射前，已经有人辨识到了助推火箭O形密封圈的安全风险，也和美国宇航局进行了电话会议，但是没有引起足够的重视，最终酿成了事故。

三、安全风险辨识要求

突发事件分为事前、事发、事中和事后四个阶段，应急管理就是对事件的全生命周期进行干预，包括安全风险辨识与评估、监测与预测、预防与准备、应急与处置、灾害评估与恢复等五个环节。其中，最基础、最关键的环节是安全风险辨识与评估，有了准确的风险评估，后续环节才能更加精准。

（一）当前安全风险辨识的问题

风险辨识是当前应急管理工作的短板。很多重特大事故之所以发生，就是因为风险辨识出了问题。上文提到的江苏响水“3·21”特别重大爆炸事故，事故的直接原因是天嘉宜公司旧固废库内长期违法贮存的硝化废料持续积热升温导致自燃，燃烧引发硝化废料爆炸。天嘉宜公司对于硝化废料的风险完全“无知无畏”，根本谈不上辨识，为了控制危险废物的处置成本，将大量的危险废料储存在工厂里面。如果当时企业能够运用风险辨识的相关方法，辨识出来这个问题并及时采取行动，也许这个事故根本不会发生。

应急管理领域的安全风险辨识存在不少问题。一是没有认识到风险辨识对于应急管理工作的极端重要性，风险辨识和实际工作存在“两张皮”现象，根本没有形成风险辨识的机制，没有得到足够的重视。二是对风险辨识没有形成体系，特别是对基层、一线的风险辨识不够重视，没有发挥一线工作人员和群众的力量。三是不平衡，在安全生产领域，许多企业会使用作业条件危险性评价法（LEC评价法）、鱼骨分析法等进行辨识，但在自然灾害领域运用安全风险辨识的意识和技能存在明显缺陷。四是风险是动态的，目前的大多数辨识工具、方法聚焦于静态分析，作用极其有限。

安全风险辨识分为静态和动态两类。静态辨识是基于某个时间点的安全风险分析，在该时间点，人员、天气、位置是一个给定的值，结合各类因素，对该时间点的安全风险进行综合判断。

案例

2021年5月22日，第四届黄河石林山地百公里越野赛遭遇极端天气，致21人死亡、8人受伤。事件与赛事安全风险评估不足相关。5月底，白银市已经入夏，组委会基于前三届的经验，并没有将冲锋衣列入强制装备，而是作为建议装备写进了赛事手册。很多选手放置冲锋衣的转运包提前一天被组委会收集，统一存放到赛道62公里处的6处打卡点CP（Check Point）。赛前，赛事所在的景泰县气象台发布大风蓝色预警信号：“预计未来24小时内，我县大部分地方平均风力将达5~6级，阵风7级以上，并伴有扬沙或浮尘天气，请注意防范。”基于以上因素，组委会仍判断赛事将会顺利进行。不幸的是，极端灾害天气让一切都改变了。

在企业安全生产工作中，静态风险辨识也很常见。笔者曾经处理过一起事故。

案例

某企业刚刚筹建时就打算建设一个小园林，就租赁了一台汽车起重机移种树木。当吊机吊起一棵大树越过围墙，准备放入已经挖好的树坑时，吊臂突然断裂，砸死一名在围墙外观看的工人。经过技术鉴定和调查发现，吊臂由圆形（外径0.92米）内齿轮盘的24个M20螺栓与底盘连接固定，在事故发生之前，其中的10个螺栓其实已经断裂。汽车起重机之前也做过年检，是合格的。但是，年检后，长期的拉应力使10个金属螺栓不断疲劳、脆化而断裂，最终导致整个底盘脱落，造成事故的发生。

（二）动态辨识

动态安全风险辨识基于时间轴进行分析，综合因时间推移而产生的人员、天气、位置等因素的变化，对不同时段、不同地点、不同人群的安全风险进行动态评估。曾经有报道称，某地方政府领导上午刚检查完企业，下午企业就出事了，认为检查不到位。这种说法不一定准确，为了迎接检查，企业也许做了大量工作，确实更加安全。等检查一结束，就常常“新颜换旧貌”，管理放宽、人员松懈、违章操作，进而导致事故发生。笔者还发现一个有趣的现象，台风、暴雨等恶劣天气期间，建筑工地很少发生事故。但是，灾害天气过后，反而是建筑安全事故的高发期。原因很简单，灾害天气来临，大家都严阵以待、停止施工。灾害天气一过，为了追回损失的工期，尽管环境尚不安全，施工单位还是急急复工，从而发生高坠、物体打击等事故。

要做好动态安全风险辨识，首先要采集好数据。报道显示，在石林山地赛的CP2到CP3近20公里的赛段上，没有安排设置任何的帐篷、补给点和工作人员，也没有无人机或者其他设备进行常态化巡视。当大雨、冰雹、强风的极端天气出现时，组委会没有及时掌握情况，更谈不上终止比赛或者组织救援，导致选手长时间暴露在野外而失温。企业安全风险辨识也是一样，当前，企业大多通过组织人员实施日常点检、隐患排查来评估安全风险，但是，人的工作责任心有强有弱、水平有好有差、状态有起有落，在工作中难免顾此失彼，很多时候并不能捕捉一些隐秘的变化，从而错过安全干预的时机，酿成事故。

而且，较之过去，人力采集数据的难度越来越大。在现代化工业大背景下，工业生产涉及机器、储存系统、设施设备、外协单位，乃至原料和零配件，组织越来越复杂、协同越来越精密，生产过程中所产生数据之巨大到令人无法想象。仅仅依靠人的经验和能力，绝无可能全面采集数据。而且，人采集的数据是样本，过程不是连续的，而是间断的。工业的下一站一定是工业互联网，生产线无处不在的传感器可以获取生产过程中的实时数据，实现对安全风险的全时段感知、实时评估，这个问题将会得到解决。

安全工作重在预防，预防的前提是安全风险评估。安全风险评估将从静态走向动态，从间隔性走向全时段动态评估。未来，依靠大数据分析将能够及时捕捉异常数据并合理处置，将有效把事故扼杀在萌芽之中。

（三）常用辨识方法

中华医学博大精深、源远流长，是世界上唯一存续数千年而又拥有系统理论的医学。中医强调人体是一个统一整体，各个器官互相关联；强调天人合一，人和自然相统一。中医强调要针对不同症候，望闻问切，辨症施治。“望闻问切”是中国古代战国时期的名医扁鹊根据民间流传的经验和他自己多年的医疗实践，总结出来的诊断疾病的四种基本方法，即望诊、闻诊、问诊和切诊，扁鹊称为“四诊”，就是“望色、听声、写影和切脉”。如果把企业、社区恰当地比喻成一个病患，要治好企业、社区的“病”——消除安全风险或解决安全问题，得先用“望闻问切”的手段去了解企业、社区到底患了什么“病”？

在安全生产和应急管理中，经常用到的方法有格思厄姆（Benjamin Graham）作业条件危险性评价法、故障树分析法、预先危险分析方法、因果分析法、鱼骨头分析法、安全检查表法等，需要根据不同问题的类型、要求，有针对性地灵活运用。这些方法在很多安全生产教材上都有介绍，这里就不赘述。下面介绍几个简单实用的方法。

1. 哈顿（Haddon）矩阵

20世纪70年代，美国公共卫生医师威廉·哈顿（William Haddon）结合公共卫生的原理设计了一种图表，称为“哈顿矩阵”。根据伤害发生的阶段，哈顿将其分为伤害发生前、发生中和发生后3个阶段，并分别进行针对性的预防。根据哈顿矩阵，伤害预防应根据伤害发生的不同阶段，针对动因或媒介（Agent），宿主（Host）和环境（Environment）开展针对性的预防。其中，动因是指导致伤害的能量；媒介是指应用、传递或阻碍能量的人或物；宿主即为人体；环境即为能量和宿主存在的地方。动因或媒介、宿主和环境之间处于平衡状态，伤害可能不发生，一旦平衡遭到破坏，即可引起伤害的发生。

表8-1　哈顿矩阵界定危险因素（以机动车事故为例）

阶段	宿主	动因、媒介	物质环境	社会环境
事故发生前	饮酒驾驶、习惯不良	刹车不灵、轮胎光秃	雨后道路湿滑	社会价值观认可男性大量饮酒
事件发生中	没有系上安全带	没有安全气囊	树木太靠近公路	对酒后驾车处罚力度不够
事件发生后	老年人本身机体有慢性疾病	—	应急反应迟缓、没有好的康复项目	没有为伤者回归社会提供帮助

哈顿矩阵包含两个最基本的要素：一是与伤害发生有关的宿主、动因或媒介和环境之间存在交互作用；二是伤害的发生是一个连续过程，与公共卫生中其他疾病的预防一样，需要有三级预防的概念，在不同的阶段可以采取不同的预防和控制措施。

一级预防又称为伤害预防，是指预防可能会导致伤害的事件发生。例如在水池周围设置栅栏，可以防止溺水的发生；倡导行人遵守交通规则，则可以预防交通事故的发生等。因此，加强对伤害发生原因的研究，减少危险行为或者减少对危险源的接触，是一级预防的主要要求。

二级预防是指伤害已经发生，对伤害的发生作紧急应对，减少伤害，降低损害。例如，安全带和头盔的使用能减轻道路交通伤害对人体的损害。

三级预防是降低伤害后残疾的发生几率和降低残疾的严重程度。如完善的急救系统，有利于伤害发生后患者的救治和康复。

通过应用哈顿矩阵，我们能够针对某种特定的伤害问题找出相应的危险因素。在哈顿矩阵框架中的空格是用来描述宿主、动因、媒介和环境因素的特征，这些特征与伤害的发生是否关联、是否影响伤害发生。同时，这些特征需要与伤害事件的阶段相对应。在伤害发生前，填充的因素直接影响到导致伤害的事件是否发生；在伤害发生阶段，填充的因素影响到伤害是否发生或伤害的轻重程度；在伤害发生后，填充的因素会影响到伤害后伤者的康复进程。

2. 事故伤害数据分析

在安全社区领域常用的方法就是事故伤害数据分析。它的理论基础就是流行病学，流行病学认为，流行病的分布是遵循一定规律的，可以通过这个流行病传播的规律去预防和控制流行病，比如新冠肺炎疫情的流行病学调查。事故伤害与流行病学一样，背后也是存在着某种规律的，与相关因素存在密切的联系，通过努力，我们能够找出其分布规律，这就是伤害流行病学理论。要分析数据，前提是要建立事故伤害的监测网络、渠道，对事故伤害情况进行收集。一般来说，至少要从安全社区建设前一年开始从相关渠道事故与伤害数据。伤害数据包括伤害的时间分布、年龄分布、伤害人群、职业特点、地点分布和发生原因等。但是，如果事故伤害数据量过少，就不能够勾勒出伤害发生的规律。在获取一定量的数据后，通过时间、人群、年龄等要素进行组合分析，我们可以找出社区某类事故伤害的发生规律，为辨症施治提供方向。

3. 头脑风暴法

如果很难获得相关数据，或者本来事故伤害数据就少怎么办？还可以不定期召集不同方面的人士召开座谈会，开展“头脑风暴”，了解大家对企业或者社区安全问题的意见、建议和需求等，从不同人群得出对企业或社区同一问题更为全面的看法。座谈会人数一般以7～10人为宜，讨论时间以1～1.5小时为宜。讨论应精心组织和安排，根据拟定的访谈提纲按顺序逐题讨论。问题要始终围绕主题展开，容易理解，且数量不宜超过10个。问题必须是开放式的，能够对问题、现象、原因有完整的阐述，避免只回答“是”与“否”。

4. 观察法

除此以外，还可以使用“观察法”。观察法是指诊断人员在被访者不知道的情况下进行观察，有时候也可在直接参与其中进行观察。例如，2017年12月连续几天，全球儿童安全组织在广州市开展“安全步行抬头走”调研活动，专业调查人员早晨6点半就躲在一个僻静的位置观察中学生步行上学前的不安全行为，并如实记录是否戴耳机步行、有没有闯红灯等。现场观察是获得危险因素的快捷方法，但是对现场观察人员能力的要求相对较高。在实际工作中，需要具备相关安全知识和经验的人员担当，并将所观察的信息与其掌握的知识相对照来识别危险因素。

安利（中国）日用品有限公司认为，员工的不安全行为，往往是导致事故的根本原因。在作业中，员工可能会碰到有不安全行为的同事，他们会选择视而不见。比如，在实验室做萃取实验时需要佩戴呼吸防护用具，但操作员没有佩戴，另一名员工看到后觉得不会伤害到自己，就没有制止，而是选择了沉默，这种沉默其实是对不安全行为的默许。久而久之，这种不安全行为就会酿成事故。因此，安利公司广州工厂将处理好员工的不安全行为作为预防事故工作的重中之重来抓。经过多年的摸索和发展，安利公司广州工厂发明了行为安全观察法。该法包括五个步骤——决定、停止、观察、沟通、记录。

决定是员工进行一次行为安全观察。没有决定，员工就可能在工作场所中匆匆而过，不会留意别人的操作和行为。停止是员工停止自己手上的工作，首先是让自己不受到伤害，其次是为了观察得更加仔细和清楚。观察是利用公司现有的安全操作规程、工作安全分析表、国家的法律法规、现场张贴可视化图标等作为指引，来判断同事们的操作是否安全。沟通是当员工发现同事进行安全作业时，可以请被观察者停止工作，对其行为给予表扬和认可，通过沟通来强化被观察者安全的体验，从而以后一直坚持下去。对于员工正在有不安全行为的，安利公司也会立刻请被观察者停止手上的工作，然后沟通为什么有不安全的行为，其行为可能会导致什么样的事故、对谁造成伤害、采取何种方式才能安全作业。通过沟通强化了被观察者的不安全体验，从而引导员工向安全行为发展。记录是记录员工所有的发现，包括安全行为和不安全行为。有了这些记录，统计出来的数据就可以知道每个部门甚至每条生产线的安全管理动态情况，包括人员的参与率、安全行为与不安全行为的比例、不安全行为类型的具体分布都一目了然。有了这些数据，部门经理就可以有重点、有方向地开展安全管理工作，也可以根据数据结果实时调整安全工作的方向。

5. KAP法

K（Knowledge）指对安全知识的了解；A（Attitude）指对安全所持的态度；P（Practice）指安全的行为。KAP调查的目的是了解被调查者的安全知识水平，持有安全态度和辨识行为危险因素的能力。

KAP调查一般需要通过事先精心设计的调查表进行。设计调查表时必须定义明确，用词正确清楚，所设置变量间的逻辑关系清晰；调查以匿名方式为宜。对于行为的自我报告，有时候可用客观检测办法进行验证。比如评估学生是否沿着安全路线行走，可以将问卷调查和观察法相结合进行。问题应以封闭式答案为主，这样回答方便，容易整理和分析。

第九章 9

安全生产主体责任

本章概要

企业要落实其安全生产主体责任，就是“安全自查、隐患自除、责任自负”。在企业推行安全生产属地管理和部门管理，推行企业主要负责人为核心的安全生产责任制，其本质上是把安全责任赋予具体的人，是安全责任的“人化”。要用“5E”策略提升企业安全隐患治理能力。发动全社会，开展安全生产共同治理。

2012年5月28日，山东省淄博市周村区安监局监察大队中队长王某与北郊镇安监办科员刘某一起到周村区北郊镇的山东某塑业有限公司进行安全检查。同年7月21日，该塑业公司工人王某某在用拌料机对塑料颗粒进行拌料时，身体碰到拌料机外壳触电死亡。

经事故调查组认定，事故直接原因是拌料机的电机引线接头处长期被滴落的润滑油侵蚀老化，致使外壳带电；间接原因是该塑业公司编造安全教育培训档案、生产安全事故隐患排查不彻底、长期用63A的继电保护器代替10A的继电保护器、配电室未配备专职电工等。按照事故调查报告，周村区安监局只对事故单位进行行政处罚，没有移送司法机关追究刑事责任。没想到的是，当地司法机关却追究了两名执法人员的刑事责任。

2014年10月，山东省淄博市周村区人民法院作出一审判决，被告人王某、刘某作为国家机关工作人员，在工作中玩忽职守，对山东某塑业有限公司进行检查时，对企业长期存在的上述安全隐患均未发现及查处，致使国家和人民利益遭受重大损失，其行为已构成玩忽职守罪，依法给予刑事处罚。被告人刘某不服，提起上诉。2015年4月15日，山东省淄博市中级人民法院驳回了刘某的上诉请求，终审维持原判。

审判结果一出，基层安监人员一片哗然。有基层安监人员发问：事故是因为安监人员未发现隐患而发生的吗？事故难道不是企业工作不到位造成的？为什么政府监管人员还比企业老板的责任还重？到底是政府还是企业负有安全生产主体责任？

法院对本案安全监管部门的角色认定错误。谁负有企业安全隐患排查职责？法院判决的逻辑是，安全监管部门负有排查企业安全隐患的职责，但没有排查出来。属于应该发现隐患而未发现隐患，应该追究刑事责任。法院混淆了政府及其安全监管部门和企业的角色，政府及其安全监管部门负有安全监督责任，职责是检查、督促企业落实安全隐患治理工作。企业才是安全隐患治理的主体，企业存在“编造安全教育培训档案、生产安全事故隐患排查不彻底、长期用63A的继电保护器代替10A的继电保护器、配电室未配备专职电工”等违法行为，却只是行政处罚了事，犯错误的是企业，可是刑事责任却追究的是政府监管部门工作人员。

因此，非常有必要了解一下为什么生产经营单位负有安全生产主体责任？政府及其安全监管部门和生产经营单位在安全生产工作方面的角色到底是什么？

一、谁负有安全生产主体责任

（一）生产经营单位最合适承担安全生产主体责任

生产经营单位，无论利益有多大，都以盈利为导向。否则，“皮之不存，毛将焉附”，没有盈利作基础，社会责任就是“空中楼阁”，无从落地。所以说，生产经营单位不讲盈利，只讲社会责任是不现实的。“谁投资、谁受益、谁负担”，生产经营单位获取了利益，就应该承担相应的成本，而不能把成本转嫁给政府、社会和其他单位。生产经营单位的成本包括原材料、地租、燃料和人工等各项成本，也包括为保障安全生产所付出的教育、设施、损耗和人工等成本。从收益与成本的关系来讲，生产经营单位负有安全生产主体责任是合适的。

相对于政府、社会及其他单位，生产经营单位对自己的“一亩三分地”最了解，哪里的安全防护最薄弱，最近有什么问题，生产经营单位绝对是“门清”。所以，相对于政府、社会及其他单位，生产经营单位最合适规避安全事故。另外，由于员工受雇于生产经营单位，生产经营单位对其行使日常工作指挥权，能够最直接影响从业人员的行为。就算员工是劳务派遣工，实质上也是由生产经营单位派发工资，生产经营单位也能够直接指挥、调动和处置。

（二）企业作为安全生产责任主体最节省社会资源

著名经济学家罗纳德·哈里·科斯著有《企业的性质》，他指出：“市场运行有成本，通过一个组织，并允许某个权威来支配资源，就能节约某些市场运行成本。因此，交易费用的节省是企业产生、存在以及替代市场机制的唯一动力。”

市场和企业都是资源的配置手段，二者可以相互代替。企业之所以成为企业就是通过聘用员工的一个交易代替市场上的多个市场交易，而且低于市场成本。如果把安全生产工作看作一项交易，企业通过聘用等交易行为代替了在市场上相应的安全交易或者使用政府资源，企业安全生产工作的成本远远低于市场或者政府。

按照社会资源最节省的原则，企业承担安全生产主体责任最节省社会资源，落实企业安全生产主体责任最恰当。因此说，生产经营单位负有安全生产主体责任，应该做到安全自查、隐患自除、责任自负。

（三）确定企业与政府的安全监管角色

企业是“球员”，政府是“裁判”，为了减少和消除企业安全隐患，政府检查越来越多，逐渐把企业的安全隐患排查变成政府的例行工作。在周村案中，出事企业办公室主任作为证人说：“该隐患长期存在，监管部门的检查存在走形式的现象。”连企业居然也认为，排查企业安全隐患不是企业的责任，而是政府的责任。

在一些地方，政府甚至包办企业安全隐患排查。例如，2020年，某地级市连续发生多次金属矿山事故，索性派遣政府监管工作人员常驻企业，人员不够就1个人负责几个企业，变成“旁站”监督、“全时”检查。有的地方则由政府聘请第三方专家团队对全域所有企业开展安全检查，逐一发现、消除安全隐患。无论形式如何，其本质上都是试图用政府检查包办企业安全隐患排查，把法律法规规定的、本应该由企业自己承担的工作转移到政府监管部门。这是权力和责任的错位，造成权利和义务关系的混乱，不利于安全生产工作的健康发展。

党的十九届四中全会提出“推进国家治理体系和治理能力现代化”，要“实行政府权责清单制度，厘清政府和市场、政府和社会关系”。有生产经营，就有安全风险，市场是安全生产工作的主体，而市场的主体是企业。企业要落实其安全生产主体责任，就是“安全自查、隐患自除、责任自负”。要根据企业实际，制定并完善相关规程、加强培训和现场管理、开展安全隐患排查。政府不能代替企业落实安全生产主体责任，而是监督企业落实安全生产主体责任。监督就是制定企业共同遵守的规则、用规则来约束和规范企业行为。厘清政府和市场的关系，就是明确在安全生产领域，企业是“球员”，政府是“裁判”。裁判不能因为球员踢得不好，着急上火，自己披挂上阵、拔脚怒射。政府检查，查的是企业的工作措施落实情况，是否制定了规程，是否按照规程操作，是否有隐患排查机制并记录。监督检查目的不是为了发现和查处隐患，而是为了启动机制，督促企业全面做好风险管控工作，建立持续动态的隐患排查机制，全方位提升企业安全水平。

二、安全生产责任制

（一）安全责任“人化”

管理的本质是什么？管理，顾名思义就是“管”和“理”。管，就是管人、管事、管物，最终实现管住；理，就是道理、梳理、合理，最终实现理顺。管理的“计划、组织、协调、控制、激励”功能，实质上都是使无序变得更有序，使不确定变得更确定，其实质就是熵减——由无序的状态改变到期望的秩序——解决问题。要解决问题，就需要人来实施，所以说，管理的核心就是管人。

工业企业的一大特点就是科层化和集中式控制，在各种生产要素中，人是其中最为关键的因素，甚至说可以是决定因素。换句话说，工业企业管理就是人与人、人与机器的对话。计划、组织、协调、控制和激励等管理的五大要素都是围绕着“人”开展。从流程看，现行的企业管理是围绕产品的全生命周期实施研发、设计、制造、检验等具体工作，实质上就是抓住“人”这个最为活跃的生产要素开展的。企业安全生产管理工作也是如此，无论什么环节，都是围绕着“人”而展开，抓住了“人”，就抓住了关键。在企业推行安全生产属地管理和部门管理，推行企业主要负责人为核心的安全生产责任制，其本质上是把安全责任赋予具体的人，是安全责任的“人化”。

（二）安全生产责任制

企业要落实安全生产主体责任，不能只是一两个人的事情，而是全体员工都必须参与的工作。要建立包括企业全部员工在内的安全生产责任制。安全生产责任制是根据中国的安全生产方针“安全第一，预防为主，综合治理”和安全生产法律法规建立的，由各级领导、职能部门、工程技术人员、岗位操作人员在生产运营过程中对安全生产层层负责的制度。

企业要按照“管生产必须管安全”和“责权对等”的要求从上至下理清整个企业的安全责任体系，从董事长、总经理到中层干部，到基层一线，围绕着生产经营这根主线形成一个与生产经营过程匹配的安全责任网络，不同岗位之间的安全责任能够相互衔接。具体岗位的安全职责要与所在岗位的生产经营职责相匹配，要量化岗位安全责任。比如，对于企业主要负责人，要按照《安全生产法》规定的7项职责细化落实；比如，组织制定并实施本单位安全生产教育和培训计划，就是要按照安全教育的相关要求，完成本单位所有人员的必修培训，满足一定的数量和质量。在此基础上，结合本单位实际，提出本单位自选科目的培训项目并组织实施。对于本单位安全生产投入，当前国家没有明确的经费投入率，那就需要主要负责人结合企业的情况提出具体的投入金额和计划，满足日常安全防护、应急处置等要求所需硬件和软件的费用。

企业各岗位安全责任划分有两个原则：

一是属地管理原则。属地最早就是指的操作工人的工作范围，后来引申为广义的工作管辖范围，指的是工作区域、管理的实物资产和具体工作任务（项目）。属地有明确的范围界限，有具体的管理对象（人、事、物等），有清晰的标准和要求。属地管理就是对属地内的管理对象按标准和要求进行组织、协调、领导和控制。

二是专业管理原则。专业管理是在基本管理制度的指导下，对企业各项专业管理工作的范围、内容、程序、方法等所做的规定，如销售、采购、生产、仓储、安全、车辆、财务等。

安全对人，如影随形。只要有人在的地方，就会有安全风险。企业内部不只是管生产的有安全风险，管财务、销售的一样有。比如，财务部门会涉及消防安全，要采取措施加强财务室安全的防范，除了防盗外，还要训练员工具备一定的防灾意识和技能，防止火灾、内涝，以免烧毁、损坏会计凭证等。销售部门则要教育好员工，做好员工外出交通安全、住宿安全等工作。中国的安全生产责任制就是基于上面两个原则，划定不同人员的安全生产责任，包括：

1. 企业各级负责生产和经营的管理人员，对职责范围内的安全生产工作负责；
2. 各职能部门的人员，对自己业务范围内的安全生产工作负责。
3. 班组长对其岗位安全生产工作负责。
4. 所有从业人员对自己工作范围内的安全生产负责。
5. 安全生产责任制的考核标准及奖惩措施。

安全生产法对主要负责人有明确要求，包括：

1. 建立、健全本单位安全生产责任制。
2. 组织制定本单位安全生产规章制度和操作规程。
3. 组织制定并实施本单位安全生产教育和培训计划。
4. 保证本单位安全生产投入的有效实施。

5. 督促、检查本单位的安全生产工作，及时消除生产安全事故隐患。

6. 组织制定并实施本单位的生产安全事故应急救援预案。

7. 及时、如实报告生产安全事故。

企业在编写主要负责人的职责时，就要落实这7项要求，对负责人工作职责量化。比如，对于督促、检查本单位安全生产工作，就可以量化。有的公司规定，主要负责人每月必须安排一次对全厂的检查，涉及办公区、车间、仓库等。同样地，其他岗位的工作人员也是一样需要量化。否则没有标准就很难判断是否“履职到位”。

完善了企业安全生产责任制，每个人就知道自己该干什么，该做成什么样，边界如何，安全生产工作就做好了一大半。因此，在当前的生产能力条件下，企业要着力于安全生产责任体系的建设。主要包括以下四个方面：

1. 以“零事故”为目标，建立以主要负责人为核心的企业安全生产责任体系。前面已经分析了，就是要建立包括企业所有人的安全生产责任体系，从老板到大门保安，一个都不能少。

2. 明确其工作内容的同时，按照“权责对等、权责一致”的原则，明确其安全生产责任，就是将安全生产责任按照属地管理和专业管理要求分解到职能部门、班组和个人。

3. 量化每个员工的安全生产职责。不要出了事故就有责任，没出事故就没有责任。而是要量化每个员工的职责，无论是否发生事故，做完了、做好了就无责任。没做完、没做好，即使没出事故，也有责任。

4. 建立安全生产履职监督体系。要建立安全生产履职监督体系，定期对个人安全生产履职情况进行监督，强调过程控制。

三、加强安全风险管控

安全风险对人来说，如影随形。预防事故，关键是安全风险能否得到有效的管控。一讲到安全风险，大家首先想到的是危险源，或许是危险化学品储罐，或许是锅炉，或许是电梯，这些都是承载化学能、机械能、电能的装置和设施。为了控制风险，需要实施一些针对性的措施，比如频繁的维护、保养、检查等。但是，这些常见的设施却没有进入安全风险辨识的范围。

案例

2021年3月2日，玻利维亚埃尔阿尔托市的一所公立大学因拥挤和楼道护栏突然断裂，11名学生坠落，其中7名学生死亡、1名学生受重伤。在出事之前，完全没有人想到护栏会如此脆弱，更没有认真地去评估风险和处置。

护栏的问题并不是个例。2019年9月2日，四川省巴中市第七中学5楼教学楼阳台上，两名高一学生从教室出来后正在打闹，双双撞向了护栏。就在这时，护栏突然松动脱落，两名学生也跟着从五楼坠下，1死1伤。2020年7月20日，广东省云浮市罗定市第四中学一名初中生在楼道里玩耍时，突然兴起，练习起了已故篮球巨星科比·布莱恩特的经典投篮动作——转身后仰跳投，结果落地时，身体正好落在了护栏上，意外坠楼受伤。因此，要加强对企业的各类场所实施动态的风险辨识与评估，发现潜在的风险和问题。

安全风险辨识首先是要解决谁来辨识的问题。辨识不只是专家、专业管理人员的工作，还应该包括全部员工。上一章提到了安利公司广州工厂发明了行为安全观察法，每一名员工都可以对厂区任何行为进行观察。5年内积累了179981条观察和记录，截至2022年8月已经有12790条记录，较好地辨识、控制和消除了安全风险，几乎没有发生轻微伤。为此，该公司设置了精神和物质奖励，形成了一套有效的机制，让动态辨识和评估能够持续。其次是结合员工岗位、作业场所特点，提升员工安全素质，强化某一方面的风险辨识能力培养。日常员工的安全风险辨识能力培养，并不需要刻意使用作业条件危险性评价法等量化评价方法，而是可以依据平时对具体场景的安全知识、感性认识进行针对性培养，提升效率。

四、提升企业安全隐患治理能力

伤害预防有个“5E”策略，和企业安全生产隐患治理相同。隐患治理“5E”策略包括：1. 教育预防（Education）；2. 环境改善（Environmental Modification）；3. 工程（Engineering）；4. 执法（Enforcement）；5. 评估（Evaluation）。

（一）教育预防

对员工开展改变态度、信念和行为的教育项目，同时还针对引起或受到伤害的高危个体进行教育。人都会有懈怠，需要长期进行教育。教育预防不能只走形式，要追求实效。教育要有针对性，针对员工特点、岗位安全细则、企业安全薄弱环节、应急处置要求，有针对性地开展教育。不同的教育方式有不同的效果，要注重教育方式的选择。

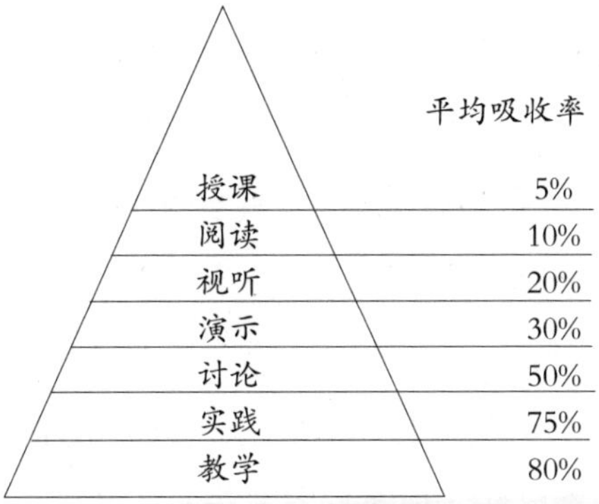

图9-1　学习效果图

图9-1是一张学习效果图，列举了不同的学习方式能够让员工吸收的程度。老师台上讲、员工台下听的授课，听课的员工只能吸收到5%，效果非常不理想。让员工自己阅读，员工从中只能够吸收到10%。而使用视听教材，员工的学习效果能够达到20%，有了明显提高。演示能够让员工更好地吸收，课堂效果提升到30%。而小组讨论，通过激烈的“头脑风暴”，可以让员工吸收50%。实践的效果则更好了，可以达到75%，实在是“高谈阔论不如亲自操作”，“坐而论道，不如起而行之”，与其不厌其烦地在黑板上教操作，还不如在简单讲解后让员工自己下车间实际操作一次。而最好的办法就是让员工上台做老师，要教会别人，首先得自己学会。教师备课的过程就是一个学习的过程，效果可以达到80%。企业的安全教育预防要强调效果，要因地制宜、因企制宜，采取最可行、最有效的方式。

（二）环境改善

环境是生产实践活动必备的条件，任何生产活动无不置于一定的环境之中，它需要占用自然环境中的土地，要建造厂房，需要营造人为的施工或生产环境，需要动力、能源、机器、设备等。当人们没有处理好人与环境的关系，就可能导致环境中上述因素异常，如生产布局不合理，不利于生产流程的畅通，操作工序设计和配置不合理；生产（施工）场地照明光线不良，照度不足，作业场地烟雾弥漫视物不清、光线过强；储存方法不安全，环境温度、湿度不当等，加上人员违章作业或因环境因素促使人员误操作，都有可能引发生产事故。施工环境恶劣，导致隐患变事故，小问题也会引发大事故。

事故表明：环境的异常状态与生产相结合就容易导致事故发生，一个良好的作业环境是保证生产安全的重要物质因素。日资企业特别强调“5S”，即整理（Seiri）、整顿（Seition）、清扫（Seiso）、清洁（Seiketsu）、素养（Shitsuke）。做好“5S”，企业加强对生产环境的改善，其目的就是消除隐患滋生的温床。

（三）工程

“安全的最高境界，就是制造出产品，让人想死都死不了。”虽然有点夸张，但是说出了安全的重要性。现在，大家普遍认可在车辆后排加装安全座椅，能让儿童在行驶过程中保持相对的安全。再有，广东人爱煲汤，一煲汤可能煲上好几个小时，一旦汤水沸腾后溢出来，火是灭了，但是燃气还在不停喷出，容易导致轰燃或者爆炸。为此，很多厂家早就开发了燃气灶的自动熄火功能，一旦火灭，则自动断气。

企业光靠人工加强隐患排查是远远不够的，最好的办法是对企业设备、工艺、介质等进行工程改造，实现本质安全。笔者曾经处理过一起事故，某大型企业生产电脑主机外壳，其中有一道冲压的工序。企业的冲压设备大多数重达60吨。设备冲压产生了大量的金属残渣，需要清理。正常的清理程序是停机，再用专用的木棍把金属残渣清除，然后继续加入新的原材料冲压。不少员工为了节省时间，不停机，而是利用冲压机上升的所谓“窗口期”清理金属残渣。工人也不用木棍清理，而是直接用手去清理。一次没有事，两次没有事，多次就会出事，有员工的手就被轧断了。为此，公司在员工工位正前方安装了光栅，只要手伸进去，自动停机。不久，事故又发生了。为了省事，一名员工把手从侧方伸进去，绕开了光栅，但是不是每次都那么幸运，员工的手又被严重轧伤了。最后，公司就想了个办法，在所有冲压机的侧面加装铁丝网，消除了这个安全风险。

（四）执法

执法就是制定和强制实施相关法律、规范，并加强督查落实。

案例

2011年5月9日晚，音乐人高某因酒后驾驶，造成四车追尾。10日下午4时15分，高某因涉嫌危险驾驶罪被刑事拘留。最终，高某以“危险驾驶罪”被判拘役6个月，并处罚金4000人民币。在庭审过程中，高某态度较好，完全认罪，他还称“酒令智昏，以我为戒”。

自从醉驾入刑后，酒驾、醉驾行为大为减少，虽然还有人酒后冒险、侥幸驾车，但总体来看，效果是明显的。企业也是一样，也要加强现场监督管理，通过具体的厂规，以处罚、调离岗位、辞退等方式予以惩戒。

当前，不少企业创新方式，加强现场监督。很多“智慧工地”安装了视频监控系统，相当于给管理人员增加了大量“眼睛”，可以24小时监控工地施工现场情况。视频系统支持远程视频数据调取，可回放视频查看实时数据进行智能分析，实现感知全息化、信息协同化。通过AI算法植入，可以实现风险的自动告警。AI算法分析搭载视频监控可通过火焰辨识，判断是否抽烟；区域入侵识别，侦测是否有违规进入工地人员；人脸识别特殊场景的工作人员；通过识别安全帽颜色，识别安全帽的佩戴情况等。当捕捉到不安全因素时，会自动识别并发出预警信息。以安全帽为例，如果施工人员没有戴安全帽，系统会监测到未佩戴安全人员信息，同时还可以现场联动工地智能广播，现场播报预警，如“请佩戴安全帽”，督促施工人员认真落实安全措施。

（五）评估

主要是判断哪些干预措施、项目和政策对隐患治理工作最有效，判断企业安全工作的效果如何？通过评估，可以使企业负责人能够及时调整工作策略，不断改善业绩。PDCA循环是美国质量管理专家沃特·阿曼德·休哈特（Walter A. Shewhart）首先提出的，由戴明采纳、宣传，获得普及，所以又称为戴明环。全面质量管理的思想基础和方法依据就是PDCA循环。PDCA循环的含义是将质量管理分为四个阶段，即计划（Plan）、执行（Do）、检查（Check）和处理（Act）。检查（Check）本质上就是评估，检查验证、评估效果。

企业要评估为什么安全事故会较以往有所上升，现有的工作方案为什么达不到效果？当前的措施是不是出了什么问题？例如，以前，对违反安全规定的员工处以经济惩戒，不少员工还是抱有敬畏心的，不敢违抗，效果是不错的。而现在的员工大多为90后，甚至00后，家庭条件较以前更为优渥，对于经济惩戒的敏感度没有过去那么强烈。一不开心，他们就辞职。因此，需要思考采取更为接地气的教育预防措施，通过各种体验式教育，与员工产生共鸣，从内心中激励员工关心自身安全。

五、开展安全生产共同治理

“利益相关者理论”指出：“企业利益相关者包括企业的股东、债权人、雇员、消费者、供应商等交易伙伴，也包括政府部门、本地居民、本地社区、媒体、环保主义者等压力集团，甚至包括自然环境等。这些利益相关者与企业的生存和发展密切相关，企业的经营决策必须要考虑他们的利益或接受他们的约束。”企业安全生产也是企业利益的一部分，也涉及各方相关者，需要大家共同治理。

（一）全员安全共治

群众的智慧是无穷的，要建立全员安全共治机制，让员工有发挥作用的渠道，有表达意见的机会，有被重视的机制，最终发挥每一位员工的作用。

“安利杯”安全促进项目大赛是广州市黄埔区“安全生产月”嘉年华活动的王牌项目。它不仅是一场大众的安全生产视觉冲击，是一次企业一线工作人员的充电之旅，更是安全生产从业者的饕餮大餐。活动举办以来，参赛的所有项目都是在企业生产实际中遇到并经过改进的，很多项目改造都来自一线员工的奇思妙想，解决了困扰企业的安全生产和职业健康方面的问题。同时，还为企业节省了不少成本。

案例

2021年第九届“安利杯”（全国）安全促进项目大赛的冠军为广州捷普科技有限公司，他们针对仓库安全问题突出、员工劳动强度高、工作效率低、员工满意度低的问题，组建包括一线员工在内的团队，从2017年组建团队开始到2020年应用，历时4年对整个仓库进行改造。改造举措包括在仓库安装红外线感应扩音器、人脸识别栅栏、电子物料收货运输流水线、自动存储货柜、自动收发料智能方舱、自动贩卖柜、无人超市、安全帽识别系统、无人叉车（AGF）应用、成品“高速公路”、叉车驾驶安全提醒、自动立体货架、装卸码头安全闸等设备设施。项目实施后，没有再发生人员伤亡事故，仓库未遂/隐患事件记录从2017年的131起下降到2020年的17起，呈现“断崖式”下降。仓库人员以前因为工作环境恶劣、工作强度大，离职率偏高，现在离职率也大幅度下降。

（二）规范供应商、承包商安全行为

企业不仅是自己安全工作的维护者，也是供应商、承包商安全工作的监管者，督促供应商、承包商按照国家标准和要求做好安全生产工作，实现更广泛的安全。比如，很多企业给承包商设定了很多进入的门槛，从承包商入厂开始，就全程加强对其的管理。入厂时，承包商要接受安全培训，并在通过考核后，方能入厂作业。平时加强对施工的管理、对承包商施工人员的培训、坚持持证上岗、施工前召开现场会、严格督促现场管理等，对于动火作业等重点环节还有更加特殊的要求和程序。有的企业每个月还组织承包商召开安全沟通会，每年对各个供应商进行考核。考核不合格的，以后就会丧失供应商的资格。这就是一个企业对另一个企业安全生产的监督和管理，也是共同治理。

（三）引入第三方参与安全生产

制定政策，鼓励协会、商会、公益组织、安全生产社会化服务机构、保险公司等第三方通过政府购买、市场机制参与安全生产工作。

安全生产服务市场的规模理论上非常大。西方发达国家，以制造业强国德国为代表，除政府监督机构外，德国的半官方劳动保护机构还有职业协会，包括不同的行业分会。除了官方和半官方机构，还有社会和商业监督机构——工伤事故保险联合会，也可以利用保险费率杠杆来监督企业。除此以外，经德国官方认证的很多评估机构，负责对企业的安全生产保障措施进行专业技术评估，为企业保

驾护航，服务市场规模很大。

德国这种第三方服务的经验值得中国效仿。我们要建设安全生产诚信体系、社会化服务机构质量监督体系，构筑安全生产技术支撑体系。鼓励安全生产协会、行业协会、社工等公益组织参与对企业安全生产的教育培训、咨询和诊断服务。加强对安全生产社会化服务机构的认证，坚持市场导向、培育市场，加大安全生产社会化服务机构规范化建设，鼓励企业购买安全技术和救援服务，实现“双赢”。设计政策，鼓励保险公司用市场化方式对企业进行监督、媒体参与安全生产监督等。落实“群众路线”，畅通参与渠道，打通“最后一公里”，激发公众参与安全生产工作的热情。

（四）实施安全生产精准监管

精准现在是个热词，令人想起庄子的《庖丁解牛》，庖丁“目无全牛”，对牛身结构非常了解。他对在哪里动刀非常清楚，下刀精准，“动刀甚微，謋然已解”，骨肉就哗啦哗啦地分开了。美国前总统奥巴马曾提出“精准医疗”，现在网上一搜索，铺天盖地的是精准扶贫、精准医疗、精准营销、精准广告等词汇，当然，在这里笔者要探讨的是如何以安全生产精准监管促进企业落实安全生产主体责任。

精准监管的反面是粗放式监管，所谓粗放式监管就是在底数不清、形势不明、问题不准的情况下，推行的政策、措施缺乏针对性，收效不大。最为代表性的是运动式检查、运动式整治，一人得病，全家吃药，追求的是“暴风骤雨”，通过集中优势人力、物力、财力，采取有组织、有目的、规模较大的执法监督活动，在短期内形成对问题的高压打击态势。然而，这种短期的、临时的集体行动，缺乏稳定的组织、机制、资源支持，缺乏系统性。虽然可以在短时间内猛药见效，可以弥补常态治理能力的不足，但无法达到长治久安的效果。而精准监管首先就是要摸清底数，对监管对象的情况一目了然，对问题解答非常清晰，能够针对问题采取有针对性的监管措施，常态性地开展监管工作，追求效果的长期、持久。

运动式检查、运动式整治的集中作为、短期行为特点，使违规违法者感觉过了这阵风就会雨过天晴，实质上就是助长违规者的侥幸和投机心理。在专项行动期间，一些企业不惜以暂时关张停业来应付，往往就能逃过惩罚。等专项行动过去后，违规违法行为又故态复萌、死灰复燃，甚至变本加厉，屡打不绝。而且，这种年年的整治、年年的专项行动让监管者也有所松懈、怠慢、麻木，很多时候都是应付，对安全生产工作的弊远远大于利。针对这个问题，我们要的是安全生产精准监管。

精准监管首先是摸清楚底数。安全生产精准监管需要有一个精准的企业数据采集体系，这个体系一定是开放的。现在中国的信息化建设“信息孤岛”比较严重，不同部门间，甚至应急管理部门内部上下级之间的数据都不开放，导致企业数据收集体系不完整，是“小数据”，对企业的分析、评级不准确。只有打通部门间和部门内部的壁垒，形成不断变化的、海量的“大数据”，才能全面掌握企业信息，对于被监管对象的定位才会准确。

要建立企业安全数据采集平台，并与审批等相关部门的系统衔接，实时比对数据，形成企业安全“画像”，掌握企业人员架构、危险工艺、应急物资、周边环境等情况，为精准监管奠定坚实基础。防灾减灾救灾工作亦是如此，对于自然灾害的风险点，可以整合风险辨识、预警、监测数据，形成自然灾害“画像”，助力“防抗救”工作开展。

其次是善于利用大数据。大数据的内涵和实质在于大数据内部信息的关联、挖掘，由此发现新知识、创造新价值。大数据的关键在于应用，通过植入的算法，把大量的安全生产相关的结构化数据和非结构化数据进行分析，对数据进行挖掘，找出数据间的相关性，发现很多现在完全未知的信息、未知的规律，甚至颠覆传统的思维。最终，通过可视化展示，为安全生产决策提供依据，知道下一步应该做什么、值得做什么，措施非常有针对性。

第三，监管部门要与被监管对象加强“一对一”的沟通，在信息技术落后的年代，这种沟通是难以实现的。现在，完全可以依靠现代信息技术，和企业通过24小时在线的信息系统、移动互联网得到实现。“一对一”沟通的普及，能够真正了解被监管对象的真实动态，实现精准沟通，为服务和监管奠定基础。另外，沟通的信息也会作为大数据的一部分被采集，为大数据应用所使用。

第四，精准监管一定是个性化的服务和监管。监管部门要适应精准的定位和沟通，依托数据平台、依靠信息技术，掌握企业、风险灾害的真实动态，针对不同的对象、不同的业务需求，提供个性化的服务和监管。因企施策，对于安全工作扎实、安全条件好的企业，以引导为主；对安全基础差、隐患突出的企业要寓监管于服务之中，强化监督。因地制宜，对自然灾害风险高、发生频率高的地区，以治理为主；而对风险低、频率低的地区，则以避险为主。通过精准定位、精准沟通找到并“唤醒”大量的、差异化的监管需求，通过个性化的服务和监管最大限度地满足有效的安全需求，获得社会效益，同时服务于企业“翻台率”的提高，提高企业经济效益。

第十章 10

安全生产综合监督管理

本章概要

安全生产综合监督管理既要对辖区范围内的安全生产工作进行全面的谋划、部署、组织与实施，也要对各负有安全生产监督管理职责部门的安全生产工作进行指导、协调、检查与监督。厘清综合监管、行业监管和专业监管部门边界，拟定部门履职清单，各部门照单履职。量化领导责任，优化应急管理部门的行业监管职责。

2021年9月10日23时39分，辽宁省大连市普兰店区丰荣街道鑫和社区一住宅楼突发爆炸，事故致8人死亡，另有5人受伤在医院救治。经现场勘察取样检测初步判断，燃气事故系该楼402室内液化石油气管道在穿楼板处腐蚀泄漏，遇点火源产生爆燃。9月13日，针对大连市普兰店区“9·10”燃气爆炸事故，按照“三管三必须”（管业务必须管安全、管行业必须管安全、管生产经营必须管安全）的要求，大连市委认为市应急局、住建局，普兰店区人民政府行业监管和属地责任严重缺位，研究决定：免去市应急管理局党委书记，党委副书记、局长职务；要求市应急管理局党委委员、副局长和市住建局党组成员、副局长停职检查；免去普兰店区副区长职务，按有关法律规定办理；责成普兰店区委对普兰店区应急管理局党委书记、局长，住建局副局长予以免职。

消息甫一传出，全国各地应急管理工作人员的微信群、朋友圈都“炸”了，义愤填膺、群情激奋，指责声一片，声讨这种做法，认为这样的处理严重颠覆了“三管三必须”的本意，既不合法也不合理。应急管理工作人员普遍认为，干应急工作是“痛并快乐着”，吃苦、流汗，什么都可以忍受，最不能忍受的就是随时可能成为“背锅侠”。安全生产综合监督管理被认为是“兜底”工作、“背锅”事业，从业人员成为被问责的“常客”。

一、安全生产综合监督管理

《安全生产法》第十条规定，国务院应急管理部门依照本法对全国安全生产工作实施综合监督管理；县级以上地方各级人民政府应急管理部门依照本法对本行政区域内安全生产工作实施综合监督管理。1998年以来，国家对安全生产监管体制进行了多次改革与调整，确立并强化了各级应急管理部门（原安全生产监督管理部门）负责安全生产综合监督管理。抓好安全生产的综合监管是各级应急管理部门的重要职责。

到底什么是安全生产综合监督管理？各种解释都有，有人认为安全生产综合监督管理的含义是指应急管理局既可以监督、管理各行业主管部门（如住房与城乡建设部门），也可以监督管理各行业主管部门的监管对象（如建筑施工单位）；所谓“综合”，就是什么都能管，各行各业都能管。既可以间接监管（通知住建部门处理，对其进行督办），也可以直接监管（直接对施工单位责令整改或实施处罚）。也有的人认为，综合监管就是安全生产“兜底”监管，只要没有部门管的，就是应急管理部门应该管的，所以在各种推诿扯皮后经常看到应急管理部门“顶上去”。还有的认为，“安全生产综合监管是个筐”，只要是安全问题，只要涉及人身伤亡的，都是“安全生产”的问题，都应由应急管理部门负责处理或协调。一些负有安全生产行业监督管理职责的部门千方百计地通过各种办法和途径，将一些不好管、危险程度高、发生事故概率大、监管责任大的职能交由安全生产监管部门承担，这就使“安全生产，人人有责”变为“安全生产，一家有责”，使应急管理部门逐步成为“危险”部门及“责任”部门。

正确的理解是，由于安全生产跨行业、跨专业、协调难度大，所以才设立安全生产综合监督管理，由应急管理部门代表同级政府对各部门和下级政府的安全生产工作进行部署和组织协调，对本区域安全生产工作实施综合监督管理工作。其职责主要体现在两个方面：一是对辖区范围内的安全生产工作进行全面的谋划、部署、组织与实施；二是对各负有安全生产监督管理职责部门的安全生产工作进行指导、协调、检查与监督。具体如下：

（一）指导、协调、监督同级政府有关部门和下级政府履行行业、专业和属地安全生产监督管理职责。

（二）会同有关部门，根据国民经济和社会发展规划起草并督促实施安全生产工作规划。

（三）综合分析本区域安全生产形势，统筹把握区域安全生产总体状况和重点工作，定期向同级政府报告安全生产工作，提出安全生产工作的意见和建议。

（四）及时协调、解决安全生产工作中存在的重大问题，组织本区域内安全生产联合检查和专项督查，指导、监督重大安全隐患治理工作。

（五）组织对同级政府有关部门和下级政府及其领导干部落实安全生产责任工作情况进行综合考核。

（六）传达上级党委、政府和相关部门的工作部署，通报有关情况，做好安全生产信息的传递、发布和反馈。

（七）按照事故分级调查的原则，组织开展所管辖区域内生产安全事故调查处理，督促有关各方落实事故调查处理决定。

（八）建立健全本区域生产安全事故应急救援体系。

二、综合监管、行业监管与专业监管

《安全生产法》第三条规定：“安全生产工作实行管行业必须管安全、管业务必须管安全、管生产经营必须管安全。”打开辽宁省大连市普兰店区“9·10”燃气爆炸事故问责新闻报道下面的评论区，看到的却是完全不同的一幕。网友几乎是一片叫好，对于应急管理部门官员免职“一边倒”地支持，诸如“为官不作为”“除了免职、应该开除”“光免职不行，应该判刑”“这个很厉害的，大连市委很务实有错就得改”等评论不少。应急管理工作人员看到这些评论着实非常伤心，辛辛苦苦、没日没夜地干工作，碰到“急难险重”舍命往前冲，出了事不但要背锅，还被网友痛骂。为什么?

原因很多，最主要的原因是群众不清楚应急管理部门工作职责，看到“安全”“应急”两个词就觉得抓应急管理局错不了。大连市委、市政府在“9·10”燃气爆炸事故中追究应急管理部门责任（或者说调整）的原因有两种可能。

第一种可能，大连市应急管理局“三定方案”写道，应急管理局“负责消防工作，指导区市县开展消防监督、火灾预防、火灾扑救等工作”。“9·10”燃气爆炸事故属于消防范畴，负责消防工作的应急管理局自然“难辞其咎”。

按照《消防法》中规定：“县级以上地方人民政府应急管理部门对本行政区域内的消防工作实施监督管理，并由本级人民政府消防救援机构负责实施。”另外，还规定：“应急管理部门及消防救援机构应当加强消防法律、法规的宣传，并督促、指导、协助有关单位做好消防宣传教育工作。”很明显，省、市、县级应急管理部门名义上负有消防监督职责，实际是消防救援机构负责消防监督。而且省级以下消防救援机构实施垂直管理，并不隶属于同级应急管理部门。

第二种可能，大连市应急管理局“三定方案”显示，应急管理局“负责应急管理工作，指导各地区各部门各单位应对安全生产类、自然灾害类等突发事件和综合防灾减灾救灾工作”。按照追责的思路，“9·10”燃气爆炸事故属于安全生产类突发事件，在应急管理范畴，应急管理局负责全市的应急管理工作，理当追责，而且要负主要责任。

负责也不是“包打天下”。应急管理工作是一项系统工程，不是某一个部门就能做好的。简单来说，安全生产类、自然灾害类等突发事件包括防、抗、救三个环节，工作分散在各个行业部门、专业部门。各行业要按照“管行业必须管安全”的要求，负责本领域的安全生产工作。以大连的燃气管理为例，行业主管部门是住建部门。住建部门要在监督管理燃气行业的同时，做好燃气安全的监督工作。首先，应急管理部门身兼二职，是负责应急管理工作，承担的是综合监管、指挥督促的角色，指导各地区、各部门、各单位，而不是自己亲自实施。其次，应急管理部门也有行业监管任务，比如，依法监督检查工矿商贸、危险化学品等生产经营单位。

因此，有必要再次明确行业安全监督管理职责。负有行业安全监督管理职责的部门是指对特定国民经济行业生产经营活动负有管理职责的部门，同时要做好该行业安全生产监督管理工作（以下简称行业监管部门）。比如，教育部门是对学校、幼儿园等教育机构的管理部门，理应负有行业安全监督管理职责；民宗部门是对宗教场所负有管理职责的部门，理应负有行业安全监督管理职责。当前，把综合监管外的部门统称为行业监管部门，是不恰当的。例如，以电梯为例，几乎各行各业都要用到电梯，学校、医院、商场、工厂等都要用到，电梯的主管、发证部门是市场监管局，电梯使用显然不是某个国民经济行业所特有的，它分布在各个行业中，准确地来说，它是一个专业领域。同理，消防领域也是如此，消防工作不是某一个行业的工作，几乎所有行业都会涉及。因此，笔者提出“专业监管”概念，专业监管是指道路交通、消防、特种设备等监管部门，对某一特定领域开展安全监管。

负有安全生产行业、专业领域监督管理职责的部门依法对本行业、本领域生产经营单位执行有关安全生产法律、法规和国家标准、行业标准的情况进行监督检查，履行下列职责：

1. 建立安全生产监督管理和行政执法责任制，指导、监督、检查生产经营单位落实安全生产主体责任工作情况，建立、健全安全生产责任体系、规章制度，事故防范、隐患排查和整改，重大危险源辨识、评估、监控等制度，发现事故隐患应当及时处理。

2. 按照分类分级监督管理的要求，制定安全生产监督年度检查计划，并按照年度检查计划进行监督检查。

3. 依法对涉及安全生产的事项进行审批，对审批事项及在行政审批过程中被清理的原审批事项进行重点检查。

4. 依法查处本行业、领域的非法生产建设活动。

5. 对有安全生产不良行为记录和被举报、投诉的生产经营单位进行重点检查。

6. 在检查过程中如发现非本部门监管职责的安全问题，应当及时移送其他相关部门并形成记录备查。

因此，要厘清综合监管、行业监管和专业监管部门边界，拟定部门履职清单，各部门照单履职。在业务交叉时按照“行业优先”原则确定监管主次，减少监管盲区。以酒店的防火监督管理为例，负有行业监管职责的是旅游部门，负有专业监管职责的是消防救援机构。在轻重责任划分上，首先是坚持“行业优先”，主要的监督责任是旅游部门，其次是消防救援机构。而作为综合监管的应急管理部门则要督促旅游部门、消防部门切实履行其行业和专业监管责任。

案例

2018年8月25日4时12分，位于哈尔滨市松北区的哈尔滨北龙汤泉休闲酒店有限公司发生重大火灾事故，造成20人死亡、23人受伤，过火面积约400平方米，直接经济损失2504.8万元。除了追究事故单位主要领导及相关人员刑事责任外，还按照“行业优先”的原则追究了行业和专业监管部门领导责任。事发后，太阳岛风景区管理局局长、党组书记，太阳岛风景区资产经营有限公司党委书记、董事长，哈尔滨市公安消防支队松北区大队大队长等3名相关责任人涉嫌严重违纪违法，接受了纪律审查和监察调查。

三、综合监管手段

当今的综合监管越来越流于形式，经常是泛泛地发几个文件、开几个会、提几项要求，文发了就发了、会开了就开了、要求提了就提了，该怎样还是怎样，综合监管没有权威、没有约束力。各级安委办必须加强权威，需要手段和机制予以保证。常用的手段有督办、预警曝光、约见告诫谈话、责任追究等。下面是2016年广州开发区出台的《安全生产综合监督实施细则》中关于综合监管手段的摘录：

1．督办。应急管理部门对下列事项实行登记、督办、销案、通报制度。

（1）对易造成重大生产安全事故的违法行为的处理情况。

（2）对移送的安全生产违法行为的处理情况。

（3）开展安全生产大检查或专项整治的工作情况。

（4）上级人民政府或有关部门交办的重要事项。

2．预警曝光。应急管理部门对下列事项实行预警，发布预警通知，并以曝光台形式在政务网站和主流媒体公示，接受社会监督。

（1）相关行业领域或区域在三个月内因生产安全事故死亡两起，或发生造成较大社会影响的生产安全事故。

（2）经二次催办仍未按时完成督办事项。

被预警的责任单位应当在五个工作日内向应急管理部门提交整改方案，并依时落实整改，提交整改落实情况工作报告。应急管理部门应在两个工作日内核实整改落实情况，并将完成整改的事项撤下曝光台。

3．约见告诫谈话。应急管理部门提请同级政府主要领导或分管领导对下列事项的责任单位主要负责人或者分管负责人实行约见告诫谈话，并形成记录。

（1）相关行业领域或区域在一个月内因生产安全事故死亡达到两人，或发生造成一定社会影响的生产安全事故，或经三次以上催办仍未按时完成督办事项的，由政府分管领导对责任单位分管负责人进行约见告诫谈话。

（2）相关行业领域或区域在两个月内因生产安全事故死亡达到三人，或发生造成较大社会影响的生产安全事故，由政府分管领导对责任单位主要负责人进行约见告诫谈话，纪委监委、组织部门派人参加。

（3）相关行业领域或区域在三个月内因生产安全事故死亡达到四人，或发生造成重大社会影响的生产安全事故，由政府主要领导对责任单位主要负责人进行约见告诫谈话，纪委监委、组织部门负责人参加。

被约见告诫谈话的责任单位应在五个工作日内向区管委会提交整改方案，同时抄送应急管理部门，并在承诺的期限内落实整改，提交整改落实情况工作报告。

约见告诫谈话的主题、等级、责任单位、整改结果等基本情况，应当通报并在曝光台公布。

4．责任追究。有关部门相关责任领导在一个年度内开展安全生产监督管理过程中，工作责任落实不到位，导致重大安全隐患长期存在或发生生产安全事故的，根据以下情况实行通报批评或责任追究。

（1）被曝光事项达三项的责任单位，由应急管理部门进行通报批评。

（2）被曝光事项达五项的责任单位，由应急管理部门提请同级政府进行通报批评。

（3）被约见告诫谈话达两次或被政府主要领导约见告诫谈话的，责任单位分管负责人本年度安全生产责任制考核不得评先。

被约见告诫谈话达三次或被区政府主要领导约见告诫谈话的，责任单位及其主要负责人、分管负责人本年度安全生产责任制考核不得评先。

因失职、渎职行为，导致生产安全事故发生的，由区应急管理部门提请纪委监委依法依纪追究党纪政纪责任；构成犯罪的，移交司法机关依法追究刑事责任。

还有一个重要手段就是考核。应急管理部门应当牵头制定本区域党政领导班子和领导干部安全生产责任制考核办法，并根据本区域安全生产工作重点，制定安全生产责任制年度考核方案及考核细则，经同级政府批准后组织实施。

考核对行业监管部门、专业监管部门、下级政府实行差异化分类考评，每年度对相关责任单位及其领导干部进行综合考核。考核采取日常考核与年终考核相结合的方式。考核结果分为先进、达标和不合格三个等级，考核结果经同级政府批准后通报。考核实行奖惩制度，对考核先进单位通报表彰；对考核不合格单位实行“一票否决”制度，单位及相关负责人员当年不得参加评选各类荣誉称号及表彰奖励，并通报批评。

四、量化领导责任

2018年，中共中央办公厅、国务院办公厅印发了《地方党政领导干部安全生产责任制规定》，对领导干部责任进行了规定。

案例

地方各级党委主要负责人安全生产职责主要包括：认真贯彻执行党中央以及上级党委关于安全生产的决策部署和指示精神，安全生产方针政策、法律法规；把安全生产纳入党委议事日程和向全会报告工作的内容，及时组织研究解决安全生产重大问题；把安全生产纳入党委常委会及其成员职责清单，督促落实安全生产“一岗双责”制度；加强安全生产监管部门领导班子建设、干部队伍建设和机构建设，支持人大、政协监督安全生产工作，统筹协调各方面重视支持安全生产工作；推动将安全生产纳入经济社会发展全局，纳入国民经济和社会发展考核评价体系，作为衡量经济发展、社会治安综合治理、精神文明建设成效的重要指标和领导干部政绩考核的重要内容；大力弘扬生命至上、安全第一的思想，强化安全生产宣传教育和舆论引导，将安全生产方针政策和法律法规纳入党委理论学习中心组学习内容和干部培训内容。

《地方党政领导干部安全生产责任制规定》作为党中央颁布的规范性文件，只能作原则性的要求。在实践工作中，要落实规定，就必须对规定、对要求、对工作尽可能地进行量化。

要将各级党政领导干部安全监管任务和责任量化，完成上年监管计划和任务即视为已履行监管责任。要求党委主要负责人每年至少召开一次党委常委会议研究部署安全发展战略、重点工作，协调解决安全生产体制机制、班子队伍建设、宣传教育培训、目标管理考核等重大问题。每年至少组织一次对安全生产工作的专题调研或检查指导。按照加强安全生产工作领导的要求，协调党政领导班子成员分工，并保持相对稳定。督促党委领导班子其他成员认真落实安全生产“一岗双责”制度，支持政府依法履行安全生产工作职责。

类似地，政府主要负责人要把安全生产纳入政府重点工作和政府工作报告的重要内容，组织制定安全生产规划并纳入国民经济和社会发展规划，每年不少于两次听取安全生产工作汇报，研究部署安全生产规划的制定落实、专项整治、安全投入、隐患治理等重点工作。主持召开或者委托分管负责人主持召开安全生产委员会会议，研究部署安全生产有关工作。每半年至少一次深入基层开展安全生产督促检查活动，指导和帮助基层及时解决安全生产隐患排查治理、专项整治和“打非治违”等工作中存在的突出问题。

地方各级政府原则上由担任本级党委常委的政府领导干部分管安全生产工作，每月听取安全生产工作汇报，督促指导负有安全生产监管职责的部门和乡镇（街道）认真落实有关安全生产决策部署，或深入基层开展一次安全生产调研、检查。

地方各级党委常委会其他成员、地方各级政府其他领导干部按照职责分工，抓好分管行业（领域）、部门（单位）的安全生产工作。每季度至少一次研究部署分管行业领域的安全生产工作，每季度至少一次开展分管行业领域安全生产检查，及时提请常委会、政府常务会议研究安全生产重大问题。

五、优化应急管理部门的行业监管职责

应急管理部门既是综合监管部门，承担综合监管职责，又要承担工矿商贸行业安全生产监督管理职责。要做好行业监管职责，也要不断优化机制体制。

例如，企业经常面临多头监管，即使在应急管理系统，也存在多头监管的现象。一个企业，可能面临从应急管理部、到省应急管理厅、到市应急管理局、到县应急管理局，再到乡镇（街道）的五重监管，特别是在一些“运动式”检查中，企业反反复复被检查。即使是同一个应急管理部门，也可能会实施多头检查，比如，今天是危险化学品处（科）来检查，明天是预案和救援管理处（科）来检查，后天是宣传教育处（科）来检查。有时候，各个处（科）之间不通气，居然同一天到企业检查，搞得企业手忙脚乱。尤其是，由于大家都在监管同一个企业，一旦涉及监管责任追究，“法不责众”，大家都不用负责任。

（一）明确划分责任

为了解决企业安全多头监管，责任不清的问题，广州市黄埔区推行了“一个企业一个安全监管主体”的措施，优化监管机制。

案例

广州市黄埔区全区按照企业风险主要特征、企业规模大小等情况确定区和乡镇（街道）监管名单。2017年，区安全生产监督管理局出台了《生产经营单位安全生产分级分类监督管理办法》，当时的区安全生产监督管理局、现在的应急管理局对480家重点的生产型企业按照A、B、C、D分类实施监管，并按行业将企业列入相关处室监管清单，比如危险化学品生产企业、重大危险源企业由危险化学品监管处负责，粉尘涉爆、有限空间作业等重点企业由基础监管处负责。对企业的监管，包括安全生产、应急、危险化学品储存等所有的工作，“全包”，全部都要监管。

其他2400多家规模以上企业由属地乡镇（街道）直接监管，划分为重点监管企业和一般监管企业。制定了《乡镇（街道）监管清单分类标准》，将存在制造、加工、维修、印刷、组装、研发、检验检测等生产经营活动的企业、仓储企业、危险化学品经营企业、存在较大危险因素的其他企业或个体工商户列入乡镇（街道）重点监管名单，达5000多家。

量化监管指标。区安全监管局各处室、乡镇（街道）将监管任务分解到组，将监管责任落实到每个执法人员。量化区安全监管局、乡镇（街道）年度监管指标，明确执法检查、行政执法案件、“打非治违”等任务，纳入年度安全生产责任制考核和内部工作评价内容，实现过程考核与结果考核相结合，严格落实安全生产“一票否决”制度。要求区安全监管局各处室按照A类每年检查不少于1次、B类不少于2次、C类不少于3次、D类不少于4次要求实施监督。完成上年监管计划和任务即视为已履行监管责任。

优化监管手段。建设“黄埔区（广州开发区）安全生产监督综合管理系统”，督促全区企业每周上报自查情况和危险化学品实时存储情况，整合环保、劳动、建设等部门安全生产检查、执法数据，建设区安全生产大数据，为安全生产提供预警和科学决策帮助。通过系统门户、手机App，区、乡镇（街道）两级安全生产执法监察人员与企业安全管理人员通过“政企互动”“政府声音”等模块实现24小时互动，及时解决企业安全生产困难、有针对性地监督企业改善安全生产状况，初步实现安全生产的个性化服务、精准监管。

“一个企业一个安全监管主体”实施以来，广州市黄埔区应急管理局各处室、各乡镇（街道）监管责任和工作要求更加明晰，减少了推诿扯皮、提高了工作积极性，安全生产监管效率和服务水平有了显著提升。

（二）不断改革创新

法律法规还不尽完善，在实践中操作发现有一些不足，需要不断改革创新，填补漏洞。以《生产安全事故报告和调查处理条例》为例，3人以下死亡或者10人以下重伤均属于一般生产安全事故，没有下限，很难把握。在实际工作中，死亡事故报送及时、情况容易把控，但重伤事故却常常游离于监管之外，导致重伤事故发生后的伤者治疗、赔偿问题得不到妥善解决，容易造成社会不稳定。有的事故发生半年以后，由于包工头拒绝支付医疗费，导致治疗无法持续，伤者才举报。时间过去已经很长了，当时的情况已无法还原，调查取证非常困难。

鉴于此，广东省广州市黄埔区、广州开发区出台了《生产安全事故报告和调查处理规定》，明确规定，发生下列情形之一的事故，应当及时报告。

1. 一次造成死亡（含失踪）1人以上的。

2. 一次造成重伤1人以上的。

3. 一次造成直接经济损失100万元以上的。

4. 一次造成的较大涉险事故。

对生产经营单位发生的事故损害后果达到以上四种情形之一，但事故性质暂时界定不清的各类安全事故，应当按照规定报告。

事故报告应遵循时限规定。能够确定的，生产经营单位应当在事故发生后1小时内向区安全生产监督管理部门和负有安全生产监督管理职责的有关部门报告。对于发生人员受伤但受伤程度暂时界定不清的，生产经营单位应当在事故发生后72小时内确定伤者受伤情况，在确定后1小时内向有关部门报告事故。以往重伤事故报告制度没有得到规范，大部分企业不上报重伤事故，使得事故长期处于监管之外。规范企业“72小时”确定重伤与否并上报，有三个好处：一是方便企业操作，有足够的时间判断伤者是否重伤，是否需要损失105个工作日；二是方便应急管理部门和其他有关部门开展事故调查处理，做好调查取证工作；三是伤亡数据统计率提高，数据更加准确，方便分析决策。

还有，对监管部门到企业到底检查什么，广东省广州市黄埔区、广州开发区安全监管局制定了《生产经营单位安全生产监督检查办法》，核心内容就是解决监管部门监管角色的问题，明确去企业检查是督促企业落实安全生产主体责任，而不是代替企业开展隐患排查。办法要求：“检查人员要对生产经营单位的安全生产台账档案检查，应结合作业现场检查内容重点检查相应的台账档案。”包括的台账档案有：安全生产制、规章制度和操作规程，安全生产宣传培训教育，提取与使用安全生产费用，生产安全事故应急救援预案制定、演练、备案以及依法应检查的其他安全生产台账档案。尤其是要认真检查企业的生产安全事故隐患排查治理制度及其记录。同时，要到企业生产作业现场核查，核查作业现场与台账档案的一致性。

第十一章 11

群众动员

本章概要

群众路线是中国共产党的生命线和根本工作路线，也是应急管理工作的生命线和工作路线。应急管理工作必须坚持群众观点，落实群众路线，“一切依靠群众”。落实群众路线，前提就是要对群众进行动员，发动群众参与应急管理工作。群众动员有政治动员和社会动员两种形式。

民本思想，相对于君本（国本）、官本而言，指中国古代的明君、贤臣为维护和巩固其统治而提出的一种统治观，主要表现在重民、贵民、安民、恤民、爱民等方面。民本思想源远流长，起始于夏商周时期，发展于春秋战国时期，定型于汉代，此后历朝历代说法虽有所演变，其思想主旨始终没有变化。先秦儒学的民本思想主要体现为孔子的“为政以德”、孟子的“民贵君轻”和荀子的“君舟民水”。重视群众的传统在现代得到传承并发扬光大，中国共产党自建党伊始，就格外重视群众工作。

一、群众路线是应急管理工作的生命线

1922年7月召开的中国共产党二大通过的《关于共产党的组织章程决议案》指出：“党的一切运动都必须深入到广大的群众里面去。”1925年10月召开的中共扩大执委会决议案中又指出：“中国革命运动的将来命运，全看中国共产党会不会组织群众，引导群众。”1928年6至7月召开的中共六大也作出了“党的总路线是争取群众”的重要论断，同年11月，李立三根据党的六大精神在同浙江地区负责人谈话时指出：“在总的争取群众路线之下，需要尽最大的努力到下层群众中去。”这是中国共产党领导人首次使用“群众路线”这一概念。

抗日战争时期，党的群众路线的基本内容开始得到不断的完善和成熟。1943年6月，毛泽东同志在为中央起草的《关于领导方法的若干问题》一文中，从辩证唯物主义认识论的高度，对党的群众路线的工作方法进行了精辟概括，毛泽东同志指出：“在我党的一切实际工作中，凡属正确的领导，必须是从群众中来，到群众中去。这就是说，将群众的意见（分散的无系统的意见）集中起来（经过研究，化为集中的系统的意见），又到群众中去做宣传解释，化为群众的意见，使群众坚持下去，见之于行动，并在群众行动中考验这些意见是否正确。然后再从群众中集中起来，再到群众中坚持下去。如此无限循环，一次比一次地更正确、更生动、更丰富。这就是马克思主义的认识论。”

毛泽东同志在《论联合政府》一文中还进一步阐述了党的群众路线的核心内容，他指出："我们共产党人区别于其他政党的又一个显著的标志，就是和最广大的人民群众取得最密切的联系。全心全意地为人民服务，一刻也不脱离群众；一切从人民的利益出发，而不是从个人或小集团的利益出发；向人民负责和向党的领导机关负责的一致性；这些就是我们的出发点。"毛泽东同志还从中国共产党的根本性质和宗旨出发，提出把"和最广大的人民群众取得最密切的联系"作为党的三大优良作风之一，这标志中国共产党对群众路线的认识提升到了一个新的高度。

1981年党的十一届六中全会通过的中共中央《关于建国以来党的若干历史问题的决议》第一次把群众路线确定为毛泽东思想三个"活的灵魂"之一，并将党的群众路线的基本内容概括为"一切为了群众，一切依靠群众，从群众中来，到群众中去"。群众路线这四句话是一个不可分割的整体，前两句阐述的是党的群众观念，它是党的群众路线的核心内容；后两句是党的群众观念的具体化，即如何把党的群众观点落到实处。前两句体现的是马克思主义关于人民群众问题的世界观，后两句体现的是马克思主义关于人民群众问题的方法论，二者的有机结合构成了中国共产党群众路线的整体内容。

群众路线是中国共产党的生命线和根本工作路线，也是应急管理工作的生命线和工作路线。安全为天，生命至尊，没有什么比生命更重要。应急管理工作直面"天灾人祸"，任务是保护群众的生命安全，必须坚持"以人民为中心"，坚持"一切为了群众"，全力以赴。

自然灾害和安全事故涉及领域多、不确定性大、耦合因素杂、牵扯范围广，需要调动"一切积极因素"共同治理。群众不仅是一个个体概念，也是一个集合概念，可以是企业、非政府组织，或是某个群体。应急管理工作必须坚持群众观念，落实群众路线，"一切依靠群众"。

（一）从群众中来

"从群众中来"不止于采纳意见，还包括报告应急信息。"从群众中来"如果仅仅依靠书面征求意见、座谈会、咨询会等传统方式，不仅对群众意见掌握不全面，也不能准确反映群众意愿，而且也容易流于形式。信息技术日新月异，人的交流方式和价值观呈现多元化趋势。要在保持电话、信件、会议等传统通信方式的同时，建立包括网站、电子邮箱、微信、微博等新媒体方式在内的应急管理工作建言献策渠道，通过大数据、云计算等技术，分析、集中和采纳群众的好建议、好意见、好经验。

当然，群众不是每条意见都能清楚无误地表达出来，很多时候需要我们通过“头脑风暴”或者人工智能等技术手段去引导、发掘，甚至激发出来。社会风险无处不在，而居于一线、识别风险的主体就是群众。依托新一代信息技术，建立多样化、多层次、便利化的信息报告渠道，方便群众识别风险并报告隐患，实现第一道预警。

“从群众中来”要建立“双赢”“多赢”机制。建立分层次参与机制，让不同层级、属性、特点的群众都有参与的积极性、渠道和平台。制定政策，鼓励企业投入安全与应急产品的研究开发，作出贡献的同时赢得市场；大学与科研机构潜心安全技术研究，提供应急技术支撑，同时提升学术水平；保险公司开展事故与灾害保险，成为事故灾害防范的“第三只眼”，同时促进保险事业发展。此外，让积极投身应急管理工作和志愿服务的专业人员、普通市民备受礼遇，彰显其功绩、给予其应有的获得感，促进其职业、事业和人生的发展。

（二）到群众中去

“到群众中去”是应急管理工作的落脚点。趋利避祸是人之常情，事故与灾害属于一致性危机。但是，群众在预防、应急、社会动员等具体的工作理念上却会有所差异。要让大家心往一处想、劲往一处使，前提就是培育共同或者趋同的应急管理工作价值观。要加强立法、制定规则、创建约束，正面宣传、营造氛围、形成导向，让群众对应急管理工作理念有内在认可或共识，并形成自身在应急管理工作中的价值定位，从而把从群众中集中上来的系统化的意见变为群众自己的意见，变成自觉的行动。

“到群众中去”要将安全理念和知识、应急管理服务和支持送到群众身边。除了采用传统方式宣传安全理念和知识外，还要将安全课程纳入国民教育序列，“从娃娃抓起”，培养一代代具备安全意识和技能的人。宣传要与时俱进，善于转换语言体系和传播方式，将官方语言转变为民间语言，学术语言转变为生活语言，书面语言转变为流行语言；注重网络传播，实现信息展示多元化、表现形式立体化、传播渠道互动化，让安全和应急宣传真正有效。要围绕事故与灾害的

“全生命周期”，建立风险识别与评估、预防和准备、预警和监测、应急和处置、灾害恢复与评估体系，保公共安全；要将应急服务和资源送到群众身边，特别是要认真解决从乡、镇、街到社区、小区、自然村、家庭“最后一公里”的问题，工作要落地。

“到群众中去”关键是要发挥群众作用。让受教者成为教育者，让被救者成为施救者。构建应急管理体系，理顺不同层级应急管理部门之间的关系，构筑强连接，形成应急管理工作的核心力量。以应急管理工作为纽带，设计弱连接体系，将市场、社会资源广泛连接，让社会网络中的群众有施展才能的平台和空间，在预警、宣传、社会动员、志愿服务、技术支持、专业救援、灾后恢复等方面发挥积极作用。要借力群众智慧，将人工智能、物联网、机器人等最新科研成果应用到监测、预警、预防、应急处置上来，向科技要战斗力、要效率、要安全。县级及以下基层区域是应急管理工作主阵地，其工作最能体现党和群众血肉相连。要通过安全社区、综合减灾示范社区等平台和载体，号召群众、组织群众、凝聚群众，建立社区、小区、自然村、家庭的自防、自救和互救体系。

2013年4月28日，习近平总书记在同全国劳动模范代表座谈时指出：“实现我们的奋斗目标，开创我们的美好未来，必须紧紧依靠人民、始终为了人民。”只要我们始终坚持落实、传承和弘扬群众路线，应急管理工作就一定能够不断攻坚克难，保群众平安。

二、群众动员

落实群众路线，前提是要对群众进行动员，发动群众参与应急管理工作。2018年大年初一上映的《流浪地球》，无论是惊人的想象力还是恢宏的场面，无论是影片隐含的深意还是剧情的紧凑，都可以称其为优秀影片，堪称中国科幻电影里程碑。

案例

《流浪地球》讲述了在不远的将来，太阳急速衰老膨胀，地球面临被吞没的灭顶之灾。为拯救地球，人类在地球表面建造了上万座行星发动机，以逃离太阳系寻找新的家园，人类推动地球踏上长达2500年的宇宙流浪之旅。故事就发生在地球经过木星的这段时间。在地球即将被木星捕获的生死关头，韩朵朵呼吁全球救援“希望，是像钻石一样珍贵的东西……”，总人数高达150万人的各支救援队开启了救援行动。

（一）社会动员

联合国儿童基金会认为，社会动员是一项人民群众广泛参与，依靠自己的力量，实现特定社会发展目标的群众性运动。面对危机，最珍贵的不是金银财宝等物质财富，而是对未来的希望、对战胜危机的信心。在危机时刻，要播种希望、传递信心，关键就是要有强有力的社会动员机制，迅速形成共识、凝聚力量，迸发出想象不到的能量，进而摆脱危机。联合政府在影片《流浪地球》中没有一个镜头，但是其影响却贯穿始终，通过所构筑的社会动员机制，联合政府在灾难预警、应急决策、联合救援中发挥了主导作用。现代社会，社会动员机制既是国家治理体系的重要组成部分，同时也是国家治理能力的重要体现。《流浪地球》虽然是一部科幻片，但是其中处处体现的社会动员机制却值得我们借鉴。

法律是社会动员机制的制度基础。当一个国家或者一个地区灾难来临，这就是法律上的紧急状态了。紧急状态下，一切社会管理和生产、生活秩序必须按特定的法律行事。影片中，《流浪地球法》是紧急状态下社会动员机制的制度基础。在从济宁N3派出所返回北京的过程中，韩子昂、刘启所驾驶的CN373号运载车在行驶过程中被王磊所领导的CN171-11救援队依法征用。即使空间站宇航员中校刘培强命令只是上尉的王磊让韩子昂、刘启退出救援，王磊仍不为所动，依法办事。

我们坚持依法治国，但是对危机管理领域的立法做得还很不够，目前的紧急状态法体系还非常不完善。中国目前没有专门的紧急状态法，2007年出台的《突发事件应对法》操作性不强。例如，在紧急状态下对公民基本权利的限制（即征收、征用）缺乏可操作性的规定。目前，中国各级应急管理机构已组建完毕，面对未来频繁的灾害、危机，急需出台紧急状态法来构筑危机状态下全社会动员机制的制度基础。对危机、灾害不只是应急和处置，还包括风险识别与评估、预防与准备、预警与监测、灾害评估和恢复等诸多环节，因此，还要配套出台公共安全法以构筑公共安全体系制度基础。

从“对社会的动员”到“由社会进行动员”。影片中，刘启开始是以叛逆少年的形象出现，带着妹妹韩朵朵离家出走。最初，刘启是被动地跟随CN171-11救援队行动。后来，在救援队影响下，主动积极地参与救援工作，发挥了重要作用。这个小小的缩影，折射出联合政府已经实现了从“对社会的动员”到“由社会进行动员”的转变。

新中国成立以来，面对大量危机事件，主要是由政治体系通过政治动员方式来动员社会，远的如1998年抗洪，近的如2008年汶川大地震，确实起到了非常好的作用。这与中国长期是国家—单位—个人的一元化社会体系密切相关，国家是资源的垄断者，没有社会，只有国家。随着市场经济的发展，社会主体和利益均呈现多元化现象，在党委政府资源、职能、权力、能力有限的情况下，显然不能把控制和战胜危机的希望单纯寄托于党委政府。而且，过度使用政治动员手段，容易对社会造成长远的伤害，频繁使用效果会直线下降。所以，一定要把市场、社会资源整合进来。党委政府是主导力量，市场、社会与广大民众则是主体力量，对社会的动员则是使两支力量协同作战、形成合力。要建立制度，让体制外的企业、社会组织、非政府组织以及公民个人有序参与到整个社会动员机制中来。特别是要发挥这些组织与群众紧密联系、机制灵活、专业性强的特点，释放其社会动员能力。

社会动员需要有渠道保证。在影片中，总人数高达150万人的各支救援队在联合政府指挥和信息系统的调度下，有序救援，重启了分布在地球各地的发动机。但是动作还是慢了，地球最终还是将被木星吸走。面对即将到来的灭顶之灾，联合政府再次通过无所不达的信息传播渠道把信息传递到了地球上的每个人，希望大家珍惜地球毁灭前最后七天的宝贵时光，与家人在一起。

信息交互渠道畅通是社会动员的前提。紧急状态时，在电、水、气、网络等生命线可能被摧毁的状态下，实现自上而下的信息传递和自下而上的互动，给群众保留希望的火种，让受困群众保持战胜危机的信心至关重要。目前，我们的应急体系在生命线畅通上，仍存在信息“最后一公里”没有打通的问题。很多时候，信息只是在党委政府部门上下传递，到达不了群众，在生命线被摧毁时情况则更糟。因此，当前的一个重要任务就是打通党委政府与群众的信息交互渠道。

既要发挥现有电视、广播等传统媒体的作用，还要善用5G、互联网、物联网等技术，凸显新媒体的作用；既要实现党委政府指令和信息的传播，更要保证群众信息的反馈交互，在生命线完好的情况下保障信息畅通。在生命线被摧毁的情况下，可以通过种种方式建立“永不消逝的电波”，包括发挥无线广播的作用；可以借鉴刘培强在空间站与地面联络的方式，利用北斗卫星实施应急通信；还可以探索通过发展低能耗的窄带互联技术实现信息沟通。

危机到来时，希望比钻石还要珍贵。要在危机时保持希望、重拾信心，就要立足当下、着眼未来，用心谋划、认真落实，在应急管理领域构建强有力的社会动员机制。

（二）政治动员

群众动员方式除了社会动员外，还有政治动员。强化社会动员，不是放弃政治动员，而是要更好地发挥政治动员的作用。在新冠肺炎疫情阻击战中，中国展现出强大的政治动员力量。2020年1月22日，习近平总书记就疫情迅速蔓延的情况，明确要求湖北省对人员外流实施全面严格管控。之后，为阻断新冠病毒传播渠道，全国各地纷纷采取强有力的措施。2020年春节假期，除了相关工作人员忙碌在抗疫和复工复产一线，全国人民按照党中央的统一号召，“宅”在家中抗疫，整个国家出现了“足不出户”的超级场景。而后各地多次出现局部本地疫情，通过严格管控，很快就扑灭了疫情。对比欧美的所谓“民主国家”民众在“封城令”发布后，仍然扎堆聚会、游玩、喝酒，全世界都惊叹于中国强大的政治动员能力。

政治动员自古有之。中国共产党在革命战争年代通过政治动员将广大民众动员起来，积极参加革命、抗日战争和解放全中国的行动。中华人民共和国成立后到改革开放前，自上而下的政治动员仍是中国最为常见的社会动员方式，有效维持了整个国家社会的运行发展。在1976年抗击唐山大地震、1998年长江中下游抗击特大洪水等事件中，发挥了极其重要的作用。改革开放以后，中国社会生活的重心由政治转向经济，整个社会沿着市场经济的逻辑进入高速发展的轨道。民众的价值观念、心理行为随之变化，形成了多元化的价值观念体系，原来自上而下的政治动员效果下降。因此，西方学界认为，政治动员是计划经济模式的思维方式和手段，不再适应新的时代发展要求，应该退出历史舞台，需要推动自下而上的社会动员。

然而，学理研讨与实际还是有差距。无论是2008年的汶川大地震，还是2020年的新冠肺炎疫情，中国的政治动员都发挥了无可取代的作用，短时间释放出的巨大能量在第一时间实现对人力、物力的广泛动员。如果没有强大的政治动员，国内本地新冠肺炎疫情就无法在2个月内得到基本控制。如果机械地套用自下而上的社会动员思路，估计现在的疫情已经处于无法收拾的境地。因此，政治动员应该要继续保留并优化。

但是，我们也应该看到，不是所有的自然灾害和公共危机都需要如此广泛的政治动员。绝大部分自然灾害、事故灾难和公共危机，所影响的范围、涉及的人群还只是少数、局部，不需要广泛的政治动员。而且，政治动员的成本是非常高的，我们为了控制疫情，让很多城市“休眠”，给经济和社会发展带来不小的影响。到2020年4月8日，湖北省武汉市“封城”达76天，社会活动基本停止，很多人多少天没有出过门，更谈不上工作了。因此，政治动员不能过频过密，要选择在关键的时候、采用适度的规模、选择适合的方式实施。平时，则要完善社会动员模式，发挥社会动员作用。

理想的群众动员是政府、市场和社会作为多方主体共同参与的动员。在本次疫情防控中，市场参与得非常深。比如疫情物资，如果一味依赖政府，很多物资可能没有办法到位。而一些专业物流运输机构的参与就有序、有效地解决了这一问题。但是，要一味地依赖市场和社会也是不现实的。社会组织面临的公信力危机、专业能力不足和自身治理不规范仍是其参与的三大障碍。因此，要发挥政府、市场、社会三者优势，建立由政府主导，搭建市场和社会参与自然灾害和公共危机社会动员的平台，实现“上下结合”。

三、志愿服务是群众动员的合适载体

随着应急管理部门机构改革推进，各级应急管理部门正在对本级应急救援队伍进行整合和建设，力图通过机构改革加强本级应急救援力量。这样的工作必须要加强，但是，这还不是应急救援体系建设的全部。笔者做了一个不全面的统计，绝大部分应急事件（95%以上）发生在县（区）及以下基层，伤亡人数较多或影响比较大的应急事件占总数的5%不到。而在县（区）以下，需要出动综合性消防救援队伍开展应急处置的比例不高，相当一部分应急事件在乡镇、社区层面就已经得到了处置。事件发生后，专业救援队伍还没有到达现场，事件就已经得到初步控制或者处置。也就是说，政府的应急救援能力不可能覆盖所有区域。

（一）德国经验

大量案例显示，高水平国家的专业化应急救援志愿者队伍建设水平也是非常高的。按照多中心治理理论，由于社会资源的分散，政府不再是社会治理的唯一主体，市场、企业、社会组织都可以参与治理，政府更多的是担负“掌舵者”的角色。群众的力量是无穷的，但也需要有合适的载体和渠道帮助群众释放能量。在应急救援领域，政府能力和作用也存在局限性，必须打一场“人民战争”，其中广泛分布在群众中的应急志愿者的作用尤其重要，能够很好地弥补政府力量的不足，成为专业救援力量的有效补充。

德国的经验值得我们学习。德国的应急救援队伍独具特色，主要由消防中心、联邦技术救援署、公立事故医院以及各类社会组织组成。这些应急救援力量分工明确、配合密切、协同行动并相互补充，从而形成了以消防为核心，技术救援为后备骨干，以志愿者为支柱，社会高度参与的分工格局。在各类应急救援力量中，志愿者人数众多、训练有素、技术装备精良、反应迅速、应急救援水平高，是应急救援队伍的生力军，是德国应急救援体系中的中坚力量，在国际应急救援中享有盛誉。目前，德国约有180万名志愿者，这些志愿者通过各种组织组成自救、赈灾团体，参与公共事务并发挥作用，与政府的救援力量一起运转。他们平时都在自己的岗位工作，只要接到发生险情通知，在极短时间内就可迅速赶到集中地集结出发。

德国应急救援志愿者队伍具有四个特点：

1．知识技能专业化。德国应急救援志愿者队伍最突出的特点是具有应急救援的知识和技能，这种专业化应急救援知识和技能，是建立在救援任务专业化分工的基础上。在各种应急救援队伍中又下设了许多专业小组，各队伍的志愿者分属于什么专业组，就必须具备和熟练掌握什么样的专业救援知识和技能。在德国要成为一名合格的应急救援志愿者，需要进行长期专业化训练，旨在让每一名志愿者拥有应对突发事件的知识与经验。

2．德国有非常庞大的专业化应急救援志愿者队伍。在德国8200万人口中，有180万人是具有专业化应急救援知识和技能的志愿者，也就是说在德国每45人中就有1名志愿者，年龄结构相差很大，从十多岁到六七十岁不等。其中有近130万名志愿者在消防部门承担着救火、救灾和救护任务，有8万名志愿者在联邦救援机构承担着技术救援任务，有40多万名专业志愿者在民间救援组织中随时听候政府调遣。

3．网格化分布快速响应。在德国，无论是消防志愿者、技术救援志愿者队伍，还是民间应急救援组织，都以网格化的设置分布在德国的市、县、乡，以保证灾害发生时能迅速到达现场。技术装备实行标准化配备，具有很高的救援效率。由于救援队伍网格化的分布，标准化装备配置，加之平时的训练有素，他们在应急救援中反应灵敏，行动迅速，在接到指令后，常能够在10分钟内到达灾害现场，实施有效的救援。

4．完备的组织体系。德国志愿者虽然分布在各种不同的组织结构完整的救援团体中，但都登记注册，统一管理。无论是民间志愿组织，还是官方组织救援组织，其应急救援志愿者都被高度组织起来了，如德国技术救援署除了一个总部外，在全国还有8个跨州间的协会，有66个区域分部，有668个地方技术救援小组，还有2个物流中心以及2个培训学校。志愿者分散在德国技术救援署的各地各级机构中。①

（二）志愿服务是群众动员的合适载体

应急志愿组织是政府和群众的重要纽带。随着中国市场经济推进，大量“单位人”变为“社会人”，国家通过工作单位与人的联系程度明显降低。而伴随公民意识和文明程度的提高，社会组织如雨后春笋般出现，大量“社会人”通过各类社会组织参与社会活动，其中就包括志愿服务。这些社会组织来自群众，对基层情况了如指掌，同时，又能够及时领会政府要求，成为政府和群众间的桥梁和纽带，发挥了“社会稳定器”的作用。应急志愿组织更是如此，它不但能够把应急需求反映上去，也能将政府要求传达到普通民众，还能够通过服务、教育、帮助群众，实现群众动员。

---

① 高金凤．外国应急管理志愿者队伍建设比较研究之德国篇——德国应急志愿者队伍建设基本情况与特点．北京市应急管理科学技术研究院网站．

基层应急志愿者发挥的作用更大。应急志愿者活动的主要区域是他们工作或生活的社区，长时间融入社区网络能够让他们最先发现社区的意外情况；而且，拥有一定专业能力的他们能够最先采取措施，发挥邻里守望等特殊优势，整合社区相关熟悉的资源，控制初级事件、防止事态扩大。很多时候，当专业救援队伍到达以后，他们的工作可能已经完成，事件已经得到了有效的控制。

中国应急志愿服务工作自汶川大地震后得到了迅速加强，但是在推进过程中也存在着不少问题，比如组织和管理、专业能力、法律支持及可持续发展等方面都存在着诸多问题。在各级应急管理机构组建的今天，由于专业应急救援力量的不足、大众安全意识和素质不高等诸多原因，应急志愿服务还处在低水平发展的初级阶段。因此，要立足当前，展望未来，加强应急志愿服务建设，尤其是县（区）等基层政府及应急管理部门要将应急志愿服务作为推进群众动员、完善基层应急体系建设的重要工作来抓。具体来说，可以在五个方面改进应急志愿服务工作。

一是要建立应急志愿者认证制度。应急志愿服务要坚持有序发展的原则。应急志愿者与其他方面的义务志愿者不一样，光靠满腔热情是不够的，必须满足一定的专业门槛要求、具备一定的专业技能。由县（区）应急管理部门、乡镇（街道）或相应志愿协会组织对志愿者进行认证，规定其必备技能，规范其工作范围、区域和有效时间。建立详细的志愿者信息档案，注明其专业特长和特点，扬长避短，发挥有效作用。

二是组建应急志愿者组织。加强对应急志愿者的组织，建立不同区域、不同类别的应急志愿者组织，把分散在不同工作场所和住处的志愿者组织起来，防止一盘散沙。志愿者组织可以设立专兼职的服务中心，遇到突发事件能够及时准确地调遣志愿者。通过组织加强管理和沟通，平常可以加强对志愿者的培训，组织演练，提高处置水平。

三是创造应急志愿服务环境。志愿服务要脱离本职工作，会产生一定的经济损失，要建立政府补偿机制，减少志愿服务的后顾之忧，形成长效机制。志愿服务毕竟是在紧急状态下工作，要保护志愿者的安全和健康，可以通过政府支持购买应急志愿服务相关险种。另外，还要保护应急志愿者的敢于担当，比如应急志愿者在紧急状态下可能因为其无偿的救助行为造成某种损害，要给予应急志愿者有限的豁免权。再有就是，要保持志愿者的工作热情，要给予应急志愿服务者足够的荣誉感，颁发相关奖励证书，在入户积分、子女上学等个人事务方面给予倾斜考虑。

四是加强业务培训。业务技能是应急志愿者安身立命所在。要定期、不定期地组织各门类应急志愿者开展业务培训，创新培训方式，鼓励救援业务内部研究，通过启发式、体验式培训提升志愿者专业技能，探索多灾种、复杂环境下的应急技能培养途径。多开展联合演练，以练带训，提高应急响应速度和处置效率。

五是强化自救互救体系建设和社区服务。应急救援体系要形成，关键是打造第一线的自救互救体系。“星星之火，可以燎原”，应急志愿者服务的重点在本社区，要以应急志愿组织和应急志愿者为核心，搭建社区应急处置网络，建立社区（包括小区、自然村）自救互救体系。要发挥应急志愿组织和应急志愿者对社区熟悉的特点，开展应急、安全知识宣传，鼓励居民开展参与式学习，提升安全体验。善于借助平台，依托安全社区、全国综合减灾示范社区等工程，提升社区安全水平。

应急管理工作要发展，就要推进群众动员、落实群众路线，用政府有限的资源撬动社会无限的资源，建立多层次的应急管理体系，整合整个社会的资源，从而造福整个社会。

第十二章 12

应急准备与救援

本章概要

应急救援是应急管理工作的最后一道防线。中国已经初步构建了中国特色应急救援力量体系。但是，地方应急救援力量还存在一些问题。需要针对这些问题，构建基层应急准备与救援体系，强化应急准备与救援能力建设。

应急救援是事后补救措施，是应急管理工作的最后一道防线。笔者从事安全生产和应急管理工作多年，经历了不少突发的应急事件，有成功的救援现场，救援人员无不欢呼雀跃；也有失败的场面，令人黯然神伤。有的救援过程风险很高，当时不觉得，事后令人后怕。下面是笔者在一起事件处置后第二天写下的记录。

一、一次后怕的应急处置经历

案例

2019年12月17日晚20时10分许，我离开办公室。20时52分，刚刚推开家门，我就接到区总值班室负责人电话，并看到区应急管理局应急指挥处处长推送的微信，内容是“北二环高速东行服务区有一辆载有二甲苯的危险化学品运输车发生泄漏”。“二甲苯”“服务区”“泄漏”，我立即意识到危险的严重性，当时就和区总值班室负责人说：“情况非常危险，我立即过去，请通知消防队马上赶赴现场，叮嘱他们千万不要用水扑救，要用泡沫。”说完，我立即下楼开车。

在路上，我边开车边联系同事，并和广州途胜危险化学品有限公司抢险队负责人沟通，部署安排抢险力量，确定堵漏思路。21时35分许，我赶到火村东服务区，立即向先期到达的应急救援处处长和值班人员了解情况。将手机交给别人后，我戴上防毒面具进入现场查看情况。现场弥漫着类似汽油的味道，泄漏车辆距离围墙外最近的餐馆约15米，一旦爆炸，后果不堪设想。经过第一时间评估，我召集应急救援队、消防队、途胜抢险队、北二环路政大队、服务区负责人提出指挥要求：消防队继续用泡沫覆盖泄露二甲苯、继续堵住下水道防止泄漏，高速交警和路政扩大服务区疏散范围、只出不进；派出所扩大疏散范围，周边200米范围内严禁无关人员和车辆进入；堵漏不顺，途胜抢险队准备塑料桶接漏。21时49分，二甲苯泄露运输车司机通知的倒罐车驶入并开始倒罐。

消防救援人员继续加大泡沫喷射力度，抢险人员一部分负责接漏、一部分负责开展倒罐。针对服务区存在污染的情况，我通过区总值班室通知了区生态环境局到场处置。市应急管理局应急指挥中心领导打来电话询问情况，我如实报告了情况。22时30分左右，倒罐完成，路面风险得到控制。

随后，我进入泄露核心区，在泄漏车辆旁检查服务区下水道，发现仍有二甲苯泄漏到下水道的情况。“下水道是何走向？”我问服务区工作人员，工作人员打开服务区面向旁边村庄的小门，指引我走到暗渠。我发现暗渠有刺鼻的味道，说明二甲苯蒸汽集聚在暗渠。现场没有鼓风设备，我只好叫来了消防员，让他们用水稀释暗渠，冲了很久，暗渠也没有多少水流出来。消防员提醒，“不应该不出水啊”“会不会还有别的走向”，我当即指挥服务区工作人员打开污水井盖、雨水盖，发现污水井有刺鼻的气味，污水也在往下流。这说明，泄漏的二甲苯几乎全部进入了污水管网，由于二甲苯不溶于水，会挥发，很可能在暗渠和下水道集聚，一旦到达爆炸极限，一点明火、一个撞击就可能引发整个污水管网爆炸，进而引发周边村庄爆炸，类似于青岛“11·22”事故，可能会造成上百人的群死群伤悲剧，后果不堪设想！这个时候，跟随倒罐车驶出高速收费站过磅的云埔街安全监管中队队员返回现场报告：“泄漏二甲苯1.6吨！”

泄漏量超过预期，现场气氛非常紧张，我召集在场的各个部门人员提出措施：“用尽一切办法降低污水管网二甲苯浓度，无论水稀释效果如何，都要持续加大稀释力度。同时，请生态环境局负责对下水道可燃性气体浓度进行检测。”这时，区水务局联系的广州科学城水务投资集团、科学城排水管理有限公司也赶到现场，我要求水务投资集团通知下游的萝岗污水厂泵站检测一下污水的浓度。

一切都在进行中，23时30分，广州开发区环境监测站到场检测污水井中二甲苯等气体浓度。检测人员把仪器插入管井洞口，仪器立即不停地发出“滴滴滴”的检测报警声，让现场人员心惊胆跳。在23时30分、18日0时2次检测发现，最靠近事故点的管井二甲苯的浓度已从最高的每立方米2675毫克降至982毫克，低于二甲苯的爆炸下限，确保现场无爆炸风险，爆炸风险消除。到18日凌晨1时，环保抢险队伍——世洁环保服务公司也完成了对地面废液的吸附回收。

这时，排水公司提出了新的担忧，进入污水管道的二甲苯可能会进入萝岗污水处理厂，由于污水厂没有应急池，可能会导致实施生物处理的污水厂瘫痪。如果污水厂无法吸纳可能被污染的水体，这些污水就将溢流到南岗河等河涌，造成河涌污染，处于两难的状态。爆炸风险消除了，环境污染风险仍然存在。我召集大家商量："安全是大事，水体污染也是大事，必须想方设法避免。"在听取生态环境局、排水公司等单位意见后，我拍板道："萝岗污水处理厂停泵，停止进水；组织人员对水质进行监测；打开所有泄漏区域的污水井盖通风散气，做好围蔽防护，让二甲苯持续挥发。如果水质达到要求，污水厂可以立即恢复进水；如果水质不达标，污水厂在溢流前少量进水，力争不对污水厂造成重创。实在不行，就少量溢流，争取不对河涌造成严重污染。"到了凌晨2时，由排水公司继续落实污水监测，其他救援人员陆续离场。走的时候，我交代排水公司："无论污水检测结果什么时候出来，请立即告诉我。"早上8时，刚进入办公室的我就收到了检测情况："水体中每升二甲苯浓度0.102毫克、甲苯0.042毫克、苯乙烯未检出，低于省地标三级标准污水排放限值。"至此，污染风险解除，我终于松了一口气。

但是，在暗渠仍然残存二甲苯蒸汽。经我同意，由广州科学城水务投资集团、科学城排水管理有限公司用鼓风机对暗渠进行强排风，最终于18日下午3时，确保二甲苯蒸汽挥发完毕。至此，整个事件处置完毕，成功地避免了两次爆炸和一次环境污染事件。

本次应急救援案例说明：一是作为应急管理从业者，救援有"黄金一小时"，救援窗口期很短，要有超强的敏感度，对于突发事件反应要快；二是应急准备要足，突发事件各种各样，应急救援不可能什么都有、什么都准备好了，所以，一定要准备常用装备、物资，"子弹随时上膛"，拿出去就能用；三是基层应急救援队伍要加强建设，保持备勤，随时能够拉得出去，冲得上去，打得赢，并且安全地退回来。

二、当前地方应急准备和救援存在的问题

案例

2021年11月8日，国务院新闻办公室举行了新闻发布会，应急管理部领导介绍了应急管理部成立三年来的主要工作进展。国家综合性消防救援队伍坚持应急救援主力军和国家队定位，对标“全灾种、大应急”任务需要，强化战斗力标准，加速转型升级，新组建水域、山岳、地震、空勤、抗洪、化工等专业队3000余支，救援能力明显增强、行动效率明显提高、救援效果明显提升。建设应急救援专业力量，建成地震、矿山、危化品、隧道施工、工程抢险、航空救援等国家级应急救援队伍近100支、2万余人；地方政府建有专业力量约3.4万支、134万人。

目前，中国已经初步构建起以国家综合性消防救援队伍为主力、以专业救援队伍为协同、以军队应急力量为突击、以社会力量为辅助的中国特色应急救援力量体系。但是，地方应急救援力量还存在一些问题。

（一）救援力量薄弱

地方应急管理部门与国家综合性消防救援队伍互不隶属。机构改革后，公安消防部队、武警森林部队退出现役，成建制划归应急管理部后组建成立国家综合性消防救援队伍，继续承担相关火灾防范、火灾扑救、抢险救援等工作。但是，国家综合性消防救援队伍属于垂直管理，消防救援局、森林消防局从由公安部管理改为由应急管理部管理，省消防总队以下实施垂直管理。也就是说，从省消防总队到市支队、县大队乃至中队，消防系统自成一体，和地方政府及其应急管理部门没有任何隶属关系。如果涉及应急救援事务，各级应急管理部门不能直接指挥，需要与同级综合性消防救援队伍进行协商。国家综合性消防救援队伍是中国救援队伍的常规军、主力军，在当前没有其他队伍可以用的前提下，地方政府及其应急管理部门却无法调动和指挥，在关键时候就可能陷入非常尴尬的境地。

地方应急管理部门无自有应急救援队伍。除了综合性消防救援队伍，大多数地方（包括省、市、县各级政府）都没有自有专业救援队伍。应急管理部门虽然

名义上有区域应急救援指挥权，实际上“没有枪、没有炮，只有一杆冲锋号”，无消防、危险化学品、“三防”、森林等救火专业队伍。一旦遇到大型灾难，更多的是靠嘴协调。综合性消防救援队伍在城市火灾、常规抢险救援的水平很高，但是在地下密闭空间、危险化学品、粉尘涉爆等领域还是存在一些短板，难以发挥作用。在对这些领域实施救援时，地方政府及其应急管理部门就可能没有队伍可以使用，茫然无措。

社会救援力量分散。不少大中型企业建立了自己的专兼职应急救援队伍，平时也参与企业内部的抢险救援，具备了一定的抢险救援能力。在保持自身安全的同时，这些队伍可以参与社会应急救援。还有一些行业部门通过政府购买服务等方式组建了一些社会抢险救援队伍。但是，这些社会应急救援队伍存在力量分散、装备不良、训练不足、素质参差不齐等问题，应急管理部门对这些队伍的优势、能力、特长也不了解。由于应急管理部门对这些队伍缺乏规划、引导和联合训练，战时很难把这些队伍凝聚起来进行统一指挥，关键时刻战斗力难以保证。

（二）保障能力不足

装备保障不足。有的地方自建的森林防火队伍不但年龄大，装备更是少而陈旧，甚至连基本的生活保障都存在问题。企业兼职队伍、社会救援力量的应急救援车辆、防护和救援装备还存在短板。有的队伍连救援服都无法购买齐备，连训练用的舟艇都没有，一些高新技术装备更是奢望。应急通信网络还未建立，在极端灾害天气下可能失去联系。

工作保障不足。应急值守、处置需要经常到现场处置，但是目前基层车辆保障明显不足，即使能够使用的公务车辆也大多都是一般公务车，车龄长、车况差，关键时候经常掉链子。由于应急管理部门车辆挂不了应急车牌，处置突发事件时还经常被拦在外围。一些真正能够发挥作用的抢险车辆，比如森林防火指挥车、救援车基本上没有，关键时刻无车可用。情况好一点的是防护装备，不少地方给应急管理工作人员配备了安全帽、防毒面罩、雨衣等，虽然也不是很齐备，但是比以前强多了。相比之下，信息化技术装备就较差了，绝大多数应急指挥就是靠手机、电话。由于救援装备投入大、使用频率低，基层应急管理部门在这方面的投入更是可以忽略，关键时候主要靠处置人员数量增加和精神意志去工作。

物资保障不足。绝大部分县级应急管理部门，未建立适应自己实际情况的储备清单。发改部门也没有仓库，没有帐篷、被褥等救灾物资，水、方便面等赈灾食品储备较少。应急避难场所空有其名，没有配备足够的应急物资。沙袋、水泵、冲锋舟等“三防”抢险物资也不多。这一点在郑州“7·20”特大暴雨中非常明显。除了实物储备不够外，生产能力和合同储备未落实，社会力量参与应急物资保障的不多，关键时应急装备、物资跟不上，起重机、挖掘机等大型工程机械关键时刻无处可调。

生活保障不足。应急管理部门负责自然灾害和安全生产突发事件应急处置工作，需要24小时有人在岗值班、处置。而且，近年来，各地对应急值守的工作越来越重视，工作的内容越来越多、要求越来越高。例如，在有的地区，明确要求接听值班电话必须及时，电话响过三声不接听值班人员就要受到严肃批评。为了督促落实应急值守要求，各级应急管理部门会频繁地通过视频点名、对讲机呼叫、电话查岗、实地检查等方式监督检查有关部门和单位落实值守工作。

生命保障严重不足。与市以上等应急管理部门值守不同，基层应急值守、处置是要参与到现场处置的，经常出入非常危险的场所，有性命之忧。但是，基层应急管理部门工作人员几乎没有意外伤害保险，一旦因公牺牲，所能够得到的抚恤金非常低，初步计算约40万元～50万元。应急管理工作人员也是普通人，都是上有老、下有小，一旦牺牲、重伤，对家庭将是重大打击，令人唏嘘不已。

三、基层应急准备与救援体系构建

（一）应急准备

“兵马未动，粮草先行”，应急准备很重要。要从中央开始做好顶层设计，制定政策和应急管理工作保障政策。保障应急管理业务经费，“手中有粮，心中不慌”，让地方政府及其相关部门能够有所作为，不至于一筹莫展。“时间就是生命”，要在严控一般公务车的基础上，切实保障在各种极端灾害条件下使用的应急救援指挥、抢险等专用车辆装备，关键时刻能够救民于水火，“宁可备而不用，不可用而无备”。关心关注应急管理人，应急管理等相关部门工作人员，枕戈待旦，始终坚持24小时值班值守，不分昼夜，还要经常牺牲节假日，发生突发事件时要随时出动。中央要参照政法部门，出台应急管理专项补贴政策，给予应急工作人员相应应急补贴。而且，各部门从事应急管理工作的人员经常上刀山、下火海，随时面临生命危险，相关部门要出台政策，为应急工作人员购买人身意外险，减少其后顾之忧。

除了对应急管理工作人员的保障外，还要根据本区域实际情况确定所需储备的应急物资种类。按照资源获取的便利性、物资属性、本地灾害特点去确定储备方式，包括实物储备、合同储备和生产能力储备。翻阅各级应急管理部门的“三定方案”，大多是应急管理部门提需求，发改部门储备和发放物资。从基层的效率来讲很不方便，基层应急讲的一个字就是要“快”，等到部门间程序走完可以调运时，可能已经过了救援的最佳时机。

所以，应急管理部门要搞实物储备，建立自己的仓库，在本地储备相关物资。主要储存经常使用、经常消耗的设备、物资和材料。合同储备则是与企业等供应商签订协议，使用企业自有仓库储存物资，比如指定企业一个仓库为政府应急仓库，平时企业正常使用，但是要保持仓库满足一定的储存量，以备政府应急使用。生产能力储备就是生产企业根据与政府协议，在应急时及时生产相应的物资。笔者曾经到广州统一食品有限公司商谈实物储备的事情，厂房负责人问需要储备多少，听到只要5000箱，他说：“没问题，我们每天的生产能力就是3万箱。”实物储备的空间是有限的，要拓宽应急储备空间，就要善用、多用合同储备和生产能力储备。比如当地本来就是食品生产的工业区，有方便面、矿泉水等生产厂家，而没有帐篷、棉被等生产厂家，那就可以实物储备帐篷和棉被，而与本地厂家通过合同储备方便面、矿泉水，设政府应急仓库，需要的时候从企业调拨。

从应急资源获取便利性来说，立足本地，发掘本地资源效率最高。平时就要按照战备要求，对照应急资源需求表，在本地或者就近寻找供应商，包括生产厂家或者销售商。要按照签1备2的要求，联系3家及以上的供应企业。在本地，要多与企业签订合同储备协议，按照“双赢”“多赢”的要求，明确双方权利和义务，建立长期合作机制。但是，在社会分工越来越细的今天，本地资源总是有限的，比如大型装备、大型设备，可能本地就没有，需要从外地调运，必须广泛链接各方资源。要善于通过强大的互联网面向更广阔的领域寻找应急物资。对于一些非常重要但使用概率很低的物资，应急物资保障部门可建立相应日常联络机制和资源的租用、调用机制。从某种程度来说，应急物资保障部门不只是一个物资储备部门，更是一个资源整合部门，应急物资保障部门不但要埋头储备物资，还要善于在“三军帐”中一键链接，调动各类资源，“运筹帷幄之中，决胜千里之外”。

应急物资要发挥效用，关键在于能否及时到位。要建立多层级应急物资储备体系，坚持储备下沉，扩大实物储备空间，延伸实物储备线。比如，台风、暴雨容易造成道路中断，应急物资如果集中储存，灾害点就很难得到及时补充，可能会面临无物资可应急的情况。因此，尽量避免大量集中储备物资，而是要分散储备，把日常应急物资直接储备在基层、社区、风险点，关键时候能够及时使用，建立“5分钟”应急响应圈。应急物流是保障物资在应急时及时到位的关键，上文说了，有的资源是没法在本地实物储备的，关键时刻就要靠相应的物流给予保障。比如在“水浸街”的情况下，如何将应急物资通过水淹的道路送入被困社区？拥有特种车辆的车队或者企业建立应急征用和租用机制这时就显得格外重要了。甚至，在道路不能通行的情况下，重要物资支援能否通过载重无人机实现？应急物流是应急物资保障的“临门一脚”，要在一开始布局时就予以重点考虑。

新时代应急物资保障要发挥最大效用，一定要用未来的眼光布局，提升保障水平。要主动利用互联网、物联网技术，通过大数据分析，实现对应急物资的管理、评估和改进。应急物资管理要依托信息系统进行物资采购、入库、出库、保养等一系列操作。运用物联网技术，通过手机App，能够随时掌握应急物资在哪里，有多少，谁保管，通过鼠标一键链接、调动。日常管理还是大数据的初级水平，要积累应急物资大数据，采用大数据方法对过往应急物资获取、使用全过程情况进行分析，哪些物资在本地使用最多，哪些物资需要大量实物储备。要对过去应急物资储备情况进行评估，哪些工作有效，哪些工作缺位，甚至可以结合未来气象规律、地质特点、森林情况进行灾害预测，提前储备相关物资。

（二）救援

省级及以下地方人民政府及其应急管理部门要充分利用国家综合性消防救援队伍资源。地方政府要在队伍招聘、经费、装备上发挥作用，保障队伍具备战斗力。同时，要建立不同层面的应急指挥协调机制，落实《消防法》第四十六条要求：“国家综合性消防救援队（公安消防队）、专职消防队参加火灾以外的其他重大灾害事故的应急救援工作，由县级以上人民政府统一领导。”

要与消防队伍错位发展，可以在省市县或相关工业区、功能区建立针对危险化学品、地下密闭空间、建筑坍塌、核辐射等在内的地方专职应急救援队，与消防救援队伍一起，构成专业和地域覆盖全面的应急救援队伍。

案例

2021年6月17日，广州市黄埔区举行黄埔区特种应急救援大队揭牌仪式。该大队是全国第一个县（区）级政府、应急管理部门直属的特种应急救援大队，结束了基层应急管理部门无全日制安全生产应急救援队伍的历史。

这支队伍是按照与消防救援队伍错位发展的思路组建的，能够实施危险化学品、粉尘涉爆、有限空间和水下应急救援等的专业队伍。2021年的第一批队伍主要是围绕危险化学品应急救援组建。2022年，继续扩大队伍建制，加强队伍力量，拓宽救援范围。

广州市黄埔区应急管理局日常非常注重加强特种应急救援大队的建设、训练与管理，帮助队员迅速提高业务能力，练就一招制胜的本领，在关键时刻担负起特定任务，守住全区应急管理工作的最后一道防线。主要措施包括：

一是准军事化管理。制定完善作息、备勤、训练、出警等各类规章制度，严格督促落实，训练、工作、生活等各方面要按照部队要求标准严格执行。

二是高标准培训。“平时多流汗，战时不流血”，按照“一专多能、一队多用”的建队思路，认真组织岗位练兵，加强技能培训，通过定期集训、联合演练的作战训练机制，切实掌握各类事故灾害救援专业能力，不断提高队伍的作战技能，努力打造一支“招之即来、来之能战、战之能胜”的应急救援常备军。

三是选拔精兵强将。要人尽其才、才尽其用，要从队伍中选拔业务精、能力强、善钻研的队员当指挥员，并建立定期选拔、淘汰、补充的良性循环机制，形成梯次结构，确保每名队员都是独当一面的行家里手。

四是全力做好应急值守。落实24小时备勤制度，确保一旦发生灾情时，既可在灾害初期实现响应快、到场快、控制快，也可在事故灾害规模扩大之前利剑出鞘、重拳出击、打赢制胜。

当然，不是所有的地方都能够自建、自组队伍。要整合社会资源，挖掘社会救援力量，通过多种模式建立完善各类应急救援队伍。

1. 依托企事业单位建立专业、半专业的专兼职专项抢险救援队伍，通过合作或者购买服务的方式实现关键时刻的应急抢险。切实通过培训、联合演练提高队伍的应急反应速度、处置能力和联合作战能力。

案例

广州市黄埔区应急管理局与途胜物流公司应急救援队等9支安全生产应急救援队、极速水上应急救援队自然灾害救援队、广州蓝天救援协会应急救援队等5支队伍和广州石化消防队等3支队伍共建，每年给予这些队伍一定的经费，每支队伍都会安排值班值守、备勤，保证随时参与应急抢险。

2. 依靠基层的护林员、治安员、网格员组成兼职抢险救援队伍。正确处理防与救的关系，将日常参与防治的队伍整合成战时的多支抢险救援队。平时是巡查队，执行的是森林巡查、防火、协助治安等工作，接受林业部门、公安、乡镇（街道）领导；战时是应急队，遇到应急事件时接受应急管理部门统一指挥，组成森林火灾救援队、地质灾害抢险队、“三防”抢险队等参与抢险救援。

3. 通过武装部门把民兵纳入抢险救援队伍。加强民兵抢险救援技能训练，每年按照一定要求培训逃生、抢险、堵漏等通用应急抢险技能，加强演练，关键时候能够冲上去。

4. 加强应急支援志愿者队伍建设。通过团委、志愿者协会等单位建立志愿者应急保障机制和雇主补偿机制，扩大志愿服务者范围，把一些有特长的志愿者组织起来，分门别类地开展应急志愿服务，比如急救、心理辅导、科普、协同救援和灾害服务等。

加强对各类应急救援队伍的日常沟通和管理，建设应急救援训练基地，开展日常训练和演练，提升单兵作战能力。每季度组织联合训练，提高队伍的协同配合能力。每年组织综合演练或者专项演练，检验应急预案，通过演练逐渐完善和固化应急救援机制。以演练促进机制形成，每年组织尽量多的部门参加综合演练，根据职责设定情景，比如由宣传部负责回应舆论攻击，让乡镇（街道）真正把避难场所用起来，让每个部门认真学习、熟悉、掌握各自职责，提升应急意识和技能。

案例

2020年5月29日下午14时28分，在急促的灾情警报中，广州市黄埔区2020年综合应急演练正式拉开帷幕。本次演练是广州市黄埔区有史以来规模最大、范围最广、涉及科目最多、首次实现在线直播的防灾救灾综合应急演练。演练项目涵盖山体滑坡、房屋倒塌、危化品泄漏、管涌抢护、载人无人机救援等。一场黄埔应急“大片”在金坑水库及周围区域精彩上演。

本次综合演练模拟广州市黄埔区东北地区发生3.9级地震，引发一系列次生灾害。广州市黄埔区总值班室接到地震灾情报告后，立即通过智慧应急管理平台将震情报给广州市黄埔区应急管理局、广州市黄埔区安委办各成员单位，分管区领导汇合相关部门紧急赶赴现场并成立现场指挥部。

“立即启动区地震预案四级响应，全力做好人员搜救和疏散转移！”广州市黄埔区抗震救灾应急指挥部快速组建，区主要领导担任总指挥对救灾现场进行远程指挥调度。综合协调、抢险救援、群众救助安置、医疗救护防疫、信息发布和舆情引导、专家组等工作组高效运转，各项应急指令及时发出。救援力量从水、陆、空三方面迅速向演练的震中——金坑村集结。

“金坑水库入口附近有一户房屋倒塌，内有居民，请求支援。”黄埔区消防救援大队、蓝天救援队立即赶赴现场协助营救。现场指挥员划定警戒区，侦察员携带搜救犬进入现场开展侦察侦测、绘制地图并将现场视频传回现场指挥部。队员通过生命探测、支撑—破拆—挖掘—起重作业等组合式战术全力营救生命，通过机器人装备开展现场伤员搜救工作。

消防车、抢险车、医疗车、指挥通信车，空中、地面、水上立体救助，身着不同色彩的多个救援队伍通力合作。极速无人机巡航侦查发现堤坝下游一处山体滑坡，现场指挥部立即发布紧急撤离信号，地质灾害救援队清除淤泥、加固不稳定岩石；金坑村有管道燃气泄漏，燃气抢险队启动应急预案，采取切断气源、关闭阀门、消防水喷淋、组织抢修等措施；库区东北侧一化工厂发生化学品泄漏，危化救援队紧急赶赴现场对易燃有毒化学品进行转运处置；金坑水库堤坝下侧发现管涌渗漏，排水救援队和多钛克救援队马上实施强排救援；民兵使用冲锋舟水上搜救落水者，派出无人机开展水空立体搜寻、抛投救生圈……

“哒哒哒哒”，一架亿航载人无人机在金坑水库腾空而起，搭载伤员离开，飞往临时医疗救治点。另一边，应急救援直升机为救援队伍输送大量救援物资。镇村基层干部和志愿者组织群众向临时安置点转移，现场搭建10顶生活帐篷，设置救灾物资储备发放点，在疏散点搭建临时发电装备、供水车和临时基站保障受灾群众基本生活。

本次综合演练发动了全区30多个部门、企业和社会救援力量协同作战，是应急救援资源的一次大练兵。在持续两个小时的应急演练中，各科目演习应接不暇。在方圆2公里范围内，预设了疏散集结安置、地铁站人群疏散、房屋倒塌救援、山体滑坡救援、化学品储罐泄漏救援、直升机救援、水库水域救援、模拟新闻发布等13个项目同时开展，凸显立体救援、综合防灾减灾的理念。与以往现场观摩不同，演练全程在线直播，36万人收看了直播，以“网络直播＋综合防灾减灾宣传”的方式让应急演练变成一次面向群众的安全教育大课，获得大量网友点赞和社会普遍认可。

第十三章 13

事故责任与调查改进

本章概要

责任是单位及个体分内应该做的事情、应该承担的义务，并因此而承担相应的后果。中国事故责任追究呈现了强化事前刑事惩戒、安全责任“人化”、诚信惩戒等新特点。按照“双环学习”的要求，不断改进事故调查工作。

华为公司创始人任正非经常讲，比尔·盖茨说微软离死亡永远只有180天，但是华为明天就会死亡。在他的逻辑里，企业的死亡是必然的。中国企业的平均寿命只有2.5年，世界500强的平均寿命也不超过20年，一个企业想长期地活下去是很难的。任正非说："过去我们说，活下去是华为的最低纲领；现在变了，活下去是华为的最高纲领。"

企业要活下去就必须全力经营。在组织生产经营的过程中，不确定性会产生各类风险，其中就包括安全风险。安全风险一旦不受控制，就可能酿成生产安全事故，轻则给企业带来损失，重则导致企业倒闭，"活下去"就会成为一种奢望。

一、事故责任

（一）事故能够消灭企业

"不是企业消灭事故，就是事故消灭企业"，道出了企业安全生产工作的重要性，这方面的例子比比皆是。

案例

2015年8月12日22时51分46秒，位于天津市滨海新区吉运二道95号的瑞海公司危险品仓库起火，并于23时34分6秒、23时34分37秒发生两次爆炸。两次爆炸分别形成一个直径15米、深1.1米的月牙形小爆坑和一个直径97米、深2.7米的圆形大爆坑。以大爆坑为中心的150米范围内的建筑被摧毁，整个爆炸中心区面积约为54万平方米。

2019年3月21日14时48分许，位于江苏省盐城市响水县生态化工园区的天嘉宜化工有限公司发生特别重大爆炸事故。以公司旧固废库硝化废料堆垛区为中心基准点，爆炸产生了一个直径75米、深1.7米的爆坑，企业彻底被摧毁。

（二）事故“外溢”

事故不仅摧毁了事故企业，还会“外溢”，对特定空间以外的人员产生伤害。江苏天嘉宜公司事故引发周边8处起火，15家企业受损严重。爆炸冲击波造成周边建筑、门窗及玻璃不同程度受损，其中严重受损（建筑结构受损）区域面积约为14平方公里，中度受损（建筑外墙及门窗受损）区域面积约为48平方公里。由于爆炸冲击波作用，造成建筑物门窗玻璃受损，向东、西、南、北最远分别达14.7公里、11.4公里、10.5公里、8.8公里。响水县、灌南县133家生产企业、2700多家商户受到波及，约4.4万户居民房屋门窗、玻璃等不同程度受损。

天津瑞海公司特别爆炸事故影响更大，其冲击波波及区分为严重受损区、中度受损区。严重受损区东、西、南、北方向距爆炸中心最远距离分别为3公里、3.6公里、2.5公里、2.8公里。中度受损区东、西、南、北方向距爆炸中心最远距离为分别为3.42公里、5.4公里、5公里、5.4公里。爆炸冲击波波及区以外的部分建筑，虽没有受到爆炸冲击波直接作用，但由于爆炸产生地面震动，造成建筑物接近地面部位的门、窗玻璃受损，向东、西、南、北侧最远分别达8.5公里、8.3公里、8公里、13.3公里。事故共造成165人遇难，8人失踪，798人受伤住院治疗；304幢建筑物、12428辆商品汽车、7533个集装箱受损。

不只是爆炸事故，其他事故也可能产生“外溢”。

案例

2019年12月1日上午9时28分，广州市在建轨道交通十一号线四分部二工区1#竖井横通道上台阶喷浆作业区域上方路面，即广州大道北与禺东西路交界处出现塌陷，造成路面行驶的1辆清污车、1辆电动单车及车上人员坠落坑中，造成3人遇难。事故的直接原因是施工单位对安全风险辨识不足，针对施工过程中出现的渗水、溶洞等风险征兆，未采取针对性安全技术防范措施，未及时对地面采取围蔽警戒措施。

还有一种“外溢”，则是舆论。“杞人忧天”也有现代版。

案例

2009年6月7日2时，河南省杞县的利民辐照中心在完成辐照辣椒粉作业后，因被辐照的货物倒塌，造成放射源护源架倾斜，致使放射源未能降入源井内，发生了卡源故障。但放射源仍处在源室内，没有发生任何泄漏，没有对周边环境造成放射性污染，也没有任何人受到辐射伤害。6月14日15时，源室内辣椒粉因长时间受到辐照积热发生自燃。在采取注水等措施后，引燃物于当日24时得到有效控制。7月16日，生态环境部专家组携机器人抵达杞县处置放射源。很快“放射源将爆炸”的谣言不胫而走，17日，数万名群众奔向周边县市“避难”，汽车、拖拉机、三轮车等各种车辆堵满了该县通往周边县市的道路。

事故“外溢”说明，企业利益相关者包括企业的股东、债权人、雇员、消费者、供应商等交易伙伴，也包括政府部门、本地居民、本地社区、媒体等，甚至包括自然环境、人类后代等受到企业经营活动直接或间接影响的客体。任何一个企业的发展都离不开各个利益相关者的投入或参与，企业追求的是利益相关者的整体利益，而不仅仅是企业的利益。

（三）事故责任

责任是单位及个体分内应该做的事情、应该承担的义务，并因此而承担相应的后果。企业生产经营是一个链条，这个链条被分割成不同的环节，包括计划、生产、仓储等。各个环节又可能被分割成多个部分，比如生产按照制造流程分为不同的工序。每个人对应的是不同环节、不同工序，从事非常具体的工作，有明确的职责，负有相应的责任，承担相应的后果。事故给社会造成损害，自然就要为此承担相应的责任。

案例

2021年2月23日，山东五彩龙投资有限公司栖霞市笏山金矿“1·10”事故调查报告公布。山东省栖霞市委书记、市长因涉嫌不报、谎报安全事故罪被公安机关刑事拘留。按照《生产安全事故报告和调查处理条例》要求，接到事故报告后，应当及时报告。1月10日13时13分许，笏山金矿回风井发生爆炸。19时许，金矿所在的西城镇党委负责同志从笏山金矿附近左家村村民处获悉发生事故，随即向栖霞市人民政府有关负责同志做了报告。栖霞市委书记、市长到现场了解情况，书记认为被困人员获救可能性较大，作出暂不上报、继续组织救援的决定。1月11日18时46分，烟台市应急管理局主要负责同志从其他渠道获悉金矿发生事故，随即要求栖霞市进行核实，书记、市长才决定以1月11日20时5分接报的时间上报。在事故报告中，构成迟报和瞒报。

人实施组织、指挥、决策、控制、维护等工作职责越多，其所附加的责任也就越多。以驾驶汽车为例，如果是有人驾驶汽车，驾驶员承担的工作包括驾驶前的车况检查、正确驾驶、紧急事件处置等。如果是无人驾驶汽车，乘客承担的工作主要就是驾驶前车况检查，剩下的工作全部交给汽车，甚至连车况检查都由汽车自检了。如果出了事故，相对无人驾驶，有人驾驶汽车的驾驶员所承担的责任更多。

事故发生后，通常会调查事故、分析原因、判定责任、举一反三，国内外都一样。但国内外也有差异，比较中、美两国可以发现，国内的事故调查有时间限制，按照《生产安全事故报告和调查处理条例》：“事故调查组应当自事故发生之日起60日内提交事故调查报告；特殊情况下，经负责事故调查的人民政府批准，提交事故调查报告的期限可以适当延长，但延长的期限最长不超过60日。”山东五彩龙投资有限公司栖霞市笏山金矿“1·10”事故调查报告在事故发生44天后公布，天津瑞海这么大的事故也是在事发后5个多月公布了事故报告。而美国对这方面没有严格的时间限制，美国国会的一个调查小组在历经18个月的调查后才发布了波音737MAX事故调查报告。

国内的报告更加关注“人”的问题，注重对人的失职、管理问题的责任追究，较少对设备设施的技术参数进行深入研究，对关键的技术问题容易忽略。而美国则更加关注技术等本质的安全问题。例如，对2018年10月新加坡狮航客机失事和2019年3月埃塞俄比亚航空公司航班失事这两起事故，相关报告认为，“并不是由单一的机械故障、技术失误或者管理不当引起的”，而是“波音公司的工程师错误的技术假设、波音公司管理缺乏透明度以及美国联邦航空局监管严重不足共同引起的”，指出了飞机在设计方面的致命问题。笔者曾经调查了一起450吨门座式起重机倒塌事故，其中最致命的问题就是设计时没有充分考虑使用过程中的常规检查和维护，直铰结构处圆锥轴承没有设置检查和维护途径。如果不在设计上改进，事故还将重演。我们经常讲“举一反三”，如果没有抓住关键问题，无论在管理上怎么改善，都是低层次的“内卷”。

二、中国事故责任追究新特点

随着应急管理机构改革的深入、应急管理工作的推进，中国事故责任追究呈现出一些新的特点。

（一）事前刑事惩戒

笔者曾经多年和非法低价收购、非法储存危险化学品行为作斗争。一些不法分子与一些危险化学品运输司机勾结，从车辆里偷盗危险化学品。为了贩卖，他们经常将几十、上百吨易燃易爆危险化学品储存在丛林深处、山谷、废旧民居、高速桥底等，一旦爆炸，就会将方圆几百米夷为平地，造成群死群伤。过去几年，笔者曾经查抄环保油、柴油、二甲苯等非法危险化学品超过1000吨。但是，对那些非法获得巨额利益，开着豪车、住着豪宅的不法分子毫无办法，即使被公安部门带走也只是问话，不能治安拘留，更不能刑事拘留。因此，这些不法分子经常打一枪换一个地方，短时间内又死灰复燃。笔者当时就希望能够尽快出台事前惩治政策。2021年3月1日起，《刑法修正案（十一）》施行，在《刑法》第一百三十四条后增加一条，作为第一百三十四条之一：“在生产、作业中违反有关安全管理的规定，有下列情形之一，具有发生重大伤亡事故或者其他严重后果的现实危险的，处一年以下有期徒刑、拘役或者管制。”

1．关闭、破坏直接关系生产安全的监控、报警、防护、救生设备、设施，或者篡改、隐瞒、销毁其相关数据、信息的。

2．因存在重大事故隐患被依法责令停产停业、停止施工、停止使用有关设备、设施、场所或者立即采取排除危险的整改措施，而拒不执行的。

3. 涉及安全生产的事项未经依法批准或者许可，擅自从事矿山开采、金属冶炼、建筑施工，以及危险物品生产、经营、储存等高度危险的生产作业活动的。

以往，刑法都是事后惩戒，只有造成人员伤亡和较大损失才能入刑。这次刑法修正案的最大变化就是有发生重大伤亡事故或者其他严重后果的现实危险的相关行为也可以入刑。以后，遇到此类问题就可以按照第3项移交公安开展刑事调查，威慑力远超以前。

案例

2020年11月29日11时30分，湖南省衡阳市耒阳市导子煤业有限公司源江山煤矿发生重大透水事故，造成13人死亡，直接经济损失3484.03万元。应急管理部披露，源江山煤矿违法组织生产，在安全生产许可证注销、地方政府下达停产指令、等待技改期间，擅自拆除提升绞车和入井钢轨封条，切断主井井口视频监控电源，昼停夜开，仅2020年就生产出煤5.56万吨。

如果当年能够实施《刑法修正案（十一）》，对该煤矿可以按照第2、第3项实施处罚，刑拘主要负责人，也许就可以避免一起重大安全事故。《刑法修正案（十一）》代表着未来安全违法行为入刑的一个方向，将会有越来越多可能带来严重危害的违法行为可以入刑。

（二）安全责任“人化”

在责任追究时，更多地考虑“人”的问题，强调人负有的安全责任。主要原因有三：

一是“人”在生产经营中的介入程度很深。企业的内部供应链是维系企业运作的主线，包括内部产品生产和流通过程中所涉及的采购部门、生产部门、仓储部门、销售部门等组成的供需网络。链条运转靠“人”来承担，由于自动化、智能化程度低，人除了参与决策、指挥外，还直接作为“劳动者”实施具体的生产、运输、装卸等工作，形成各个环节沟通的纽带。而“人”相对于机器，重复工作并不是特长，容易疲劳、容易出错，事故发生概率高。

二是追究“人”的安全责任难度低。如上文所述，对于引发事故的技术问题需要相当专业的知识、相当长的时间。笔者曾经调查处理过一起爆炸事故，钻头冲击引爆残孔中上一爆破循环中未爆炸的雷管、炸药等物品，引发误爆。为了弄清楚技术原因，先后组织专家进行了两轮分析、推理、试验。第一轮专家经过简单的现场勘探，随便问了问情况，不到一小时就弄出了一个专家论证结果，说是地质灾害，为施工单位打马虎眼。笔者对此持否定态度，为此专门从武汉三所高校聘请了三名研究爆破的教授来论证。第二轮专家经过细致的推演、充分论证，推翻了第一轮专家提到的所谓地质灾害的问题，得出真正的直接原因。调查时间也因此延长了2个月。从国内很多公开的事故报告看，更多地关注的是“人”的职责履行情况，对照相关职责找出相关不足，指出责任，技术问题涉及不深。

三是更容易安抚各方。面对“天灾人祸”，社会舆论不乏指责、声讨之声，尤其对“人祸”是深恶痛绝。因此，迅速追究相关人员责任能够让各方舆论得到快速平复。按照“凡事有人负责”和“总要有人负责”的逻辑，在各个环节找到相关人员承担责任。这种做法不光安全生产事故调查中有，甚至一些自然灾害事件也是如此，“不追究人难以平民愤”，存在为安抚舆论而找人“背锅”的不良苗头。

（三）诚信惩戒成为普遍共识

曾经有一家危险化学品生产企业由于早期规划建设欠缺，导致安全距离不足，每年都会因为这种情况被处罚10万元，企业每年不只是配合，甚至还主动申请监管部门到场检查、处罚，迅速缴纳罚款。因为，按照“一事不能两罚”的原则，处罚一次就等于当年买了“保险”，可以确保正常生产经营一年。而处罚10万元，对于年产值上亿元的企业不是什么事，无所谓。

企业不重视安全生产、事故频发，其中原因之一就是违法成本太低，行政处罚达不到威慑违法企业的目的。这些年来，中国一直在推进安全生产诚信体系建设，建立健全失信联合惩戒机制。国家发改委《关于对安全生产领域失信生产经营单位及其有关人员开展联合惩戒的合作备忘录》公布，由应急管理部通过全国信用信息共享平台向全国企业信用信息公示系统及各部门相关系统即时提供在安全生产领域存在失信行为的生产经营单位及其有关人员相关信息，在应急管理部政府网站、“信用中国”网站和企业信用信息公示系统向社会公布。各部门按照本备忘录约定内容，根据生产经营单位及有关人员失信行为严重程度，依法依规对其实施联合惩戒。

联合惩戒提出了29条措施，摘录12条如下：

1. 依法暂停审批其新的重大项目申报，核减、停止拨付或收回政府补贴资金。

2. 依法限制参与建设工程招投标。

3. 依法限制取得政府性资金支持。

4. 依法限制生产经营单位取得或者终止其基础设施和公用事业特许经营。

5. 依法限制、暂停企业债券、公司债券和股票发行。

6. 将存在失信行为的生产经营单位信息通报金融机构，作为其评级授信、信贷融资、管理和退出的重要参考依据。

7. 根据安全生产风险水平，上调存在失信行为的生产经营单位安全生产责任保险的保险费率。

8. 依法限制存在失信行为的生产经营单位参与政府采购活动。

9. 在土地使用、采矿权取得等环节对存在失信行为的生产经营单位依法采取严格限制或禁止等措施。

10. 限制成为海关认证企业。

11. 在实施税收优惠政策时，将生产经营单位的失信状况作为审慎性参考依据。

12. 在各部门主管领域内取消对存在失信行为的生产经营单位的政策性资金支持。

诚信关系到企业融资、贷款、土地使用等各方面，某一个环节出现问题都会直接影响企业的生存发展。例如，建筑施工领域是生产安全事故的大户，不少建筑施工企业因为发生事故被列入“黑名单”，如果一年内不能参与招投标，企业可能就要倒闭。

三、双环学习

组织学行为学泰斗阿里吉斯（Chris Argyris）教授提出了一个“单环学习”和“双环学习”的概念（见图13-1）。

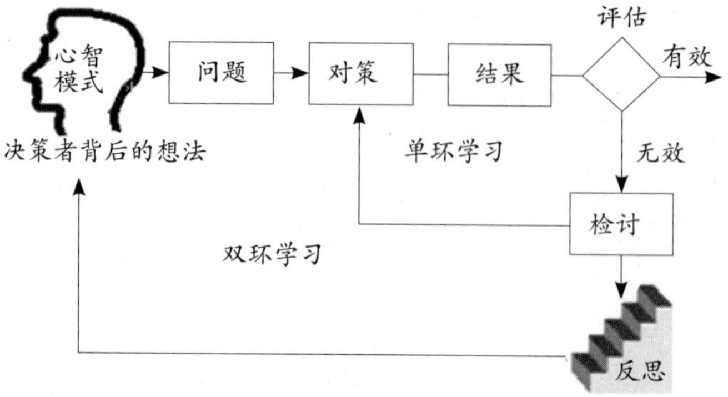

图13-1　单环学习与双环学习

“单环学习”，通过一般的学习，寻求行为和结果之间的匹配，却不能取得改进效果。比如，笔者在大学学习机械专业期间，在设计期间，经常要接触一些经验值，比如钢的硬度等，大家就按这个经验值选择不同的材料，丝毫不予怀疑。一旦发生问题，也不会在材料上找问题，导致问题始终得不到根本解决。同样，在安全工作中，林林总总的处罚只是按照既定的法律条款对行为进行纠正，除了警醒外，并不能促进企业安全工作有明显的改善。因为这种“单环学习”的思路，执法者无法给企业提出具体、有效的改进建议，大多数是按照法律条款要求宏观地、含糊地提出“加强”“切实”“严格”“提高”等工作要求，操作性较差。

而“双环学习”是对行动背后的想法加以检视，反思我们看问题的心智模式，进而采取真正有效的行动。当发现错误时，其改正方法包括对组织目标、政策和常规程序的修改。比如，可以从政策上突破，解决危险化学品合法储存及短距离配送等问题，提出具体可行的措施，能够得到企业具体落实，进而促进危险化学品储存的本质改进。所以，“双环学习”向根深蒂固的观念规范提出质疑挑战，有利于人们提出与以往不同的问题解决办法，并获得巨大的飞跃。

阿里吉斯认为，大部分人之所以在工作和学习上事倍功半，很大程度上都是因为他们只会“单环学习”，只着眼于解决眼前的问题，而不懂得反思和抓住本质。“双环学习的核心就在于找到问题的核心根源，尽可能地把遇到的问题放在一个更广阔和更长远的背景下去思考，然后尝试用实验室精神对自己提出的问题作出解答。”

四、事故调查改进方向

江苏天嘉宜化工公司重大爆炸事故调查组总结了八方面的事故教训，提出了六方面的防范措施建议，指出地方各级党委和政府及相关部门特别是江苏省、盐城市、响水县，要坚决贯彻落实习近平总书记关于安全生产一系列重要指示精神，深刻汲取事故教训，举一反三，切实把防范化解危险化学品系统性的重大安全风险摆在更加突出的位置。坚持底线思维和红线意识，牢固树立新发展理念，把加强危险化学品安全工作作为大事来抓，强化危险废物监管，严格落实企业主体责任，推动化工行业转型升级，加快制修订相关法律法规和标准，提升危险化学品安全监管能力，有效防范遏制重特大事故发生，切实维护人民群众生命财产安全。

事故调查强调“四不放过”，即事故原因未查清不放过、责任人员未处理不放过、整改措施未落实不放过、有关人员未受到教育不放过。翻开各级政府及其安全管理部门的事故调查报告，报告基本上都是分析“人的不安全行为”和“物的不安全状态”，追寻事故的原因。并依据这些原因，判断相关人员的责任，其理论依据来自海因里希提出的“事故连锁理论”。

这样的事故调查有一个严重的缺陷，那就是其存在一个预设前提，就是事故的发生都是因为“人”和“物”的问题。机械伤害事故，首先想到的是违章问题、管理问题，没有延伸到相关产品的设计、质量、制造问题。类似地，2015年的广东省深圳市光明新区渣土受纳场“12·20”滑坡事故，谈到了监管不严的问题，而没有充分考虑有关渣土处理的政策、标准和规划问题。一切调查都是围绕“人的不安全行为”和“物的不安全状态”而开展。当然，“人”和“物”的问题是存在的，但是如果一直把关注点放在“人”和“物”上，就可能错过更关键的原因，导致真正的问题没有被关注到。

2019年3月10日，埃塞俄比亚航空一架波音737 MAX8飞机发生坠机空难，这是继2018年10月29日印尼狮航空难事故之后，波音737 MAX8飞机发生的第二起空难。在狮航空难后，波音公司反复强调波音737 MAX8飞机是安全的，发生空难是驾驶员培训不到位、素质不够的问题。而媒体铺天盖地的追问显示，事故发生的原因极可能是波音公司加载在波音737 MAX8飞机上的自动防失速系统因为传感器故障而自动将机头大幅度降低，致使机组人员无法重新将机头抬高，最终导致飞机俯冲或坠机。随着后来埃航黑匣子录音公布，关于自动防失速系统的问题大白于天下。如果没有埃航事故，估计狮航空难可能就会这样一笔带过了，死无对证的机长就会成为“背锅侠”。

近年来，中国重特大安全事故总数虽然有所下降，但是还是时有发生。事故发生的具体原因与生产经营单位密切相关，无须赘述。但是，为什么同类型、相似的事故会年年上演？为什么我们的专项整治、安全生产大检查一遍接一遍，可是事故依然“涛声依旧”？安全工作为什么长期在低水平的状态下运转？其中一个重要原因就是“单环学习”盛行。

安全生产和应急管理领域长期存在“运动式监管”的一个原因就是“单环学习”思维横行。大家只是对照法律规定开展一些常规性的工作，只要出事就是“横向到边、纵向到底”的安全生产大检查、大整治，每次都要求“全覆盖、零容忍、重实效、严执法”，年年相似、岁岁相同，事实上每次“安全风暴”过后依然是“风平浪静”，没有任何实质性的改善。在安全监管时代如此，到了应急监管时代依然如此，没有变化。在安全生产和应急管理领域，“单环学习”与“双环学习”之间有一条鸿沟，那就是习惯性防卫和“路径依赖”。

而“双环学习”是对行动背后的想法加以认真检视，反思我们看问题的模式是不是不到位、错位或者偏移了，通过深刻反思查找出真正的问题后，再采取有效的行动。当发现错误时，其改正方法包括对组织目标、政策和常规程序的修改，涉及产品的设计、制造和质量，还涉及标准和规划等。比如，江苏天嘉宜化工厂事故原因是公司旧固废库内长期违法贮存的硝化废料持续积热升温导致自燃。如果只是从现行的安全和环保法律规定去思考，可能找不到真正的原因。如果我们进一步延伸，从现行的环保政策、危废临时储存标准、危废处理政策方面进一步探索，就可能找出问题所在，危险废物就能“控得到、管得住、灭得了”。还有，对于危险化学品非法储存的问题，如果只是坚持严格“打非治违”，而不从政策、环境方面突破解决危险化学品合法储存及短距离配送等问题，大量危险化学品非法储存于普通仓库、荒山野林等现象就不能根治，永远也打不完。所以，“双环学习”是向根深蒂固的观念规范提出质疑挑战，有利于人们提出与以往不同的问题解决办法，并获得巨大的飞跃。

按照《生产安全事故报告和调查处理条例》，一个事故要60天内出报告，否则就要申请延长调查时间，但是延长最多也不能超过60天。如果按照“双环学习”机制，大多数重特大安全事故，甚至包括较大以上事故，想在120天内把产品设计、制造和质量问题查清楚是不可能的，更不用说政策、标准和规划的考量了，时间过长、成本过高。在“单环学习”的机制下，围绕“人的不安全行为”和“物的不安全状态”分析，很快能够得出结论，可以凸显调查权威、迅速处理一批人，达到平复社会舆论的效果。这样的时间较短、成本较低，理性选择肯定是这种模式，这就像“习惯性防卫”。久而久之，就形成了“路径依赖”，没有人愿意改变。反观德国、美国等国家的事故调查，动辄两三年，调查报告极其细致，把可能的问题都涉及了，最后聚焦核心问题，并针对核心问题修正标准、体系、政策，意在实质性改善。

还原真相，核心在于全面收集揭示真相的证据，找到事故发生的直接或间接原因，避免类似事故再次发生。笔者在调查中发现，一些规范、标准或者要求可能会存在致命缺陷，如果事故调查严格按照“单环学习”要求，只是寻求行为和结果之间的匹配，不能发现隐藏的核心问题，就会让问题继续发酵，不停地制造新的事故。中共中央、国务院出台的《关于推进安全生产领域改革发展的意见》里面强调，“要在事故报告里面设置技术专篇”，就是越来越强调技术原因的分析。在事故调查中，我们要坚持以还原真相为目标，除了核查合规性的问题，更要坚持“双环学习”，敢于反思常见的制度、规章、标准等常规要求，找出“阿喀琉斯之踵”，真正实现举一反三，促进安全生产和应急管理工作的本质提升。

第十四章 14

应急管理宣传教育

本章概要

应急管理宣传教育要坚持“痛点思维”，直击人心最柔软的地方。要贯彻落实群众路线，一切为了群众，一切依靠群众，从群众中来，到群众中去。政府和应急管理部门要落实“政府打造平台、企业推向前台、员工走上舞台”的“三台”原则。

澳大利亚一部交通安全宣传短片曾经让很多人非常感动。短片中，记者在路上随便采访了一名行人，记者告知行人，当地每年有249人因车祸死亡。当行人被问及能接受的死亡人数是多少时，他回答："70。"这时，有70人缓缓向他走来，他发现全部是自己挚爱的亲人。记者再问他能接受的死亡人数是多少时，他看着自己的家人，眼睛湿润了，说："我希望是0。"

2018年5月的一天，"安全生产月嘉年华活动"即将启动，我让负责宣传的同事联系本地的一位作家为此创作一首诗。但是，作家当时很忙，表示要晚一些时候才有空动笔。同事将情况反馈给我。当时已经是下班时间了，我手头的活也干完了。我想，要不就干脆自己创作吧，于是花了20分钟写下了这首现代诗——《一盏灯》。

一盏灯

小时候，
爸爸工作很忙，
每天回来很晚。
每天晚上，
妈妈总会开启门口的那盏灯。
快进入梦乡的我，
总是听到熟悉的脚步声，
"啪嗒啪嗒"……
由远及近，
嘎！
家里的门推开了，
依稀传来爸爸的声音：

宝宝睡着了？
轻轻地，
“啪”，
门口的灯灭了，
我进入了甜甜的梦乡。

一年又一年，
灯开了又灭。
后来，
我上了大学。
再后来，
我毕业了。

一年又一年，
灯开了又灭。
后来，
我工作了。
再后来，
我结婚了。
再后来，
我有了宝宝。

我工作很忙，
但是，
无论多忙，
每天晚上，
披星戴月，
我也要回家。
我妻子会开启家门口的那盏灯，
照亮我回家的路。

每天晚上，
轻轻地，
我推开了家里的那扇门，
轻轻地，
“啪”，
我把灯关了。
再轻轻地，
我推开儿子虚掩的房门，
看到进入梦乡的儿子，
嘴角那淡淡的微笑。
心，
酥了。

再后来，
我工作调动了，
成为别人眼里难缠的安全员。
每天早晨，
我看着工厂一盏盏灯打开。
每天晚上，
我看着工厂一盏盏灯灭掉。
这时，
我都会想起家里为我亮起的那盏灯，
我，
要回家。

回到小区楼下，
皎洁的月光，
洒落在花园里。
天上的星星，
一闪一闪，

恬静的夜里，
“啪”，
我好像听到了那轻轻的一声，
谁家的灯灭了？
走着走着，
走着走着，
楼上那一盏盏灯，
相继灭了。

我惦记着家里的那盏灯。
沿着回家的小路，
小步快跑，
轻轻地，
我推开了门。
轻轻地，
我关上了那盏明亮的灯。

一盏灯！
一份爱！
一盏灯！
一个家！

这首小诗当时就被广州市黄埔区文化馆的年轻导演看中，将其改编为舞台剧。没想到，两位演员短短几分钟的精彩演绎，把安全与爱、安全与亲情、安全与家庭紧紧地联系在一起，直击心灵最柔软的地方，不但打动了在场的观众，笔者自己也热泪盈眶。后来，笔者又观看了几次视频，每次都很感动。

一、宣传教育要盯住“痛点”

在营销界，“痛点”是一个热词，指用户在产品使用中的不良感受、糟点。

“痛点思维”是指企业围绕消费者的“痛点”进行思考，打造满足消费者需求的产品和服务。只有这样，产品才有销路，企业才能发展。实际上，“痛点”不只应用在产品体验上，在各类工作中，包括在安全生产宣传教育中也需要围绕“痛点”展开思考，树立“痛点思维”。

没有“痛点”，就没有改进。人的成长过程就是一个逐渐克服“痛点”的过程，如果没点小病小痛，身体的自我修复能力得不到锻炼，也不会注重自我养生，估计一场大病来了，就呜呼哀哉了。社会的发展也是一样，整个社会发展的历史就是生产力与生产关系匹配问题，“痛点”就是生产关系不适应生产力，需要改革、需要革命。通过改革、革命，促进生产关系不断适应生产力的发展。

安全生产、应急管理宣传教育搞了这么多年，也有过不少成绩。但是，最近的一二十年，安全生产宣传教育，或者说安全文化建设存在一种“固化”现象，内容陈旧、形式陈旧，始终无法戳到大众的“痛点”，无法直抵人心最柔软的那个点。举个例子，我们在企业讲安全生产工作的极端重要性时，经常要求大家提高对安全生产工作的认识，要有“使命感、责任感、紧迫感”。这种官气十足的语言很难打动人，根本戳不到“痛点”。这是因为宣传者总是以自己为中心，站在自己的角度去分析问题解决问题，却很少从别人的角度去想，顾及别人的感受。对于企业来讲，效益、成本、发展是最为关心的问题，安全是能够创造经济效益的，事故直接造成巨大的成本消耗，甚至因为事故而引发的诚信问题断了企业的“粮草”，最终导致企业破产。这可能是很多企业的“痛点”。为什么说可能是呢？对于有些企业来说，这个“痛点”也不够痛，那就只有祭出下一个“痛点”，不但事故责任人可以“入刑”、坐牢，只要有发生重大伤亡事故或者其他严重后果的现实危险，这样的行为就可以入刑。

案例

从前，一个盲人有一个奇怪的习惯，每次夜间出门时，他总是提着一盏明晃晃的灯笼。开始的时候，人们迷惑不解。终于有一天，一个年轻人忍不住上前问道：“大哥，您眼睛看不见，打着个灯笼有用吗？”“有用！当然有用！”盲人道，“我是让你们能够看到我，以免在黑暗中把我撞倒了。”

上面这个故事充分说明，一定要站在对方的角度考虑问题，理解和解决对方的“痛点”。但是，即使站在对方的角度，有时候也不一定能够发现“痛点”。这是因为，“痛点”是变化的，每一个阶段的“痛”都是不一样的，马斯洛需求理论讲得很清楚。马斯洛需求理论，将人的需求从低到高分为5个阶段，即生理上的需要、安全上的需要、感情上的需要、尊重的需要、自我实现的需要。现在的中国，大多数人已经处于第三、第四层次的需要，而一直以来，我们的宣传方式、宣传内容还停留在第二层次的水平。所以，我们的宣传内容、手段还是很落后，始终无法到达“痛点”。

因此，我们要丰富宣传手段，将安全的理念嵌入感情归属、尊重等价值观。针对“中国式过马路”的例子，如果一条广告语写着“请遵守交通规则，不要闯红灯”，另外一条写着“您今天闯红灯，您的小孩明天就会一样仿效”。两相对比，第二条的“痛点”明显比第一条让人感受深刻，这是因为，它加入了感情，植入了尊重等价值。所以，宣传教育要紧握时代发展的脉搏，与时俱进。

找不到“痛点”，还有一种原因就是用户已经习惯已有的方式，感觉不到痛，这就需要创造一种新的解决方案来让他们找到“痛点”。在产品营销方面，绝佳的例子就是苹果手机。早在十年前，可能很少人会想到手机居然可以没有键盘。苹果颠覆了过去，重新引入了一种新的用户体验，制造了一种新的“痛点”。类似地，很多“痛点”平时发现不了，但是，在具体的场景下，这个“痛点”是可以获取的。比如，随着信息技术的发展，我们可以采用VR、AR的虚拟现实或者增强现实技术，营造非常逼真的场景，让受教育者进入场景，获取角色，再通过角色继续完善场景，逐渐让受教育者找到“痛点”，最终实现“一次体验、经久不忘、终身受益”。

当然，在物联网时代、在大数据时代，“痛点”的捕获得依靠大数据，这一定是未来的发展方向。未来，依靠物联网及其背后的大数据，通过大量人的行为判断人有关安全生产、应急管理的“痛点”，肯定会有现在无法预期的奇妙效果。

二、宣传教育要落实群众路线

安全生产和应急管理工作离不开有效的宣传教育。在过去的几十年，我们习惯于传统的宣传教育培训方式，比如“灌输式”课堂教育、习惯性悬挂大量横幅标语。在特定的历史背景下，这样的方式确实能够发挥巨大的作用，让我们从无到有，从完全不懂到懂那么一点，从陌生到熟悉。但是，我们也看到，进入信息爆炸时代后，各种媒体、自媒体的信息一直保持轰炸，人们每天获取知识和信息的渠道越来越多，而传统的表达方式很难进入大众视野，很难被人关注和理解。如何能够抓住每个人的眼球，在有限的时间里通过最接地气的语言、视频或创意，直击心灵最柔软的地方，让大众与安全应急产生共鸣，得到启迪，有所收获，确实是一个不小的难题。

宣传教育是做好安全生产、应急管理工作的重要法宝。在国内，政府及其相关部门是安全生产和应急管理宣传教育工作的重要发起者，企业及相关单位是安全生产和应急管理宣传教育的主要承担者。这些年来，特别是2008年汶川大地震以后，在安全监管、公安消防、建设、教育部门等的努力下，安全生产和应急管理宣传教育较十年前有了明显改善和加强，企业员工、群众的安全意识，社会的安全氛围都呈现上升趋势。但是，对标国际、对标先进，我们应该看到，国内的安全生产和应急管理宣传教育还存在诸多不足，诸如形式单一，说教为主，枯燥无聊，年年相似、岁岁相同，无法打动人心最柔软的地方，让人难以产生共鸣，受到教育、得到启示。一句话，没有成为有效的宣传教育。

安全生产和应急管理宣传教育难以打动人心的原因有很多，比如宣传教育主要是做给上级领导看的而不是为了群众；为了宣传而宣传；只注重形式轰轰烈烈，不在乎效果稀里哗啦；教育者缺乏创新动力，形式陈旧等。当然，这些都是浅层次的原因，笔者认为，最深层次的原因还是脱离了群众，偏离了群众路线，导致安全生产和应急管理宣传教育工作流于形式，沦为无效宣传。

毛泽东思想的活的灵魂的三个基本方面之一就是坚持群众路线。群众路线是指一切为了群众，一切依靠群众，从群众中来，到群众中去。群众路线是中国共产党的生命线和根本工作路线。它卓越的理论意义和实践成效，已经被党数十年的奋斗历程所充分证实。1980年12月，邓小平在中共中央工作会议上指出：“群众是我们力量的源泉，群众路线和群众观点是我们的传家宝。”对比群众路线的要求，安全生产和应急管理宣传教育工作还有很长的一段路要走。

（一）为了谁

党的二十大报告要求，坚持以人民为中心的发展思想，坚持把实现人民对美好生活的向往作为现代化建设的出发点和落脚点。毋庸置疑，没有安全就没有生命。“皮之不存，毛将焉附”，没有生命，所有金钱、财富和地位都将归零（虽然在实际生活中，没有多少人能够认识到活着是多么幸运的一件事情）。所以，安全是最大的民生，在人民对美好生活诸多向往中排名第一。诚然，保护安全，政府一定要在基础设施、安全法规、工作规范上面严格落实，确保公共安全风险得到控制。但是，安全对人，如影随形，只要有人的地方，就一定有安全风险。除了政府的基础安全保障外，人们更需要在工作、学习、生活中具有安全、规则和避险意识，具备基本的安全知识、自救和逃生技能。

无论是政府、企业，还是个体，策划组织安全生产和应急管理宣传教育首先要明确为了谁。当然是为了群众具备一定的安全意识、安全技能。所以，我们要检讨一下，我们的安全生产和应急管理宣传教育到底是为谁而做？我们的安全生产月咨询日活动现场有多少群众真正参与、关注？我们真是为了他们而做的吗？笔者最近十年来未按照统一要求搞“安全咨询日”，原因很简单，在政务公开要求如此之高的今天，群众根本没有顶着烈日露天咨询的需求。还有，我们在社区看到大版大版的各类安全知识展板，虽然不是佶屈聱牙，却是长篇大论，真有居民去看吗？答案显然是否定的。以上所说的这些，显然在“为了谁”上偏离了方向，可是都被作为成绩写进了我们各类总结里面了。

（二）依靠谁

安全生产和应急管理宣传教育为什么不能直击人心最柔软的那个地方？原因之一是宣传教育被局限为个别部门、个别人的工作，宣传教育被当成一个少数人教育大多数人的工作，过于依赖所谓“专业人士”，而且广大群众没有参与进来，导致我们的宣传教育视野狭窄、思路封闭、简单枯燥，如隔靴搔痒。

案例

2018年，为了提高乡镇（街道）安全员的安全素质和执法能力，广州市黄埔区曾经举办了“黄埔安校”，通过各类培训提升队员素质。年末，为了检验培训效果，搞了一个“黄埔安校”结业成果报告会。报告会的展陈形式不做限制，要求各个乡镇（街道）能够发挥想象力，充分展示教学成果。在报告会，各乡镇（街道）安监队员充分发挥主观能动性，奇思妙想、各显神通，在展示中融入了PPT解说、舞台剧、辩论会、小品、热舞、视频等丰富多彩的展示方式，把一场普通报告会做成了一场安全文化的饕餮盛宴。有的节目到现在为止还让人记忆犹新，比如夏港街的《槽会》，参考《吐槽大会》的形式吐出了乡镇（街道）安全生产工作的苦水，提出了很多很好的建议；东区街的《局长叫我来巡山》则把基层危险化学品“打非治违”的现场还原得惟妙惟肖，为基层安全监管支招。

坦言之，组织者在方向把握、总体策划、现场组织和个别辅导上花了不少功夫，非常关键，但是如果没有群众的智慧，那也是“巧妇难为无米之炊”。我们不得不承认群众的智慧是无穷的，群众的力量是无穷的。年轻的乡镇（街道）安监队员的积极参与和勇于创新，让教学效果展示既抓准了问题、对准了七寸、吐准了槽点，又与工作紧密联系且积极向上，引人入胜又发人深省。

这些年，类似操作不少，形式多样，比如安全生产舞林大赛、微电影大赛、小品大赛、安全歌曲改编大赛等，当然还有王牌项目“安利杯”（全国）安全促进项目大赛。依据群众路线理念，广州市黄埔区、广州市开发区总结出“三个台”的安全宣教模式，就是“政府打造平台、企业推向前台、员工走上舞台”，其本质就是落实群众路线，建立依靠群众，发动群众的渠道，让群众的智慧发光发亮。通过打造平台，发动群众参与安全生产和应急管理宣传教育，奉献其智慧和资源，让受教育者成为教育者，让教育者也受到教育，教育者和受教育者没有界限，让安全生产和应急管理宣传教育变得更加有效。

（三）从哪里来

群众路线要求我们认真开展调查研究，关心群众疾苦，善于问计于人民群众，出台能够反映群众需求的好政策。宣传教育也是如此，要认真解决从哪里来的问题。安全生产和应急管理宣传教育方向、素材、方式方法都要学会从群众中来。笔者听了30多年相声，感受过相声的浮浮沉沉。这些年，郭德纲相声非常火，而体制相声却没落了，最主要的一个原因就是郭德纲相声接地气，着眼老百姓，取材也是来自普通老百姓，所以得到老百姓的喜欢，以至德云社一票难求。上文说的现代诗《一盏灯》，用朴素的语言表现了一个企业安全员对安全的理解，把安全对于家庭的重要意义用“灯开灯灭”来表现。不少企业安全管理人员看完后都会眼睛湿润，觉得说出了他们的心声，能够产生共鸣。这与笔者长年和企业安全管理人员打交道，善于沟通、对他们内心想法比较了解有关。

然而，并不是所有的想法都能从群众中轻松获取。笔者在分析群众安全需求时发现，对于一些需求、槽点、问题，群众无法清晰无误地表达出来，需要我们将这种潜在的需求、要求激发出来。比如，当前安全应急产业还很落后，在某些领域，群众感觉安全保障、支持不够。但是，具体是什么，却说不上来。这就需要我们去引导、去激发群众清晰地表述这种需求并想办法予以满足，群众最后会认为原来是这么回事。

（四）到哪里去

群众路线指出，要到群众中去，把党的正确主张变为群众的自觉行动。安全生产和应急管理宣传教育本质就是为了说服人、教育人，掌握安全知识、具备安全意识、获得安全技能。要解决宣传教育到群众中去的问题，关键就是解决“最后一公里”的问题。简单来讲，内容和素材随着时间的推移、社会的发展而变化，但是变化不大。社会的传播方式和群众接受信息的方式、习惯却因信息时代而日新月异。为什么安全生产和应急管理宣传教育到达不了群众，那是因为我们的传播方式出了问题。

本书前面引用过学习效果图（图9-1）。效果图显示，不同学习方式取得的效果不同。目前，我们绝大多数宣传教育是采用面对面授课这种形式，组织成本高，教学效益低。当前，可以多制作视频（包括动画）来传播安全理念、知识和技能。随着VR技术的进一步成熟，下一步可以制作体验式教育素材，让群众充分体验安全，感受安全，铭记安全。而且，习惯也在不断变化，在生活节奏越来越快的都市，人们很难静下心来研读“大部头”，这就要求微信也好、视频也好，不要长篇大论，要简明扼要，要找准感情迸发点，快速直击人心最柔软的地方。这样，“最后一公里”才能得到解决。“到哪里去”才能落实到底，才能让群众把安全意识变为自觉的行动。

群众路线是毛泽东思想留给我们的宝贵财富，不能停留在口号上，而是要真正去运用，让其在新时代继续绽放无限光芒。安全生产和应急管理宣传教育要反思过去，认真贯彻落实群众路线，一切为了群众，一切依靠群众，从群众中来，到群众中去，让安全生产和应急管理宣传教育直击人心最柔软的地方，把群众塑造成为重安全、懂安全、会安全的历史创造者。

三、“三个台”

首先，“安全生产月”活动经常是政府“一头热”。可以看到，各级“安全生产月”活动的主导者、实施者都是以地方政府，或者说就是安全生产和应急管理部门单打独斗为主。地方应急管理部门自己搞不少活动，比如轰轰烈烈地搞个咨询日，炎炎烈日下，没有几个市民会去咨询，现场的工作人员却比群众多得多。最常见的镜头是领导满头大汗地去现场各个展位巡视一下，看望一下工作人员；或者，集安全系统之力搞个统一执法行动，现场气势浩大，画面很好看，甚至累倒了一批执法人员，但是在企业、群众那里却始终无法获得共鸣，教育效果也低得可怕。

其次，就是活动的形式单一、僵化。2003年，笔者开始从事安全监管工作，当年为了撰写广州市原东山区“安全生产月”活动总结，笔者对共发出的各类宣传单张、印制海报、挂横幅做了个统计，在那个没有智能手机的时代，这是一个主要的安全知识传播渠道。但是，再看看20年后的今天，在拥有智能手机的时代，在新媒体发展的时代，还有不少的应急管理部门在“安全生产月”活动总结里面讲传单、海报、横幅的数量。这至少说明了一个问题，那就是活动形式十余年不变。我们可以看看各地的活动方案，大同小异，无非就是宣讲、执法、应急演练等。在这个五彩斑斓、精彩纷呈的世界，僵化的形式、单一的“填鸭式”培训已经引不起群众的任何兴趣。

最后，宣传内容没有创新。“安全生产月”活动中，年年组织各类安全生产宣讲，但是，宣讲的内容反反复复，总是在“炒剩饭”，营养价值不高甚至没有。笔者曾经见过一位专家的万能PPT，十年前和十年后的内容没有什么差别，唯一的差别就是个别图片是新的。我们身处“内容为王”的时代，宣传教育如果没有“痛点思维”，不能抓住受教育者心灵中最柔软的地方，不换位思考，那么出来的东西很容易变成“豆腐渣”，没人会愿意动筷子品尝一下。

因此，“安全生产月”活动不能只依靠政府及其工作人员。一是因为人员、能力和水平有限，活动数量和质量难以保证，很多地方是年年咨询日、年年“炒剩饭”，观者反胃；二是“一石难以激起千层浪”，形式上轰轰烈烈，上电视、上新闻，但是影响有限，不能深入到最需要影响的群体；三是内容创新不够，无法打动受教育者心底最柔软的地方，让其内心有所触动。

要做好“安全生产月”活动，就要坚持“三个台”（政府打造平台、企业走向前台、员工走上舞台）原则。政府打造平台，是指政府负责各种活动平台的搭建，比如组织“安全生产月”系列活动，发动各单位、各部门一起开展活动；搞安全文艺汇演，把安全融于文艺创作；搞安全视频大赛，发动员工参与安全文化创作等。提供一个平台让大家参与，这个平台可以是比赛、也可以是展示，成为大家向往的舞台。企业走向前台，是指企业是安全生产和应急管理宣传教育培训活动的主体。员工走上舞台，是指发挥员工无穷的智慧，激励员工成为宣传教育活动的主角。参与安全活动本身就是一个安全学习的过程。

“三个台”源于“安全生产月”活动，但不止于“安全生产月”活动。平台可以拓展为宣传平台，比如当前的微信公众号就是一个平台，一个宣传安全理念、知识的平台，一个政企互动的平台。在智能手机时代，通过这个平台，让宣传“随身走”。面对如潮的自媒体，应急管理新闻宣传要求快，讲究时效，不吃“隔夜菜”；要善于蹭热点，搭焦点的便车；“深挖洞、广积粮”，要有足够的素材储备，应对每天随时都可能有的新热点，做到想拿的时候有东西可以拿。要做到形式创新、内容创新，强调互动。要依托平台，提高舆论引导能力，及时捕捉舆论热点，并快速有效地引导。5G带来网速的增加，平台也可以延伸，可以依托平台开发网络安全互动游戏、真人咨询平台等。平台还可以拓展为培训平台。宣传和培训本来就难以分割，传统的安全培训存在投入大、形式旧、师资不足等缺点，要把培训做好，就要坚持线上线下结合，拓展线上安全培训。例如，黄埔应急网络学院是广州市黄埔区应急管理局依托“安全家”平台开设的应急管理线上培训平台，已有上万人次参加了学习。企业负责人和安全管理人员可以通过“黄埔应急管理”微信公众号链接到“安全家”App，报名参加培训班。平台可以随时随地学习，“安全家”自带的技术会监督学习者保持正确的学习状态，如果学员只是为了混学时、混结业证，打开视频后就把手机扔到一边，则无法通过课程学习。

对“企业走向前台”进行拓展。企业的利益相关者包括企业的股东、债权人、雇员、消费者、供应商等，也包括政府部门、本地居民、本地社区、媒体、环保主义者等。但是，哪个利益相关者都不能像企业股东、雇员那样熟悉企业。为什么说政府不是企业隐患排查的主体，原因之一就是政府不可能比企业更熟悉工艺情况，更清楚薄弱环节。因此，企业是企业安全生产和应急管理宣传教育的主体，开展的宣传工作更有针对性、更有个性。笔者参加过不少优秀企业的宣传教育活动，深感这些企业安全生产和应急管理宣传教育培训的独到之处，很有感触。总之，要促成企业宣传教育培训机制的形成，一是利用政府平台，推广企业安全生产和应急管理宣传教育的好的经验、好的做法；二是法律法规标准要有宣传教育培训的可视化、可量化指标，通过执法促进企业培训机制的形成，让企业养成做好宣传培训的良好习惯。

对“员工走上舞台”进行拓展。其实不只是要打造宣传教育活动、安全文艺的真实舞台，还包括员工安全专业技能、应急技能、特殊技能的展示舞台。

案例

2019年8月22日至27日，第45届世界技能大赛在俄罗斯喀山举行。中国代表团参加了全部56个比赛项目，取得了16枚金牌、14枚银牌、5枚铜牌和17个优胜奖的优异成绩，再次荣登金牌榜、奖牌榜和团体总分第一。其中，广州选手获得了4枚金牌和7个优胜奖。

“术业有专攻”“广大员工有无穷的智慧”，只是我们没有发掘出来，或者说没有发掘的机制，所以古人说，“千里马常有，伯乐不常有”。要形成这样的机制，政府要打破管理的思维，企业打破被管理的思维，共同建立开放合作机制，帮助员工走上舞台。

四、政府打造平台实践

笔者将“三个台”原则付诸实践，尤其是“政府打造平台”。其中，“安利杯”（全国）安全促进项目大赛就是代表。

2021年6月18日，第九届“安利杯”（全国）安全促进项目大赛在广州市黄埔区夏港街文化中心如期举行。由于疫情影响，大赛现场没有观众，但仍有数万人通过网络收看了直播。大赛精彩纷呈、彩蛋迭出、内容充实，让观赛者大呼过瘾。

案例

2013年，首届“安利杯”安全促进项目大赛举办，是区一级的企业赛事。经过几年发展，2017年开始面向全国征集项目并进行视频直播，2019年首次设立广西分赛区，到2021年比赛已举办了九届。第九届赛事有来自北京、上海、江苏、天津、河北、辽宁、河南、广西等11个省市的多个应急管理部门、协会和企事业单位来函来电咨询大赛相关情况，并报送了11个项目，比省内参赛项目还多2个。广西分赛区比赛异常激烈，经过三轮角逐才决出分赛区冠军。经过层层选拔，6个项目脱颖而出，进入总决赛的巅峰对决。这6个项目分别关注了建筑施工、现场管理、仓库管理、高坠防护、有限空间作业等不同领域、不同类别的安全问题，人工智能、大数据等高新尖端技术的运用，项目内容和质量也继续保持了创新性和高水准。最终广州捷普有限公司的项目征服了大多数评委和观众，成功登顶。

以“安利杯”为代表的“政府打造平台”实践体现了六个方面的价值：

（一）安全生产和应急管理宣传教育为群众和企业服务

现在很多“安全生产月”活动也好，宣传也好，不是做给从业人员看的，也不是做给老百姓看的，而是做给领导看的，做给媒体看的。安全生产咨询日，炎炎烈日下摆了很多宣传摊档，摆的人比看的人多，演员比群众多。各类启动仪式，锣鼓喧天，执法车辆万箭齐发，场面甚是浩大，也只是为了让电视台拍个视频素材，留待晚上新闻栏目使用。

安全生产和应急管理宣传教育走入误区，忘却了我们是为谁服务的。而“安利杯”的目标很明确，就是为安全从业人员做的。全部的安全促进项目都是企业实践中针对问题而策划的，参与者包括工程师，更包括一线员工。一线员工的智慧是无穷的，曾经有个项目是针对裁纸刀容易割伤手的问题，一线员工以非常巧妙的设计，完美地解决了手部容易被割伤的问题，还申请了专利。不忘初心，方得始终。宣传教育也是一样，忘了初心，就会“弯刀走偏锋”。

（二）体现了正确的政府定位

“安全生产月”活动是广大企业、员工和群众的活动，为什么这些年逐渐成为鸡肋？其中一个重要的原因就是政府的角色错位。政府及应急管理部门本意是把“安全生产月”活动搞得轰轰烈烈，在活动中发挥主体作用，亲自策划、亲自实施，但是搞下去发现人、财、物和水平跟不上，慢慢地便不想去花心思。而十多年来，企业已习惯政府搭台、政府唱戏，自己成为“观众”，逐渐地“安全生产月”活动就成为鸡肋，方案看起来丰富多彩，活动实则乏善可陈。

“安利杯”秉承了“三个台”原则，政府作为倡导者，搭建了大赛平台，企业成为“运动员”走向安全“竞技”的舞台。每一个项目的准备过程就是一个学习提升的过程，这比年复一年的、简单的墙报不知道强多少倍。员工走上舞台，不再是袖手旁观的群众、观众，而是参与进来，主动发挥个人智慧。这样的宣传才叫“有效宣传”。

（三）强化了企业安全生产主体责任意识

当前的安全生产监管体制常常为基层安全监管人员所诟病，原因是一直模糊了政府和企业安全生产责任边界，企业出问题，首先抓的是安全监管人员。舆论认为，政府安全监管相关部门是负责企业安全隐患排查的，甚至应急管理部门也认为自己就是排查隐患的，某市甚至对所有乡镇（街道）安全监管人员隐患排查数据进行排名。殊不知，这模糊了政企边界。企业是安全生产的责任主体，需要“安全自查、隐患自除、责任自负”。政府及其负有安全监管职责部门的职责是督促企业落实安全生产主体责任，而不是代替企业排查隐患。

“安利杯”安全促进项目大赛的项目是企业针对自己的问题，积极动员各方人、财、物、技术资源，消除隐患或者控制安全风险，为企业生产提供安全的环境。由于企业对工艺、环境、问题最为了解，手段最为直接有效，所以实施效果也非常好，这是企业落实安全生产主体责任的最高境界。

（四）安全生产要多元共治

安全生产难做，那是因为安全生产已经成为政府及其安全监管部门的主体责任，只要哪里有风吹草动，就祭出唯一杀招——“安全生产大检查”。如果不采取行动，不作为，就会被追究责任。党的二十大报告强调，“完善社会治理体系”“健全共建共治共享的社会治理制度，提升社会治理效能”。安全生产不是政府一家的事，更不是应急管理部门一家的事。

“安利杯”体现了一个很好的理念，就是企业参与政府安全平台建设。自2013年举办此项赛事以来，安利（中国）日用品有限公司全力投入，尽管面临很多困难，最终还是坚持过来了。安全生产工作也是如此，要发挥政府、企业、协会、商会、保险公司、安全生产服务机构等的作用才能把工作做好。如本书前面“眼镜蛇效应”所述，安全生产第三方服务越做越差，就是因为缺乏安全生产社会化服务的氛围和土壤，导致安全生产社会化始终走低端竞争，越做越差。下一步，要加强改革，把社会化服务做成权威的、可信赖的第三方，推进安全生产多元共治。

（五）安全创造价值

一说到安全，就是为经济和社会发展保驾护航。错了吗？没错。但是，这只是安全工作的价值之一。最近看到一段小视频，一个夜归的小学生到了家门口，从自行车上下来，对着一直默默在后面亮着大灯缓缓行驶、照亮他前行道路的公交车驾驶员深深地鞠了一躬，感谢他。安全的保驾护航就像这样，默默地伴随前行。但是，很多时候安全工作却不能被人铭记，很少有人像这位可爱的小学生一样能感受到那份关怀和付出。简单来说，不出事无人知道，出了事就要追究责任。

其实，安全不光是护航，它还创造价值。“安利杯”安全促进项目大赛的不少项目就是为企业节省成本。还有的项目，申请了专利，创造了经济价值。其实，安全还可以创造更多的价值，安全应急产业本身就是一个经济增长点，可以创造更多的价值。

（六）宣传形式与时俱进

过去，悬挂安全生产横幅、张贴海报、发放手册是宣传的主要手段。一晃十几年过去了，发现不少地方的主要宣传形式还是如此，一成不变。当今智能手机如此普及，不利用好这个移动媒体，实在是浪费。在现场方面，形式要多样，笔者组织过安全生产的文艺晚会、舞林大赛、电视作品大赛、改编歌曲大赛，2021年准备搞抖音大赛，一年一个新形式，都是结合最流行的形式宣传安全生产。

世界如此美好，新鲜事物如此之多，墨守成规是前进的绊脚石，一定要与时俱进。“安利杯”（全国）安全促进项目大赛也是如此，从一诞生就不断在创新，表现形式从最早的PPT演示，到双人展示，到视频辅助，到情景模拟到舞台剧，都在推陈出新。传播方式也在创新，从黄埔区内的现场展示，到向全国的视频直播，受益者更多、更广，效果更明显。创新，永远在路上。

第十五章 15

应急管理科技发展

本章概要

安全生产和应急管理信息化非常有必要。要立足现在，着眼未来，打造一个全互联、全链条、全智能、全天候的应急管理信息系统。应急管理科技的发展“逆事故生命周期”，未来将会往“六化”发展。

2020年初，新冠病毒肺炎疫情暴发。2020年1月31日，广东省疫情防控指挥部要求全省特殊“五类”企业提前复工要报备。特殊“五类”企业是保证疫情物资生产、保障群众生活和国计民生的，必须要保障好。但是，在疫情下怎么备案？有什么标准？疫情太突然，没有任何可以借鉴的资料和方案。当时，口罩都没有几个，如何和企业不见面沟通？笔者当时力推线上监管，依托广州市黄埔区、广州开发区安全生产综合监督信息系统开展线上备案。

案例

按照“清晰、高效、不见面”的备案原则，2020年2月3日，广州市黄埔区、广州开发区依托区安全生产综合监督信息系统上线全国第一个复工备案系统，开展线上备案。由于信息系统的用户大多为企业，所以，企业备案非常简单，只需要按要求落实“疫情排查清单”和“安全排查清单”就可以在网上备案。系统是企业获取政府复工复产和抗疫信息的主要渠道。截至2020年2月21日，全区就已线上备案4892家企业，并专门开设了5个2000人的QQ交流群，累计为5425家企业处理15000多条问题，引导企业在严控防疫关的前提下，逐步有序复工。当时，新华社等国内外各大媒体每天都要收集报道广州市黄埔区、广州开发区的复工复产数据，向全世界宣示中国的经济没有问题。

疫情初期，口罩、测温仪、防护服、消毒水等抗疫物资奇缺，为了让需要复工的企业尽快拿到口罩等物资，2020年2月5日，上线了全国第一个企业申购物资系统，企业可以上线申购，先配送、再结算。系统充分利用复工企业备案的源数据，保障企业受惠面宽、速度快、准确率高。截至2020年2月25日，在线申购物资的企业达8479家，共计向工业类企业提供口罩100万个。

2020年2月9日，系统又上线了“疫区人员信息模块”，从各企业搜集了4500多名湖北籍（武汉籍）和浙江籍（温州籍）员工信息，政府通过这个渠道迅速获取来自湖北籍（武汉籍）、浙江籍（温州籍）员工的信息。

可以说，安全生产综合监督信息系统在广州市黄埔区、广州开发区复工复产中发挥了非常重要的作用，也充分说明了安全生产和应急管理信息化非常有必要。但是，应急管理信息化还是存在不少问题。

一、应急管理信息化建设存在的问题

目前，应急管理领域（包括政府应急、安全生产、消防、“三防”、地质灾害）的信息化工作经过多年发展，发挥了较好作用，取得了一定的成效。但是，还存在着诸多不足，除了上文说的简单粗暴“一刀切”，通过行政命令强制下级改用上级平台外，还有其他的一些问题，归纳如下：

一是建设思想不一致。基于行业、领域差异，信息系统建设目标不一致，视角有差异，内容侧重不同，水平参差不齐。比如有的是以摸查数据、填报为主，希望建立一份电子档案，供自己随时查阅；有的则是以应急处置为主，强调通信保障、远程指挥和过程留痕。同一系统，上下级基于工作的差异，需求也有极大差异。有的信息系统只是政府人员的录入系统，用户是政府工作人员，各项数据均需要人工导入，工作量非常大。由于没有自动信息采集体系和能力，不少平台，包括监管对象在内的各种数据少之又少，且没有更新，平台使用了很长时间，数据还是不多，平台只是一个拥有华丽外表的空壳。

二是系统自我封闭。基本上所有领域的系统都是使用者从自身角度考虑，以自己为中心设计的，不希望数据被别人分一杯羹、系统被别人插手，数据也主要依靠人工导入，做成一个个完全自我封闭的系统。目前，各种系统满天飞的现象比比皆是，甚至一个单位还有多套不兼容的系统，形成一个个“信息孤岛”，造成数据资源和人力成本的巨大浪费。

三是不接地气。部分平台设计没有充分考虑工作实际，曾经有两个地区的隐患排查系统被推崇，当时全国各地都组织学习。但是，系统设计有一个逻辑缺陷，就是要求企业上报隐患，执法人员再根据隐患去检查甚至处罚企业。企业一看形势不对，就再也不上报真正的隐患。按要求，企业平时得报隐患，为了完成上报任务，企业就报一些类似消防通道堵塞的问题，同时说明已经及时整改。久而久之，系统里再也看不到真正的隐患了。这种“掩耳盗铃”式的需求设计，非常不接地气。现在正在推行的“工业互联网+安全生产”计划，里面也有一个逻辑缺陷，就是希望借助工业互联网把企业的隐患、预警信息传送到政府部门，然后再由政府部门进行干预。本来一些企业对工业互联网是有期待的，但是看到这个逻辑后怕把自己所有的隐患暴露而被处罚，就拒绝参与。这种设计是管理思维固化的结果，也是安全责任“人化”的固定思维，没有认识到工业互联网的本质之一就是“物化”安全责任。

四是模块也是“孤岛”。一些安全生产和应急管理信息系统功能看起来很丰富，其实能够有效应用的模块非常少，大多数模块里面没有内容、没有数据。更离谱的是，模块之间界限分明，系统内部形成一个个“孤岛”，缺乏呼应和联系，好似一盘散沙，没有形成一个有机互联的系统。

五是数据应用低效。大部分信息系统基础数据不全，就算齐备，充其量也就是一个沉默的数据囚笼。很多系统应用最多的就是向领导展示一下各类图表，如饼状图、柱状图、趋势图，看起来高大上，其实只是表面现象。绝大多数系统还只是一个数据录入系统，大数据挖掘还是一句空话，还不能从数据流中读取安全生产和应急管理工作的“密码”——安全规律，不能为安全生产和应急管理工作提供决策依据。

六是功能单一。不少系统的主要功能是安全生产监管、检查、执法，这些年加入了应急管理，也还是停留在值班值守、视频会议、远程调度等初级应用。系统的设计只是围绕政府工作人员开展，没有为企业着想，服务功能弱化甚至缺失，不能为社会参与、支持安全生产和应急管理工作提供途径。

应急管理部门机构改革将安全生产监管、消防监管与安全事故、火灾、地震、地质灾害、水旱灾害处置整合在一起，既有“天灾”——自然灾害，又有“人祸”——安全生产事故。从职能上讲，如果只是物理拼凑，那只会是一个虚胖的巨无霸部门，对于“天灾”“人祸”的治理并无实质性的改变。职能整合要产生化学反应才能1+1>2，职能整合后，未来工作将由单一的安全生产监管过渡到应急管理（包括自然灾害和安全事故）体系构建，从安全监管的隐患排查逐渐过渡到强调全过程的风险管控和防灾减灾救灾，从微观角度对企业保姆式监管逐渐过渡到宏观的区域协同安全发展。这是一个质的飞跃，是一个值得期待的美好蓝图。蓝图要实现，需要进行机构改革、人员配备、资源整合，更需要应用高新科技，提高安全生产和应急管理工作信息化水平。

二、应急管理信息化发展方向

2019年11月29日，中共中央政治局就我国应急管理体系和能力建设进行第十九次集体学习。习近平总书记主持学习时指出：“要适应科技信息化发展大势，以信息化推进应急管理现代化。”足见信息化对应急管理工作的意义。新加坡南洋理工大学陈绍祥教授提出了“网络经济学”系列理论，其中一个理论名为“天地网资源配置理论”。他认为，在互联网时代，整个世界本质上就是两张“网”：一张是天网，就是互联网（物联网）；一张是地网，就是交通网。天网好比指挥系统，流转的是信息流；地网好比处理系统，流转的是人流、物流、资金流。只要把这两张“网”建设好，充分发挥作用，实现二者有机结合，就能实现资源的最佳配置，推进经济的发展。

在云计算、大数据、新一代信息技术、人工智能技术流行的时代，信息化不能只是应急管理信息的一种有效补充，而应该是一个实施载体。信息网是信息交互的渠道，是资源配置的指挥系统。通过信息网，能够实现信息在不同层级应急管理部门的瞬时交换，与公众的信息交互，灾害预警预测，应急决策和处置辅助等。我们要立足现在、着眼未来，打造一个全互联、全链条、全智能、全天候的应急管理信息系统。

（一）全互联

中国幅员广阔、地区差异大、层级较多，信息系统建设容易走向两个极端。一个极端是希望做出一个大而全的系统，供所有政府部门、企业、公民使用。理想很丰满，现实很骨感，这个想法要在现阶段实现，非常难。另一个极端就如上文所提，各部门开发出千万个自我封闭的系统，导致各种系统满天飞。这两个极端都是不可取的。

由于工作特点不一样、工作内容的差异，不同层级的应急管理部门对系统会有不同的需求。需求没有最好的，只有最合适的。最合适的需求就是最接“地气”的需求。中国目前分为中央、省、市（地区）、县（区）、乡镇（街道）等5个层级，如果加上社区（村），就有6个层级了。不同的层级需求迥异，上级所关注的需求，想实现的意图不可能和基层完全一致，众口难调。

所以，应该鼓励各个层级或者某些层级根据实际建设自己的系统。但是，无论谁建，系统都应该是开放的，所谓开放就是要在横向上实现和本级政府及其部门实时的数据交换。现在不少地方在建设“智慧城市”“城市大脑”，对于应急管理部门来说，这是一个利好信息，过去无法打破的数据壁垒正在逐渐消失。依托政务服务数据管理部门或“城市大脑”等工程建立政府“数据池”，应急管理部门和其他部门一样，好似往“池子”里拉了一条“管道”，将数据全部汇入“数据池”。需要的时候，再通过这条“管道”，从“数据池”里抽取自己所需要的数据，掌握各方面情况。在纵向上，和上下级机关实现数据交换，交换的不只是本级应急管理部门采集的数据，还可以是从别的部门获取的数据，这样的数据更加丰富、更加全面。

不仅如此，物联网发展是大势所趋，未来数字城市将腾飞，基础设施将有大量有价值的数据需要接入，因此，要提前布局，加强与“生命线”工程——水、电、气、通信、道路等基础设施的数据对接。要强化与企业、社区进行数据双向传输，在电子栅栏等安全技术保障下，形成一个全互联的应急管理信息系统。

（二）全链条

事故和灾害有一个萌芽、产生、消失的生命周期。应急管理信息系统也要围绕这个生命周期做文章。因此，可以将信息系统大致分为三个部分，即监督、应急和保障。

所谓监督，要以数据采集和预防功能为主。其中，又可以为三个部分。

第一个是信息采集。要在传统的人工报送基础上，依托互联网、物联网、5G技术的发展，建立自动监测、信息抓取等多渠道的信息采集系统，形成不间断的数据流，为后续的评估、预防、处置提供决策依据。强大的互联网让数据沉淀变得极其容易，通过云计算，能够让数据得到挖掘和利用，在使用和流动中产生价值。比如，新冠病毒肺炎疫情初期，熔喷布“一布难求”，当今的计算能力已经可以摸查到所有熔喷布的生产厂家和产能，掌握实时储备情况。熔喷布的原料是聚丙烯，未来甚至可以掌握聚丙烯的实时储备情况，所属企业及联络方式等。如果辅以一定的规则，完全可以实施应急调拨，实现要素的高效协同配置。

第二个是风险评估，就是要在传统的工业危险源风险评估基础上，横向扩展对各类自然灾害风险源的风险评估，加大对各类算法在自然灾害风险评估中的应用，建立系统的自动评估功能。纵向则向下开展对社区范围内那些看起来不起眼，但实际上却能要命的风险源进行评估。

案例 ▶▶▶

2021年11月6日18时30分左右，广州市某小区，一男童在小区游乐园玩耍，18时35分左右进入游乐园旁的绿化隔离带，并在消防取水井盖板上跳跃玩耍。18时40分，井口盖板意外断裂，男童坠入集水井内，当值保安于18时42分到达现场查看。该保安“发现现场水深情况不明，不敢贸然施救”，随即报110、120及119消防电话求救。19时50分，消防人员救出男童，120救护车随即将其送往医院，抢救无效死亡。

如果当时该小区将井盖纳入了风险评估，识别到了风险并采取相应的措施，这个悲剧或许就能避免。通过横纵两个维度的拓展，形成多层次、多领域的评估体系，并通过地理信息系统（GIS）实现可视化管理。

第三个就是预防，预防就是在前期基础上，按照安全风险控制的要求，采取措施，控制、消除风险源。按照领域还可细分为工业企业、人员密集场所、地质灾害、极端天气、水灾等预防和治理模块。这个目前运用得比较多，在这里就不赘述了。

所谓应急，就是对事故和灾害进行应急处置，也可以分为三个阶段。

第一个阶段就是预警，预警一般分为自动监测，主要源于自设传感器、卫星、企业自身监测装置等危险信号识别后的应激预警。

案例 ▶▶▶

2019年6月17日22时55分，四川省宜宾市长宁县发生了6.0级地震，震中位置北纬28.34度、东经104.90度，震源深度16公里。从汶川到雅安、再到这次的宜宾地震，许多四川人民已经深刻感受到了地震带来的灾害。但这次不一样，宜宾地震来临之前，成都、德阳、乐山、广元、凉山等震中周围地区都通过电视、手机短信、“大喇叭”等形式发出了提醒，成都甚至提前61秒就发出了地震预警。

此次成功预警地震源于成都高新减灾研究所与应急管理部门联合建设的大陆地震预警网。要实现地震预警，只需要在可能地震的区域安装传感器，通过实时网络（甚至是2G网络）来传递地震波的数据，就可以实现提前预警。

二是借鉴“群防群治”概念，强调基层（社区）、一线的人工预警，这是一种主动预警，需要打通“最后一公里”。要依托短信、微博、微信、小程序等大家常用的信息交流工具把预警信息及时传递到基层。

三是依托信息技术抓取灾害舆情，这是一种被动预警。2021年11月27日，中国石化广州分公司厂区着火，附近有居民看到后立即发了微博，随即这条微博就被监测到，应急管理部门在没有获得企业正式报告前就获悉了这条消息，立即组织核实并到现场处置。

第二个阶段就是应急处置，这是目前应急系统做得相对较好的方面，主要包括指挥、资源调度、现场救援等，这里不详细叙述。

第三个阶段就是灾后恢复。目前对灾后恢复还是一种简单的重建，需要建立更细的标准和体系，特别是要建立“双环学习”机制，全面改善，提升灾害的再抗击水平。

所谓保障，就是要实现监督和应急功能，需要哪些技术予以支持和保障。目前，新技术主要包括新一代信息技术和人工智能，比如大数据、5G、物联网、窄带互联网等。没有新的技术做保障，全链条的信息系统就是一句空话。

（三）全智能

正如上文分析，当前的信息系统还是一个人工参与较多的系统，智能化程度较低。未来的应急管理信息系统应该是一个智能化较高的系统，总结来说，就是“有神经”“长脑子”“主动出手”。“有神经”就是信息系统通过所关联的传感器组成的物联网，能够对各类外界信号进行感知，并适时传导上来。“长脑子”就是系统所形成的数据中心，通过云计算、大数据、机器学习等技术让系统像人脑一样，能够分析数据、总结规律，作出预警。比如，监测到某地干燥度低于安全阈值后，可以提出局部火灾预警。尤其是，在机器学习普遍应用后，对于不同类型的灾害，“大脑”都能提出准确的处理办法。“主动出手”是指智能处置、主动处置。例如，某森林发生火灾，监测系统发现后迅速发回火灾信息，“大脑”收到后立即作出反应，指挥就近的灭火无人机携带消防弹直接把初期火灾消灭在萌芽状态，真正做到该出手时就出手。未来还要利用边缘计算能力，像八爪鱼的触角一样，能够让前端有思考能力，主动做出救援动作。

（四）全天候

全天候是指保持系统能够24小时不间断运行。在大自然面前，人类还是很渺小的。笔者以前认为，类似通信、电力的大面积中断只会在地震、超强台风的情况下发生，比如“汶川大地震”“卡特里娜飓风”。但是，2020年5月22日，笔者经历过一场暴雨，3小时下了379毫米，导致城市大面积内涝。虽然电力供应没有中断，但是三大运营商的一些基站因为严重浸水，导致部分地区通信中断。应急管理工作要做好，就要做最坏的打算。对于信息系统来说，通信和电力一旦中断，就失去了作用。在人类对自然改造和破坏加剧的今天，自然灾害越来越凶猛，我们不得不考虑可能的“失能”（指失去能力无法运转），保障信息系统正常运转就成了一个不可逃避的命题。解决的方式有两种：一是传统的备用电能、备用信息传播（比如广播），建设应急通信专网，实现“有备无患、以备万一”的目的；另一种就是考虑另外建立一个难以破坏的应急信息传导系统，比如可以利用低能耗的窄带互联技术建立一个通信网络，在极端灾害下继续保持信息系统的正常运转。

三、应急管理科技发展误区

戏剧《哈姆雷特》中有一句有名的台词：“To be or not to be， this is the question.”翻译成中文是：“生存还是死亡？这是一个问题。”减少与避免非正常死亡，全力保护人的生命安全是安全和应急管理工作的使命。进入21世纪以来，在党中央、国务院领导下，我国安全生产和应急管理工作取得了大幅度进步，群死群伤事件逐年下降，尤其是死亡100人以上的特别重大安全生产事故明显减少。但是，在实践中，仍然存在机制体制不畅、基础设施不完善、群众安全意识不高等诸多问题，特别是应急管理科技发展与经济发展水平不匹配，未能发挥应有作用问题。当前应急管理科技存在的几个误区：

（一）应急管理科技就是信息化

中国的应急管理科技目前应用最多的是信息化。各级应急管理部门对于信息化建设普遍比较重视，甚至有一种思潮认为，应急管理科技就是信息化，希望借助信息化提高安全监管和应急指挥能力。这种认识很片面，信息科技只是应急管理科技的一部分，要做好应急管理工作，需要全面发展包括信息化、防护、处置技术在内的应急管理科技。而且，信息化的发展也是“理想很丰满，现实很骨感”，当前的信息化只解决了两个问题，一是安全检查和执法的电子化；二是应急处置的远程视频调度。而且这两个问题的解决需要人力的全程介入，信息化并未带来预期效果。总体而言，中国安全应急信息化还处于一个低水平发展的阶段。

（二）应急管理科技只是辅助工具

在很多人的“字典”里，应急管理科技只是人从事安全工作的一个辅助工具，占主导地位的还是人。当前，中国正在推进“工业互联网+安全生产”三年行动计划，旨在提升工业企业安全生产数字化、网络化、智能化水平，培育“工业互联网+安全生产”协同创新模式，扩大工业互联网应用，提升安全生产水平。重点建设的第一项任务就是“建设网络监管平台”，整合现有安全生产数据、平台和系统，构建企业级和行业级工业互联网安全生产监管平台，实现安全生产全过程、全要素、全产业链的连接和监管，具备安全感知、监测、预警、处置、评估等功能，提升跨部门、跨层级的安全生产联动联控能力。以此判断，工业互联网只是提供了一种手段，帮助政府收集企业安全运营信息进行安全监管，本质还是人主导下的传统安全工作，过分依赖政府监督。

工业互联网将使人逐渐脱离生产一线，工厂里面更多的是机器与机器的合作，人工智能让机器人自动组网、自主管理。机器、储存系统、设施设备，乃至原料和零配件都能够独立运行和相互控制，彻底改变了传统的工业生产方式。应急管理工作将会将固有的“人查、人判、人救”变为“物查、物判、物救”。

科技让我们具有实时感知世界的能力，各类气象、地质等自然灾害风险将不再是未知、不可控的因素，而是可以掌控，甚至可以调整的因素。当风险突破阈值时，高度科技化自动处理系统马上作出反应，实时干预。应急管理科技越发展，地位越高，科技以手段、载体攀升为主导，带来的变化也将是全方位的。

（三）偏重于事中和事后

应急管理包括风险识别与评估等多个环节，当前应急管理科技的研究同样分布于各个环节，但是比重却不太一样，事中、事后环节关注较多，风险识别和事前防治相对较少。例如，国家发改委、工信部、科技部、应急管理部等四部委组织开展2021年安全应急装备应用试点示范工程申报，围绕矿山安全、危化品安全、自然灾害防治、安全应急教育服务等四个方面的16个重点方向遴选试点示范项目，其中有5个抢险救援类、5个监测预警系统类、2个工业互联网类，没有风险识别的项目。

中国政府对产业引导的方向明确，作用明显。这是中国经济发展特点，也是中国经济在某些西方国家围堵中仍然能保持快速发展的重要因素。当前，国内不少安全、应急产业园都不约而同地把救援产业作为主要方向，引入相应企业，生产比如高层及超高层消防车、工程抢险设备、特种船舶等抢险救援装备，也与国家对这方面的鼓励和导向有关。

企业积极开展救援产品研究，研发了大量事中和事后处置装备、救援设备。企业研发的思维更多地从救援者角度出发，从大灾大难的实践中辨识漏洞、寻找灵感，产品研究的方向多是如何实施救援，如何更好地救援。

四、应急管理科技发展方向

应急管理工作就是围绕事故和灾害的全生命周期，实施包括风险识别与评估、预防和准备、预警和预测、应急和处置、灾害评估与灾后恢复在内的全过程治理。应急管理科技的发展方向就是覆盖全部环节，针对每个环节的特点开展研究，提高对风险的管控能力、灾害的预警能力和问题的应急处置能力，最终不发生事故和伤害，实现本质安全。

总体来说，应急管理科技的发展方向是“逆事故生命周期”的，从后往前，从应急和处置开始，到预警和预测、预防和准备，最后往风险识别与评估发展，从对“显性”的研究逐渐发展到对“隐性”的研究，并全面开花。未来安全应急科技将会往“六化”发展。

（一）信息化走向智能化

当前的应急信息化还处于初级阶段，在相当长的一段时间内，政府还会继续大力推进。中国幅员辽阔，各地差异大，需求千差万别，希望以一个平台一统天下，难度非常大。正确的做法是搭建全国总体框架，突出省、市、县的地方特色，强调上下左右的互联互通，实现数据的畅通交换。

当前，各级安全应急信息平台还是一个单向的信息收集系统，大量数据自下往上传递，绝大部分数据只是被占有，未被使用。应急指挥模块更多地是实现远程会商、视频调度功能，还需要大量人工参与，通过人的分析、判断来指挥，智能化程度低。

随着城市化加速、人口不断膨胀，“城市病”已然成为困扰城市建设与管理的首要难题，垃圾围城、环境污染、交通拥堵、安全隐患等问题日益突出。政府管理任务重、战线长、压力大，依靠大量人力的传统城市管理模式难以为继。当前，不少地方正在因地制宜地建设智慧城市、智慧社区等。比如，安徽省印发《关于推广城市生命线安全工程“合肥模式”的意见》，推广合肥城市生命线安全工程。据了解，合肥市以物联网、云计算、大数据等手段，对桥梁、燃气、供排水、地下管廊等重点领域高风险点实施实时监测，实现对城市安全运行风险的及时感知、早期预测预警和高效处置应对。

当然，各种规划和工程出发点很好，但能否达到预期效果，还需靠实践来检验。2021年7月20日河南省郑州市遭遇特大暴雨，“会思考，会说话”的京广快速路隧道被淹，智慧隧道完全“失智”，精确定位、预警、求助、救援等各项功能均未发挥作用，被不少网友认为是“面子工程”。

纵观各地的智慧治理，无论是智慧城市还是智慧社区，大多数还处于“智慧大脑”建设阶段。理想的“智慧大脑”是依托云计算和大数据等技术，实时分析研判前端设备获取的各类数据，然后发出指令，实施行动，是一种“集中式”的管理模式。目前普遍的操作模式是建设一个当地的城市运营中心，整合分布于各地、各部门的监测设备，将获取的数据传输到城市运营中心。平时，由运营中心对数据进行定期与不定期的监控，对异常数据进行人工处理。一旦发现问题，由运营中心人员通知相关管护人员、救援队伍实施设备维护、人员疏导和救援工作。然而，这一模式的缺陷在于其是线性串联，稳定性弱，容易一点突破，全线崩溃。2021年7月20日，京广快速路隧道内的电控箱设备被积水渗透发生故障，造成隧道全线断电，视频和数据都无法传送，运营中心无从指挥，系统瘫痪。

显然，推进智慧治理，光有大脑是不够的，还要安装健全的肢体，构筑防、抗、救全链条的智能体。人类通过感官来感知环境，再由大脑思考，继而使用身体某个部位去执行操作。同样，智能体也是通过传感器来感知周围环境的，再依托“智慧大脑”思考，最后通过智能设备执行操作，数据在感知、思考和行动的周期中往返运行。不过，智能体有脑、有肢体，提高了处置效率，但本质上还是“集中式”模式，系统仍然存在易崩溃的风险。当前，极端灾害事件频发，智能体在极端情况下保证正常的运作能力就显得尤为关键。

实现智慧治理，就要以智能体的韧性保证城市“里子工程”的韧性。要打破“集中式”模式，建立“分布式”系统，即在极端情况下，即使某个局部出了问题，系统其余部分还能正常运作。要把近在咫尺的感知和处置设备联动起来，实现数据的前端流转。依托边缘计算能力，就算与后台失联，基于感知数据，前端智能设备也能够独立运作、实时处置。

未来的信息化，重在数据治理及大数据应用，要从纷繁复杂、杂乱无序的数据中找到规律，为安全监管和自然灾害治理提供方向。安全应急信息平台将是一个智能化的系统，如上文所讲的，“有神经”“长脑子”“主动出手”。

（二）应急救援无人化

现在的救援都是以人为主，消防救援队伍每次都冲在最前面，以血肉之躯“上刀山、下火海”，有时还会付出生命的代价。

案例

2019年3月30日17时，四川省凉山彝族自治州木里县境内发生森林火灾。31日下午，四川森林消防总队凉山彝族自治州支队人员和地方扑火人员共689人在海拔4000余米的原始森林展开扑救。扑火行动中，受风力和风向突变影响，突发山火爆燃，瞬间形成巨大火球，在现场的扑火人员紧急避险未果，27名森林消防人员和4名地方扑火人员牺牲。

2020年3月30日15时，西昌市泸山发生森林火灾，直接威胁马道街道办事处和西昌市城区安全。火灾发生后，凉山彝族自治州西昌市第一时间启动应急预案，成立前线指挥部，调集宁南、德昌等县专业打火队就近支援，组织各类救援力量2044人开展扑救。同时紧急疏散周边群众1200余人。

2020年3月31日凌晨1时30分，联合指挥部接到火场灭火人员报告，宁南县组织的专业打火队21人在当地一名向导带领下，去往泸山背侧火场指定地点集结途中失联。接到报告后，指挥部立即组织展开搜救。7时许，搜寻到3名打火队队员，送往医院救治。搜救队伍随后陆续发现19名同志不幸遇难，其中18名为打火队员，1名为当地向导。

时隔一年的两次森林火灾，共导致50名森林消防员和扑火队员死亡，充分说明目前救援战术存在的巨大弊端和对高新科技的需求。随着极端天气的频发和现代化的自反性，事故完全杜绝不可能，还需要救援技术的大幅度发展。

无人救援是救援的发展方向，救援技术装备将走向无人化。在森林灭火中，无人机可以侦察火场，甚至携带灭火弹直接灭火；在水域中，动力救生圈能够迅速到达落水者身边并将人带离危险水域。未来依托新一代信息技术和新材料等技术，无人救援技术装备将会往以下方面拓展：

一是替代人进入危险区域。在火灾、溺水等事故现场和危险区域，无人救援设备可以替代人进入现场。例如，无人动力救生圈在水域实施救援就比人驾驶舟艇反应时间短，短距离冲刺速度快，能以每秒7～8米的速度到达落水人员身边，并将其带离危险水域。

二是做救援的千里眼、顺风耳。无人设备可以携带高清摄像头、AI摄像头，在野外、水域等救援现场承担侦查、搜救任务，迅速锁定相关对象位置。

三是成为物资装备的搬运工。受制于灾害，救援现场交通不便，无人机、无人艇能够运输物资装备，关键时候还可以转移人员。

四是搭建应急通信、照明网络。大灾大难容易造成通信受损，系留式无人机载基站，能够对周边几公里进行无线信号覆盖，甚至还可以实现高空照明、空中定点监视、远距离通信中继等功能。

（三）感知技术深入化

安全应急最基础的工作就是能够感知、识别和评估风险。找到风险，预警、管控和处置才能有的放矢。传统安全生产风险评估，采取安全检查表分析法、风险矩阵分析法、作业条件风险分析法等进行评估，靠的是人的经验。在自然灾害风险感知方面，当前主要是通过对特定区域安装监测设备进行监测、预警。整体而言，风险感知能力仍处在比较低的水平。

唯有感知，才能行动。感知技术是安全应急科技发展的基础和关键。未来传感器技术将深入发展，传统的温度、湿度、速度、位移、压力等接触式传感器将与信息技术结合得更加紧密，信息可通过数字孪生技术，转换为数字信号。光电、磁电、电涡流式等非接触式的传感器将伴随人工智能的发展，集成在卫星扫描、视频AI等技术中，大量应用于风险感知。利用边缘计算能力，新的感知设备将能像人一样去主动识别风险，其精度更加精准，是人的上万倍。

感知设备将大量应用于政府（G端）、企业（B端）和消费者（C端）。未来安装感知设备的机场、公路等基础设施和体育场、博物馆等公共场所，不仅能够满足传统的安防需要，还能够感知台风、雷电、强降雨等自然灾害对基础设施的影响，主动识别建筑安全、火灾风险、城市内涝等。在企业，感知设备能够实现生产全过程的风险感知，主动识别危险化学品储存、使用的风险状态，甚至能纠正工人的不安全行为。对于消费者，更多的个性安全防护和避险产品将以感知设备为基础，成为个人安全的庇护神。

（四）基础设施神经化

要通过科技创新加大现代城市治理，依托5G、大数据、云计算等技术，推进基础设施物联感知网络建设，实施“智慧城市”“智慧应急”，提升城市灾害预警、响应和处置能力。未来的基础设施主要向三个方面发展。

一是能感知自身变化。基础设施能够像人一样，感知自身的问题，辨识哪里“不舒服”。依托高度发达的感知技术，一些集成式的传感器，能够感知设施设备各方面的运行指标，比如强度、硬度、稳定性、故障率，判断基础设施在位移、沉降、变形等方面的变化，并及时预警。安全管理人员依托大数据分析，可以实现预防性维护。

二是感知周边环境。特斯拉电动车的车载传感器能记录周边位置的视觉图像，进而能够获得有关用车时间、方式和地点，以及驾驶人员的个人信息等。类似地，通过接触式和非接触式感知设备，能够感知设备设施周边的环境变化。例如，通过搭载AI视频和相关设备，能够对周边山地、水库、河流进行数据监控，实时掌握周围环境的变化。

三是为自主救援提供支持。基础设施可以搭载其他救援设备，比如动力救生圈、救生绳、自动体外除颤仪（AED）救助仪等。发生事故和灾害后，基础设施可以接受指挥中心遥控，或者自行释放相关设备，投入救援。未来与基础设施相适应的一些自救器材将成为设施的标配。

（五）工业互联网让安全责任“物化”

传统工业企业的一大特点就是科层化和集中式控制，在各种生产要素中，人是最为关键的因素，甚至可以说是决定因素。换句话说，工业企业管理就是人与人、人与机器的对话。企业安全生产管理工作各个环节都是围绕人而展开，抓住了人，就抓住了关键。在企业推行安全生产属地管理、部门管理，推行企业主要负责人为核心的安全生产责任制，其本质上是把安全责任赋予具体的人，是把安全责任“人化”。

工业互联网给工业生产带来质的改变。传统工业是人与机器对话，工业互联网时代则更多的是机器与机器对话，甚至还包括机器的自主管理。机器、储存系统、设施设备，乃至原料和零配件都能够独立运行和相互控制，彻底改变传统的工业生产方式。而且，随着智能化的推进，工业机器人将发挥更加重要的作用。机器人不仅会替代人工、提高劳动效率，还会因为机器之间的通信、自我组织和自动化生产而成为整个工业生产的核心。多台机器人能够自主组网、协同互助，实现更加复杂、智能的生产，逐渐摆脱对人的依赖。生产的变化促成了安全工作的彻底转变，安全工作将不再依赖人。如果还讲安全责任的话，那么安全责任就由“人化”转向了“物化”，以前安全管理的具体措施将消融到机器、设备里，工业互联网及其衍生的各种技术将对工业生产全过程的安全风险实施全面管控。

管控安全风险，“物化”比“人化”更加稳定可靠。基于人的问题，传统的工业企业强调现场安全管理，建立机构、配备人力、强化监督，排查安全隐患、消除不安全行为。即使一些企业的运营技术（OT）水平很高，集成了大量的自动化设备，但是其运营技术和信息技术（IT）是分开的，本质上还是人对设备“发号施令”，其安全管理还是人对人的监督。但是，人是靠不住的，人也会有打盹的时候，重复性劳动时更容易犯错。而工业互联网却“不知疲惫”，可以全天候工作，乐此不疲。最重要的是，工业互联网的核心是数据，是大数据，它可以将工业生产过程中各类实时监控数据和历史上的生产数据、维修数据、材料数据整合到一块，利用大数据分析技术，进行设备监控、故障预测、预防性维护，从根本上控制安全风险，消除安全隐患，优化系统，让事故没有机会发生，至此，安全生产责任制也就没有存在的必要了。

现在是工业互联网从0到1的起步阶段，也是最为关键的阶段。标准体系还在摸索，技术尚待完善，高水平的专业人才明显缺乏，发展决不会一帆风顺。但是，如果实现了从0到1的突破，接下来就是从1到100的快速爬坡阶段，发展将呈指数级增长，速度、范围和规模将无法想象。所以，如果错过了0到1的节点，就容易被时代所抛弃。因此，无论是工业企业，还是工业服务业，甚至整个市场和政府，都应积极拥抱工业互联网。

解决企业安全问题仅仅靠安全帽、安全带等被动防护是远远不够的。工业互联网是提高本质安全，管控和彻底消除安全风险的最好途径，也是安全应急科技发展的重点。

（六）安全防护避险产品普及化

安全应急管理工作需要改善基础设施，需要政府提供各方面的服务和支持。面对极端灾害天气或者现代化的自反性，基础设施不可能覆盖全部区域，政府服务也不可能做到完全覆盖。

案例

哀牢山是国家级自然保护区，里面经常有野熊、野猪等野生动物出没。2021年11月13日，中国地质调查局昆明自然资源综合调查中心4名队员从云南省普洱市镇沅县进入哀牢山腹地野外作业后失联。此次进山，原本是为了开展为期2天的森林资源调查，利用实时差分定位（RTK）设备对森林样地进行测算统计。实时差分定位设备是一种能在野外实时得到厘米级定位精度的测量方法。失联的4人各带有一台实时差分定位设备。按计划，他们应该在11月14日打开实时差分定位设备。只要按下设备按钮，救援人员就能根据卫星系统传回的数据找到4人所在的位置。但从14日至21日11时，失联的4人均未打开实时差分定位设备，因此救援人员无法确定位置。11月22日，4名地质调查人员被找到，均已遇难，有失温死亡的迹象。

所以，非常有必要根据场景配备相应的个人安全防护避险产品。对4名地质调查人员来说，户外防风、保暖及安全避险产品是必须配置的。

需求并不是那么显而易见的。乔布斯的天才想法让苹果手机没有了键盘，激发了大家对智能手机的更多需求。群众的安全需求同样需要激发。过去的安全防护是一种被动的、隔离式的防护，是事故后的防护，群众也已习惯，没觉得不好。未来的安全防护则是一种主动防御，把防御做在最前面，能有效地阻隔危险。

科技总是在叠加式地进步，随着新材料、节能环保等先进技术的发展，特别是云计算、物联网等新一代信息技术的应用，应急产业迎来了新的发展机遇。厂商可以整合层出不穷的新技术、新材料，大量生产生活领域所需要的个性化产品，以满足和激发群众的个性化需求。

第十六章 16

应急管理发展需要产业支撑

本章概要

应急产业是以预防和减少事故灾难、自然灾害、公共卫生事件等为目的，为保障公众安心安全生活、企业安全生产、社会和谐稳定运行，提供相关技术、装备、产品和服务的产业。应急产业将迎来发展机遇期，更需要群策群力。

2021年11月1日，广州市黄埔区、广州开发区正式发布全国首个智能应急救援产业政策——《广州市黄埔区　广州开发区　广州高新区支持智能应急救援产业发展办法》（下称“应急产业6条”），积极抢占智能应急救援产业发展的先机与高地。

“应急产业6条”聚焦智能应急救援装备领域，精准发力。政策从智能应急救援产业集聚发展、场地租赁支持、应急救援人才培养及支持社会力量参与应急人才培养等多个方面入手，整合科技资源，鼓励产业集聚，重点扶持应急产业中小企业走“专精特新”的道路，引导企业做精做优、做大做强。

安全应急产业分布在国民经济各个目录里，领域多、范围广。“应急产业6条”则瞄准了智能应急救援这一细分领域，首次对智能应急救援产品作了定义。智能应急救援产品是依托人工智能、新一代信息技术、新材料等高新科技，能主动感知风险，控制或者屏蔽有害物质和能量的意外释放，带领人员脱离危险环境，帮助人员实现自护、自救和他救，减少或者避免人体遭受伤害的设备、装备、部件、软件系统和服务。

广州市黄埔区应急管理局相关负责人表示，目前全国各地的安全应急产业规划大多关注生产领域和公共安全事件的救援，对于消费端（C端）的智能应急救援领域涉足不深，缺乏能够满足企业和个人个性化需求的智能应急救援产品。

“针对高层消防逃生，一直以来缺少好的救援产品。”广州市黄埔区应急管理局相关负责人说，“但随着新材料等高新科技的不断发展，智能应急救援产业迎来了新的发展机遇，比如可以利用新材料制作低空降落伞等产品，应对不时之需。”

面对潜力巨大的细分市场，“应急产业6条”以打造全国首个高端安全应急科技园区为目标，拓展智能应急救援产业，从实战、实用出发，专注研发智能自护、自救和他救类应急救援产品，生产安全自救、避险、预警监测、工业安全智能防控和无人救援设备等具有广阔市场前景和高附加值的产品。

由于智能应急救援产业整体处于起步和发展阶段，为吸引研发型初创企业入驻，“应急产业6条”规定入驻企业或机构在经认定的产业特色园区内租用办公用房面积不小于100平方米，按照“先缴后补”的原则，给予每月每平方米50元的场地补贴，每家企业或机构每年最高补贴100万元。

“租金补贴可以很好地解决初创企业的办公问题，吸引更多应急产业领域有梦想、有技术的年轻人到黄埔发展。”广州市黄埔区应急管理局相关负责人表示。

为了营造产业氛围，提升行业影响力，广州市黄埔区、广州开发区支持企业和机构开展应急救援人才培养及安全知识普及。“应急产业6条”鼓励企业或机构新建面向公众的安全文化主题公园、安全谷、科普园地、应急避险模拟体验馆、社区防灾体验中心、公共安全实训示范性服务平台等应急体验场所及实训基地，提升公众应急避险意识和自救互救能力，经认定，给予一次性补助，最高补助100万元。

此外，广州市黄埔区、广州开发区对产业园区运营管理单位也给予相应的补助，构建产业生态，鼓励产业集聚发展。根据“应急产业6条”，区内的产业园区运营管理单位培育1家境内外资本市场上市的智能应急救援总部企业，给予运营管理单位200万元一次性补助。

作为广州实体经济主战场、科技创新主引擎，广州市黄埔区、广州开发区一直以来大力发展5G、人工智能、大数据、物联网等新兴产业。该区抢先布局智能应急救援产业并非凭空想象，而是基于其与智能应急救援产业高度契合的深厚产业基础而作出的战略性决策。

“安全应急产业的细分产业，如预测预警、智能防护，应急服务产业大多是依托新型技术产业而发展的。”广州市黄埔区应急管理局相关负责人说，“黄埔区的产业基础很好，与周边地区的产业联系紧密，加工能力非常强，产品设计出来，马上就能够生产。”

未来，广州市黄埔区、广州开发区将以生态思维布局智能应急救援装备市场，系统化解决一线应急救援中的根本性问题，通过鼓励产业集聚整合科技优势资源，重点扶持安全应急产业中小企业走“专精特新”道路，关注“单打明星”“隐形冠军”，力争3年内培育4～5家龙头企业或“专精特新”企业，30～50家智能应急管理科技型中小企业，形成骨干安全应急企业示范引领、中小企业特色支撑的融通发展的产业格局。

由于是全国第一个聚焦于应急产业的政策，“应急产业6条”引发了全社会对应急产业的高度关注。

一、应急产业

各国对安全产业、应急产业有不同的定义。在发达国家，安全产业主要是指与国土安全、社会安全、防灾减灾、公共安全和个人防护用品等有关安全的产品、装备和服务。在发展中国家，安全产业是指服务于生产安全、社会稳定、职业健康、减灾救灾等社会经济发展所需的技术、装备和服务。《国务院关于进一步加强企业安全生产工作的通知》（国发〔2010〕23号）中明确提出了“安全产业”的概念，其中要求“把安全检测监控、安全避险、安全保护、个人防护、灾害监控、特种设备安全设施及应急救援等安全生产专用设备的研发制造，作为安全产业加以培育，纳入国家振兴装备制造业的政策支持范畴。”

国务院办公厅印发《关于加快应急产业发展的意见》（国办发〔2014〕63号）把“应急产业”定义为：“为突发事件预防与应急准备、监测与预警、处置与救援提供专用产品和服务的产业。”工业和信息化部、国家发展改革委印发的《应急产业重点产品和服务指导目录（2015年）》确定了应急产业的4个重点领域及其发展方向，再进一步细分了产品和服务，形成了一个领域、发展方向和细分产品（服务）的三级结构。一级分别为监测预警产品、预防防护产品、处置救援产品和应急服务产品等4个领域；二级分别为自然灾害监测预警产品、事故灾难监测预警产品等15个发展方向；三级分别为地震灾害监测预警产品、地质灾害监测预警产品等266个细分产品和服务，其中监测预警69项、预防防护49项、救援处置108项、应急服务40项。但是，应急产业在国民经济行业分类中并不是一个独立的行业，其266项细分产品和服务分布在国民经济各行各业中。

以上显示，安全产业和应急产业所涵盖的范围基本一致，都是围绕事故的全生命周期，实施预防、准备、监测预警和救援的产品。综合以上内容，我们将其统称为应急产业，在此将其定义为：以预防和减少事故灾难、自然灾害、公共卫生事件等为目的，为保障公众安心安全生活、企业安全生产、社会和谐稳定运行，提供相关技术、装备、产品和服务的产业。

二、为什么要发展应急产业

（一）群众安全需求日趋强烈

2019年，中国社会消费品零售总额达41.2万亿元，拉动国内生产总值增长

3.5个百分点，消费对中国经济增长贡献率高达57.8%，对比投资和出口的31.2%和11%，消费已经连续六年成为中国经济增长的第一拉动力。2020年，新冠病毒肺炎疫情肆虐，本该高朋满座的餐馆，人头攒动的景区，大门紧锁，全社会消费大幅度下降，导致中国一季度国民生产总值下滑6.8%，足见消费对经济的拉动力之强。

2019年，中国人均国民总收入（GNI）上升至10410美元，首次突破1万美元大关，高于中等偏上收入国家9074美元的平均水平。收入的持续增长，带来的是恩格尔系数（食品支出总额占个人消费支出总额的比重）的持续下降。2017年，中国城乡居民恩格尔系数为29.3%，首次低于30%，2018年、2019年恩格尔系数继续下降，分别为28.4%和28.2%。联合国粮农组织对世界各国的生活水平有一个划分标准，即一个国家平均家庭恩格尔系数大于60%为贫穷；50%～60%为温饱；40%～50%为小康；30%～40%属于相对富裕；20%～30%为富足；20%以下为极其富裕。中国的恩格尔系数已从1978年的60%下降到了2019年的28.2%，属于富足国家之列。改革开放以来，中国居民消费结构也发生了巨大变化，从过去以物质性消费为主的结构，逐渐向服务性消费升级，消费更加多样性，健康、养老、旅游、教育等需求攀升。

马斯洛把人的需求分为生理需求、安全需求、爱和归属感、尊重和自我实现五类。一个国家多数人的需要层次结构，是同这个国家的经济发展水平、科技发展水平、文化和人民受教育的程度直接相关的。在发展中国家，生理需要和安全需要占主体的人数比例较大，而自我实现等高级需求占主导的人数比例较小；在发达国家，则刚好相反。其中，安全需求是指满足人民对“安全”的要求。对市场来说，安全就是消费者关注产品对身体的影响，健康也是在安全需求的范畴。随着收入的增加。中国居民对安全健康需求也在增加。由丁香医生联合健康报移动健康研究院共同完成的《2019国民健康洞察报告》中指出，随着中国经济蓬勃发展，公众对健康的重视也越来越高。“健康”这一选项高达9.6分（满分10分），96%的公众表示自己存在健康相关的问题。

安全关注度没有可引用的调查报告。但是，每一次事故、事件都让公众对安全格外关注，引发大家的思考，比如贝鲁特大爆炸、“8·12”天津港爆炸、无锡塌桥事件等。每次事件，都会激发公众提出各类安全发展和应急处置的建议和意见，掀起对个人安全反思的高潮，说明公众对安全有很强的需求。按照马斯洛需求理论，随着中国经济的不断发展，财富的不断增长，当前正处于对安全有极强需求的阶段。

（二）传统安全理念存在不足

按照防灾减灾理论，孕灾环境产生各种致灾因子，包括自然异动（暴雨、雷电、台风、地震等）、人为异动（操作管理失误、人为破坏等）和技术异动（机械故障、技术失误等）等。承灾体是指直接受到灾害影响和损害的人类社会主体。致灾因子和孕灾环境、承灾体一起决定了灾情的大小。传统的安全生产和应急管理重点在于对致灾因子的控制和防范，对于自然灾害，主要是加强安全基础设施建设，比如加固房屋、建设排洪工程、开展地质灾害治理等；对于安全生产，就是加强现场安全管理、杜绝违章违规操作等。这些措施起到了不错的效果，避免了相当一部分事故和灾难。

但是，人类还没有进入可以自如控制致灾因子的阶段。有些事故因为失误而导致致灾因子失控。还有一些事故或者灾害，则是因为致灾因子超出人类的控制能力而发生灾害，比如，由于地下管网排水设计局限，在超大暴雨时容易引发严重城市内涝，有人驾车冲入深积水的隧道中在车内窒息而亡。

案例

2021年6月25日，河南省柘城县远襄镇北街一武术馆发生火灾，导致18名孩子遇难。火灾事故起火原因是武馆老板的母亲使用蚊香不慎引燃周边纸箱、衣物等可燃物。由于建筑内没有安装自动火灾报警设施，导致火情发现晚；加上各个房间之间未按要求进行防火分隔，也没有配备相应的消防设施。在初期自救过程中，现场采用的是水桶和盆接水灭火；现场救火人员也没有第一时间报警，更没有及时引导楼上孩子逃生疏散，大大延误了救援时机。就这样，人防物防环环失守，任由浓烟烈火肆意蔓延成灾，最终酿成夺走18条鲜活生命的悲剧。

由于致灾因子无法控制，人作为承灾体，就很容易暴露在灾害面前。这就是为什么尽管我们把安全生产和应急管理工作提到“极端重要性”的位置，采取了很多措施，但是各类生产安全事故和公共安全事件数量仍然居高不下。

甘肃省白银市黄河石林百公里越野赛教训深刻。笔者也常年跑城市马拉松，但是从来不敢尝试山地马拉松。这是因为山地马拉松比城市马拉松更加艰苦，消耗更大。选手们剧烈运动后，出汗多、水分流失比较快，气温骤降就会得失温症。一下雨，把身上淋透后，再面对呼啸而至的寒风，体温降低得特别快。遇难选手中，有一半是马拉松高手，其中包括国内超马第一人梁晶。梁晶此前已经成功地将黄河石林百公里越野赛前三届的冠军都收入囊中，而第四次参赛的梁晶，却因为失温，倒在了熟悉的赛道上。

因此，要防止事故和灾害，不但要控制致灾因子，还要保护好承灾体。要在加强致灾因子治理的同时，加强对承灾体的管理。

当前，对于承灾体的保护，更多的是在生产经营场所，比如企业、工地等，要求从业者佩戴相应的劳动防护用品。对于绝大多数非生产经营场所，人作为承灾体在大部分时间缺乏必要保护。而且，传统的保护是“被动”的，比如安全帽、防护服、手套等，只是简单地将致灾因子和承灾体进行“硬隔离”，减少伤害的程度。但是，很多时候防护装备不具备与致灾因子抗衡的能力，防护就会失效。因此，要在具备一定“硬隔离”能力的基础上，实施“软隔离”，主动识别致灾因子，在初期就采取措施控制致灾因子。如果灾害扩大，应放弃“硬碰硬”，而应避其锋芒，将承灾体带离灾害。

（三）发展应急产业是现实需要

1. 应急产业的企业对企业市场仍有发展空间。随着全球工业化的不断发展，包括爆炸、火灾和交通事故等在内的安全生产事故数量也在快速增长。21世纪前20年，安全生产事故导致死亡的人数居高不下，世界范围内空难、火灾、危化品事故屡见不鲜。

案例

至2020年8月30日，黎巴嫩贝鲁特港“8·4”爆炸事件中，死亡人数上升至200多人，超过6500人受伤，30万人流离失所，约占贝鲁特总人口的20%，损失高达30亿美元。

国内的事故也不少，交通事故死亡人数居各行业之首。2019年，全国道路交通事故死亡人数为62763人，每天平均有172人因车祸死亡。2021年6月份，发生了多起较大安全事故，包括火灾、房屋倒塌、危险化学品泄漏、道路交通、矿山透水、燃气爆炸、有限空间等，其中湖北十堰燃气爆炸事故造成26人死亡，138人受伤。

各类事故调查报告显示，几乎所有的大爆炸都是由小事件引起的，做好安全工作，需要安全意识、员工能力、现场管理水平、政府监督水平和能力的提升。但是，人是会打盹的，所以说，安全问题最终还是要产品来解决的。所谓本质安全就是指即使遇到违章作业、违规生产、违反规则，通过本质安全技术、安全产品的使用，也能够实现人体与意外释放的机械能、电能、热能、化学能、电离及非电离辐射、声能和生物能等隔绝，杜绝事故的发生。

因此，企业要主动拥抱工业互联网，加强安全设备、硬件、系统建设，用更智慧、更智能的设备，来提高本质安全，确保人犯错的时候，系统不会出任何问题。对应急产业来说，企业对企业市场远未饱和，还有足够的空间去开拓。

2. 应急产业的企业对政府市场方兴未艾。2021年2月15日，美国南部遭遇冬季风暴袭击，导致覆盖西南部地区14州的电网发生故障，其中受影响最严重的是几乎从来不下雪的得克萨斯州，有440万人断电！气温最低降到零下22摄氏度，仅得克萨斯州至少有30人死亡。同年3月20日，澳大利亚新南威尔士州迎来了百年一遇的暴风雨，不少地区24小时降雨超过200毫米，其中麦夸里港（Port Macquarie）地区的降雨量达到400毫米，不少小镇被淹。悉尼的主要水源地沃勒甘巴坎大坝（Warragamba Dam）已经溢出。2021年，从南到北，中国不少地方经历了严重内涝。2021年11月8日上午，中华人民共和国国务院新闻办公室举行新闻发布会，应急管理部介绍了2021年洪涝灾害及有关救助情况。2021年1月—10月，洪涝灾害共造成5890万人次受灾，590人死亡失踪，351.5万人次紧急转移安置，20.3万间房屋倒塌，造成的直接经济损失2406亿元。

2012年3月，联合国政府间气候变化专门委员会指出，温室气体排放持续增长，全球气候变暖是导致洪水、干旱和强风暴雨等极端天气增多的主要原因。极端天气在过去半个世纪中发生的频率、强度和影响范围在一些地区呈显著增加趋势。联合国政府间气候变化专门委员会（IPCC）第六次评估报告第一部分《气候变化2021：自然科学基础》于2021年8月9日发布，这份报告是对2013年以来全球变暖的首次全球评估。该报告在全球范围内受到了广泛关注，明确指出人类活动正引发气候变化。报告称，现代社会对化石燃料的持续依赖而产生的温室气体正在以2000年以来前所未有的速度使全球变暖，其带来的影响已经很明显，创纪录的干旱、野火和洪水正在摧毁着世界各地。如果温室气体排放继续下去，情况可能会变得更糟。该报告预测，未来几十年，所有地区的气候变化都将加剧，全球将变暖1.5摄氏度，热浪会越来越强，暖季会更长，冷季会更短。

案例

国家气象局在2022年发布的《中国气候变化蓝皮书》中指出，2021年，全球平均温度较工业化前水平（1850—1900年平均值）高出1.11摄氏度，是有完整气象观测记录以来的七个最暖年份之一。1951至2021年，中国地表年平均气温升温速率为0.26摄氏度/10年，明显高于同期全球平均升温水平（0.15摄氏度/10年）。1961至2021年，中国平均年降水量呈增加趋势，平均每10年增加5.5毫米。

城市化进程的加剧，地表环境的变化在一定程度上促进了城市内涝的形成。城市“热岛效应”加剧了水汽对流运动，鳞次栉比的建筑物阻碍了空气流动，促成了理想的成雨条件，增加了城市雨量。而且，城市空气中的颗粒物含量比郊区大，更容易成云致雨。因此，在相同天气背景下，城市的雨量不仅比郊区的多，而且暴雨频次也高于郊区，从而产生了城市“雨岛效应”。中国城市的不透水地表面积约以每年6.5％的速度增长，水泥构成的不透水地表让雨水很难通过地面渗透，而湖泊、绿地、池塘、农田和湿地等水生生态系统的减少，使城市的自我调节能力也随之降低，内涝的问题只能更多地通过人工排水解决。要解决城市内涝，一是要通过非工程措施，保留绿地、湿地、池塘、湖泊，平时展现良好景观，供市民和游客散步休闲，雨季又能蓄水抗洪；二是要通过工程措施加大排水力度，比如兴修水利、拓宽排水管网等；三就是要通过科技创新加大现代城市治理，依托5G、大数据、云计算等技术，加大物联感知网络建设，实施“智慧城市”“智慧应急”工程，提升城市灾害预警、响应和处置能力，这是非常现实的需要。例如，广州市黄埔区在全区80个易涝点铺设内涝监测计，在19座隧道安装隧道拦截系统，就是为了满足现实的防汛急迫需要，提高预警和应急处置能力。

不光是城市内涝，还有地质灾害、森林火灾等，都随着气候的变化呈现多发趋势。中国正在推进应急管理体系和能力现代化建设，要集中治理城市内涝、地质灾害、火灾等问题，提升应急管理“硬实力”，服务政府公共安全治理将成为应急产业发展的重要阵地。目前，政府在基础安全设施设备上的财政投入比重还较小，在未来新基建计划全面实施的前提下，在物联网逐渐进入寻常百姓生活的背景下，应急产业大有作为。

目前，应急产业的企业对消费者市场是一片“蓝海”。突发事件催生公众的安全需求，澎湃研究所与来自北京大学和中央财经大学的学者联合进行了全国范围的消费行为调研。疫情期间，公众对身体安全与健康需求的重要性认识大幅度提升，80%以上的消费者都增加了防护用品的消费，防护用品消费成为最凸显的消费。调查显示，相较于疫情之前的消费习惯，消费者预期在疫情结束后会增加健康、保险类消费支出。

2021年10月，江苏等多个省级应急管理部门发布了“家庭应急储备清单”，引起了群众的高度关注，一些地方甚至出现了疯狂抢购的现象。这充分说明了突发事件影响人的生活方式，在不能改变大环境的情况下，加强个人防护会逐渐成为风尚。面对“明天和意外，哪一个先来”的问题时，配备个人和家庭避险产品会逐渐成为共识。

依托新一代信息技术、新材料、人工智能等高新科技，能够主动感知风险，控制或者屏蔽有害物质和能量的意外释放，帮助脱离危险环境，实现人员的自护、自救和他救，减少或者避免人体遭受伤害的智能装备是个人和家庭避险产品的发展方向。针对火灾的情况，可以推出防灭火机器人，平时可以通过热成像、AI智能识别技术监测火灾风险，及时发出预警，并消除隐患。一旦发生火灾，可以喷射高效灭火剂，第一时间实施扑救。人是消费的主体，针对普通民众的安全和避险产品是未来应急产业发展的重点。目前安全应急的个人消费市场几乎是空白的，应急产业的企业对消费者模式值得期待。

三、应急产业面临发展机遇期

随着世界经济复苏乏力，中国经济形势进入新常态，经济下行压力不断增大，实体经济遇到很多困难。新冠病毒肺炎疫情以来，在经济下行和疫情防控双重因素叠加影响下，不少行业的市场需求不足，企业产能利用率低、扩张意愿不强。经济发展仍然是衡量一个地区发展最重要的指标，近年来，各地的地区生产总值竞争不仅没有降温，反而日趋激烈。在中国，经济发展同质化现象比较突出，国家提出以汽车产业为支柱产业，大家都生产汽车；提出以机器人为支柱产业，一哄而上都生产机器人；提出生物制药，全国都会出现这个“医药谷”、那个“制药城”的，遍地开花。

2020年7月30日，中共中央政治局召开会议，分析研究当前经济形势，提出“实现更高质量、更有效率、更加公平、更可持续、更为安全的发展”。

要深刻理解“更为安全的发展”，在全球化的今天，各类要素交织，影响安全的因素越来越多、越来越隐秘。“蝴蝶效应”频现，毫厘大小的问题关注不够、处置不当，就可能会给国家、人民、经济和社会带来难以想象的破坏，安全问题比任何时候都更为急迫和重要。提出“更为安全的发展”，是党中央在新冠病毒肺炎疫情重创全球经济，国际政治不确定性明显增强，国际环境日趋复杂，国内外不稳定性因素叠加，非传统安全威胁大幅上升的背景下，高瞻远瞩、深谋远虑，作出的重要决策，凸显了对安全极端重要性的重视，对安全与发展辩证关系的深刻把握，是安全应急产业发展的一次重大机遇。

要“善于在危机中育新机”，新冠病毒肺炎疫情对人类来说是一个巨大的危机。但是，人类之所以不断发展，就是不断从危机中“反脆弱”成长。内需是经济平稳运行的“压舱石”和“稳定器”。要“牢牢把握扩大内需这个战略基点”，进一步凸显扩大内需的重要性。新冠病毒肺炎疫情、洪涝灾害等危机中孕育着新机，不仅对医疗健康产业，对应急产业也是新机遇。

而且，中国拥有41个工业大类、207个工业中类、666个工业小类，有门类齐全、独立完整的现代工业体系，是全世界唯一拥有联合国产业分类全部工业门类的国家，工业经济规模跃居全球首位。2020年中国在世界知识产权组织的“全球创新指数”上排名第14位，比2015年上升15位，产品的工程化能力全球第一。

四、应急产业发展需要群策群力

由于应急产业的概念不一、口径不一，不同机构统计和预测的全球安全应急产业总体规模并不相同。据智研咨询有限公司报告，2017年全球应急产业市场规模为8649.3亿美元，较2016年的8003.3亿美元增长8.07%。中国产业信息网公布的数据显示，2017年中国安全应急产业市场规模约11861.2亿元，同比2016年的10314.8亿元增长了14.99%。据多家媒体报道统计、预测，2019年中国应急产业市场规模已达1.55万亿元，2025年将达1.82万亿元。

随着各国对科技的重视及全球科技进步，节能环保技术、清洁能源、生物技术、先进材料得到了发展，特别是云计算、物联网等新一代信息技术的应用，智能应急救援产业迎来了新的发展机遇。厂商可以整合层出不穷的新技术、新材料，大量生产用力于承灾体防护、自救的个性化产品，满足企业和群众的个性化需求，比如高层消防逃生，可以利用新材料制作浮降伞等产品，以应不时之需。

综观全球应急产业发展，目前还存在着以下一些问题：

一是范围过于狭窄，产业发展局限在生产、工业和公共领域，没有大范围拓展到生活领域。

二是对事后救援产业的关注远远高于事前预防产业。

三是多为标准化的工业产品，缺乏个性、美感和舒适感。

四是现代科技应用不足，新一代信息技术、新材料技术应用不足，行业发展速度缓慢。

五是潜藏在人们生活中的安全需求未能发掘，未能激发企业和群众对安全更高、更新的需求。

总体来说，应急产业尚未得到有效开发，还是一片深不可测的蓝海，但是发展还要有一个过程，存在诸多困难，还需要政府、市场和公众群策群力，让应急产业逐步走向天时、地利和人和。

一是政府引导。打出政策组合拳，支持应急产业快速发展。应急管理部要联合相关部门建立标准，将安全应急标准落实在重大项目、基础设施的建设过程中，落实在发展的各个环节中，提高基础设施的安全等级和物联水平，真正实现高速发展。

创新是第一动力，要从国家层面制定应急产业政策，调动企业和社会的创新积极性，大力推进企业参与安全应急产业创业、孵化，推进企业对企业、企业对政府、企业对消费者三类应急产业模式全面发展，逐渐形成各具特色的产业集群。例如，广东省先后印发了《广东省制造业高质量发展“十四五”规划》《广东省人民政府关于培育发展战略性支柱产业集群和战略性新兴产业集群的意见》《广东省培育安全应急与环保战略性新兴产业集群行动计划（2021—2025年）》。广州市黄埔区、广州开发区发布的《支持智能应急救援产业发展办法》就是更为具体的政策，是结合区域科技实力和产业基础出台的政策，侧重于引导企业对消费者类的智能应急救援产业发展。

二是市场主导。应急产业不少细分产业还是一片“处女地”，创新是唯一的出路。要充分发挥市场的资源配置作用，发挥市场对产品研发方向、路线选择、要素价格、各类创新要素配置的导向作用，把更多的技术创新资源以市场手段配置给企业，推动企业成为技术创新主体。尤其是要鼓励企业依托5G、人工智能、大数据、物联网技术研发特色安全应急产品。基础性、原创性的突破是科技创新，技术整合、跨界整合也是科技创新，有时候效果甚至会更加惊艳，回报速度比原创技术创新来得更快。

三是全员参与。群众不一定能够提出清晰的目标和指标，但是，要创造条件让群众参与应急管理工作，引导和鼓励群众关注、参与安全应急管理工作，提升全民安全素质。只有全民素质提高了，群众才会更加关注自身安全，才会积极指出安全应急管理工作中的短板，提出更加具体的安全需求。这样，应急产品研发和生产才有正确的方向，市场才有保障，产业才能发展。